# 독일의 이해

## 이상한 나라 독일의 재발견

박진형 지음

신아사

**박진형**

13살에 만난 릴케(Rainer Maria Rilke)의 시를 시인의 언어로 읽기 위해 1975년부터 서강대학교 독어독문학과와 동대학원에서 독일문학을 공부하면서 릴케를 평생의 연구과제로 삼게 된다. 1984년 독일로 가서 Regensburg대학교에서 독어독문학과 종교학을 공부한 후 "불교적 관점에서 본 라이너 마리아 릴케의 자기실현(Rainer Maria Rilkes Selbstwerdung aus buddhistischer Sicht)"이라는 논문으로 본격적인 학문의 길에 들어섰다. 주된 연구주제는 릴케를 비롯하여 첼란(Paul Celan)과 바흐만(Ingeborg Bachmann)이지만, 1991년부터 재직 중인 부산외국어대학교에서 독일어 외에 독일 문화와 영화 등에 대해 가르치고 있다.

독일의 이해
이상한 나라 독일의 재발견

초판 발행 _ 2018년 2월 28일

**저 자** • 박 진 형
**발 행 인** • 정 현 걸
**발 행** • 신 아 사
**인 쇄** • 토탈프로세스
**출판등록** • 1956년 1월 5일 (제9-52호)
**주 소** • 서울특별시 은평구 통일로 59길 4
**전 화** • 02)382-6411 · 팩스 02)382-6401
**홈페이지** • www.shinasa.co.kr
**E-MAIL** • shinasa@daum.net

ISBN : 978-89-8396-271-3(93920)

정가 *20,000*원

# 머리말

독일은 유럽 및 세계사에서 긍정적인 측면에서든 부정적인 측면에서든 항상 중요한 역할을 해왔으며, 21세기 현재 정치, 경제, 사회, 교육, 문화 등 모든 분야에서 유럽뿐 아니라 세계를 선도하고 있는 국가이다. 특히 20세기 중 · 후반 성취한 경제 기적과 냉전시대의 분단을 극복한 정치 기적을 통해서 오랫동안 신진국으로 가는 문턱을 넘기 위해 애쓰고 있으며, 고착화된 분단의 늪에 빠져있는 우리나라에게는 훌륭한 롤 모델이 될 수 있는 국가이기도 하다. 따라서 독일에 대해 깊이 있게 살펴보는 것은 우리에게는 대단히 유익한 작업이 될 것이다.

이 책은 그러나 "이상한 나라 독일의 재발견"이라는 부제가 암시하듯 기존의 접근방식과는 다르게 독일과 독일인들을 살펴보고자 한다. 무엇보다 독일과 우리를 다양한 관점에서 반복하여 비교하고 분석함으로써 독일이 가진 고유한 특질을 추출해내려고 시도한다. 한국인의 관점에서 볼 때 이상하게 나타나는 독일인들의 문화표준들이나 소프트파워적인 가치들을 집중적으로 조명하다보면 과연 그들이 이상한 것인가, 아니면 우리가 이상한 것인가 하는 의문에 빠지게 될 것이다. 이 의문에 대한 대답을 찾고자하는 것이 이 책의 근본의도이다. 필자는 이 책이 뚜렷한 장점과 단점을 동시에 가지고 있다는 사실을 인식하고 있다. 장점은, 단순히 독일에 관한 다양한 팩트들을 나열하기 보다는 필자를 비롯하여 독일을 잘 아는 다른 이들의 구체적인 경험을 이 팩트들과 관련지어 가능한 한 지루하지 않게 기술하고자 애썼다는 측면이다. 반면 단점은, 독일과 독일인들에 대해서 지나치게 긍정적으로 묘사하고 있는 것이 아닌가하는 의심을 살 수 있다는 측면이다. 그런 의심으로부터 벗어나기 위해 필자 나름대로 많은 이들이 공감할 수 있도록 증명하는 작업을 시도했으나, 그 공증작업이 성공하였는지는 독자들의 몫으로 남길 수밖에 없다.

이 책을 출판하는데 도움을 주신 신아사의 정현걸사장님과 한규갑상무님, 짧은 시간에 까다로운 수정 요청을 말없이 받아주신 김금란실장님께 진심으로 감사드린다.

2018년 2월

# 차례

## V. 독일의 힘



## VI. 독일인의 문화표준

## VII. 독일의 음식문화: "맥주, 소시지? 빵이 핵심이야."



## VIII. "Made in Germany"의 신화와 독일 기업

## IX. 문답으로 알아보는 독일인의 삶



## X. 나만의 특별한 독일여행

## XI. 퀴즈로 독일의 이해를 마무리하다

# 독일의 이해

## 이상한 나라 독일의 재발견

# I. 들어가는 말

필자는 개인적으로 젊은 학생들에게 독일에 대해 아는 것이나 생각나는 것, 혹은 독일인들 중에 아는 사람이 있으면 말해보라는 질문 아닌 질문을 자주 한다. 독일과 관련하여 가장 흔하게 나오는 대답은 "베엠붸(BMW)", "아우디(Audi)", "메르체데스 벤쯔(Mercedes-Benz)"와 같은 독일 자동차에 관련된 것들이다. 그 이유를 물어보면 그런 차를 타면 좀 있어 보이기 때문에 나중에 여유가 되면 가지고 싶어서라는 솔직한 대답이 돌아온다. 그 다음은 축구인데, 이것은 어느 정도 당연해 보인다. 2014년 브라질 월드컵에서 독일 성인 팀이 우승한 후 2016년 리우 올림픽에서는 조별예선에서 한국과 비겼던 독일 U-23 팀이 준우승하는 등 2018년 1월 현재 FIFA랭킹 1위가 독일이니까. 거기다 올해 열리는 러시아 월드컵에서는 우리나라와 한 조에 속하기까지 했으니. 아는 독일 사람이 있는지 물어보면, 독일인들이 별로 달가워하진 않겠지만 히틀러의 이름이 가장 자주 언급되고, 드물게 괴에테나 헤세, 베에트호붼의 이름이 거론되며, 가뭄에 콩 나듯이 니이체의 이름이 등장하기도 한다.

2013년 우리나라 외교가와 문화계에서는 한국과 독일의 오랜 협력관계를 기념하는 행사들이 조촐하게 열렸다. 두 나라가 1883년 11월 26일 조선 · 독일 통상우호항해조약을 체결한 후 때로는 소원하게, 때로는 긴밀하게 관계를 이어 온지 130주년이 되었기 때문이다. 이 해 우리나라 최장수 텔레비전 프로그램의 하나인 "가요무대"가 "근로자 파독 50주년 및 한독수교 130주년 기념 공연"을 독일 현지에서 진행함으로써 우리나라와 독일의 관계가 잠시나마 중장년층 시청자들에게 큰 관심을 받기도 하였다. 1960년대와 1970년대에 걸쳐 약 8,000명의 광부와 10,000여 명의 간호사를 파견[1]한 우리에게 독일은 5억9천만 마르크의 차관을 제공하였다. 아들딸들의 급여를 담보로 빌린 이 돈은 가난한 그들

1 통계에 의하면, 1963년 12월 22일 광부 123명이 처음 파견된 이후 1977년까지 광부 7,932명, 간호사 10,226명이 독일에서 일했다. 2013년 4월 1일자 동아일보 기사 "1964년 서독에 뿌린 눈물서 '2013 한국의 길'을 찾다" 참조.

의 조국이 짧은 시간에 산업화를 이루는데 큰 힘이 되었다는 것을 비교적 많은 사람들이 기억하고 있다. 그러나 IMF 위기 당시 미국, 일본과는 달리 독일이 우리나라를 적극적으로 지원했다는 사실은 거의 알려져 있지 않다. 독일이 EU 지역 내에서 우리나라 수출의 최대 파트너이며, 우리나라 역시 아시아지역에서 독일의 세 번째 무역파트너라는 사실을 아는 사람은 과연 얼마나 될까?

필자가 젊은 학생들에게 독일에 관해 질문하면서 이 같은 내용들이 언급되지 않을까 기대한 것은 무리였을지 모르겠다. 하지만 내심 기다린 대답에는 "라인 강의 기적"[2]이나 "독일 통일" 같은 사항은 포함되어 있었다. 1960년대 1인당 국민소득이 100달러에 미치지 못했던 가난한 나라의 국민이었던 우리에게 독일이 이룬 그 놀라운 경제적 성공은 우리 스스로 "한강의 기적"이라 불리는 경제기적을 이루는데 희망과 용기를 충전시켜주는 발전기 같은 역할을 했다고 해도 지나침이 없기 때문이다. 또한 세계 정치사의 기적이라 부를 수 있는 베얼린(Berlin) 장벽의 붕괴와 독일 통일은 민족의 분단이라는 냉전시대의 비극을 아직도 끝내지 못하고 있는 우리에게 통일이 불가능한 것이 아니라는 의식을 일깨워 준 것만으로도 기억할 가치가 있는 일이기 때문이다. 나의 기대와 달리 "라인 강의 기적"이나 통일을 이야기하는 사람을 만나기는 쉽지 않았다. 우리 경제가 어려운 요즈음 텔레비전이나 신문 등의 대중 매체에서 연이은 세계적 경제위기에도 흔들리지 않고 세계 경제를 주도하고 있는 독일을 배우자고 하는 이야기를 자주 접할 수 있다. "비정상회담"이라는 오락 프로그램에 출연하는 젊은 독일인이 전국을 다니며 강연을 할 만큼 유명해지고, 유럽 현지를 여행하면서 프로젝트를 수행하거나 여행 중에 일어나는 에피소드 등을 방송하는 텔레비전 프로그램들이 여럿 있는데, 그 중 독일을 비롯한 스위스, 오스트리아 같은 독일어권 국가들이 자주 등장하는 것을 생각하면 좀 뜻밖의 현상이 아닐까 싶다.

진부하게 들릴지 모르겠지만, 필자는 독일이 2차 세계대전 이후에 이룬 세계 역사 상 유례가 없는 경제적인 성과와 정치적인 성취를 통해서 우리가 배울 것이 대단히 많다고 믿는다. 2017년 현재 국가 브랜드가치 1위에 올라있는 독일은 우리나라와 마찬가지로 특

2 독일에서는 이 표현을 쓰지 않는다. 대신 "경제기적 (Wirtschaftswunder)"이라는 개념을 사용한다.

별히 자원이 풍부한 국가도 아니고, 국토 면적으로는 남한의 약 3.57배에 불과하며, 인구는 폭증하는 이민자들의 유입에 힘입어 2017년 기준 8,200여 만 명을 넘었으나 전체 인구 중 노인인구의 비율이 20%가 넘는다는 사실을 감안하면 그와 같은 성공은 사실 감탄할 만하다. 그러나 독일에 대해 단순히 감탄만 하는데 그치고 만다면 우리는 그토록 열망하고, 온갖 노력을 기울였음에도 불구하고 아직까지 넘지 못하고 있는 선진국의 문턱에서 끝내 좌절하고 말 것이다. 지난 10여 년 동안 국가브랜드 가치 평가에서 3위 이하로 떨어진 적이 없는 독일의 성공을 가능하게 한 근본적인 힘과 자질은 무엇이며, 어떤 노력의 과정을 통해 그 가치를 유지하고 있는지 살펴본다면 국내외적으로 어려움에 처해있는 우리가 가야할 길을 찾는데 큰 도움이 되리라는 인식이 "독일의 이해"라는 다소 추상적이고 막연한 제목의 책을 쓰게 된 출발점이다.

이 책은 그러나 교재로서 사용하기 위한 목적으로만 쓰인 것이 아닌 만큼, 우리가 서적이나 잡지, 인터넷 등의 도움으로 얻을 수 있는 데이터의 나열에 그치는 것을 피하고자 한다. 필자나 독일을 잘 아는 다른 이들의 아주 실제적이고 구체적인 경험을 토대로 누구나 이해하고 공감할 수 있는, 아주 주관적이지만 가능하면 객관적인 공증작업을 거쳐 독일에 대한 여러 가지 이야기를 쉽게 풀어 나가보려 한다. 독자들에게 미리 밝히고 양해를 구하고 싶은 사항 두 가지가 있다. 첫째, 이 책은 지속적으로 수정 보완해나가려는 의도로 집필되었기 때문에 아직은 다듬어야 할 부분이 많이 남아 있다는 사실이다. 둘째, 필자는 이 책에서 의식적으로 한 가지 새로운 시도를 하고 있다. 수 없이 등장하는 독일의 지명이나 인명, 사물의 명칭, 다양한 개념들을 표기할 때 현재 통용되고 있는 우리말 외국어 표기법을 따르지 않고 가능하면 원어 발음에 가깝도록 표기할 것이다. 그래서 독자들에게 부탁하고 싶다. 이 표기법이 처음에는 아주 낯설게 느껴지겠지만, 그럴 때 옆에 병기되어 있는 원어를 보면서 꼭 한번 소리 내어 읽어주셨으면 한다.

# II.
# 독일 팩트체크

# II.1. 팩트체크 퀴즈 50

**팩트체크 1** 독일이 지구상에서 위치하고 있는 곳은?

A. 동부유럽
B. 남부유럽
C. 중부유럽
D. 서부유럽

**팩트체크 2** 독일의 정식 국가명칭은?

A. 독일민주주의공화국
B. 독일연방공화국
C. 독일자유공화국
D. 통일독일민주공화국

**팩트체크 3** 독일의 국가형태는?

A. 독재국가
B. 공화국
C. 입헌군주국
D. 경찰국가

**팩트체크 4** 독일의 수도는?

A. 본(Bonn)

B. 베얼린(Berlin)

C. 뮌헨(München)

D. 함부엌(Hamburg)

**팩트체크 5** 독일의 연방주 숫자는?

A. 50개

B. 16개

C. 8개

D. 25개

**팩트체크 6** 현재 독일 연방총리의 이름은?

A. 마아틴 슐쯔(Martin Schulz)

B. 우어줄라 폰 데어 라이엔(Ursula von der Leyen)

C. 지그마어 가브리엘(Sigmar Gabriel)

D. 앙겔라 메어켈(Angela Merkel)

**팩트체크 7** 독일의 정당이 아닌 것은?

A. 기민당

B. 사민당

C. 녹색당

D. 국민당

**팩트체크 8** 독일의 국가를 작곡한 음악가의 이름은?

A. 모짜어트(Wolfgang A. Mozart)

B. 하이든(Joseph Haydn)

C. 베에트호휀(Ludwig van Beethoven)

D. 봐그너(Richard Wagner)

**팩트체크 9** 독일의 3색 국기에 없는 색깔은?

A. 검은색

B. 빨강색

C. 황금색

D. 흰색

**팩트체크 10** 독일의 국가 상징으로서 연방문장에 그려져 있는 동물은?

A. 곰

B. 말

C. 독수리

D. 용

**팩트체크 11** 독일의 나라나무는?

A. 참나무

B. 너도밤나무

C. 전나무

D. 보리수

**팩트체크 12** 독일에서 가장 흔한 성은?

A. 뮐러(Müller)

B. 마이어(Meyer)

C. 슈미트(Schmidt)

D. 슈뢰더(Schröder)

**팩트체크 13** 독일어권 국가가 아닌 나라는?

A. 네덜란드

B. 오스트리아

C. 독일

D. 스위스

**팩트체크 14** 독일과 이웃하고 있지 않은 나라는?

A. 프랑스

B. 헝가리

C. 덴마크

D. 체코

**팩트체크 15** 2017년 기준 독일의 전체인구는?

A. 5,100만 명

B. 10,500만 명

C. 8,280만 명

D. 2,730만 명

**팩트체크 16** 2017년 기준 독일에 살고 있는 외국인의 숫자는?

A. 약 450만 명

B. 약 1,000만 명

C. 약 175만 명

D. 약 2,330만 명

**팩트체크 17** 독일에서 인구가 가장 많은 연방주는?

A. 헤센(Hessen)

B. 바이에언(Bayern)

C. 바덴-뷔어템베억(Baden-Württemberg)

D. 노어트라인-붸스트퐐렌(Nordrhein-Westfalen)

**팩트체크 18** 독일의 대도시들 중에서 인구 100만이 넘는 도시가 아닌 곳은?

A. 함부억(Hamburg)

B. 뮌헨(München)

C. 프랑크푸어트 암 마인(Frankfurt am Main)

D. 베얼린(Berlin)

**팩트체크 19** 가장 큰 공항이 있는 독일의 도시는?

A. 뒤셀도어프(Düsseldorf)

B. 베얼린(Berlin)

C. 뮌헨(München)

D. 프랑크푸어트 암 마인(Frankfurt am Main)

**팩트체크 20** 독일에서 가장 큰 항구가 있는 도시는?

A. 브레머하펜(Bremerhaven)

B. 함부엌(Hamburg)

C. 키일(Kiel)

D. 뒤스부엌(Duisburg)

**팩트체크 21** 독일의 국토면적은?

A. 100,210㎢

B. 357,386㎢

C. 17,100,000㎢

D. 377,962㎢

**팩트체크 22** 독일에서 국가 권력에 속하지 않는 것은?

A. 입법

B. 행정

C. 사법

D. 언론

**팩트체크 23** 독일은 법치국가라는 말이 뜻하는 바는?

A. 국가가 법을 보유하고 있다.

B. 시민이 법에 관한 사항을 결정한다.

C. 국가는 법을 준수해야 한다.

D. 법원이 모든 권리를 가지고 있다.

**팩트체크 24** 독일 헌법을 부르는 명칭은?

A. 기본법

B. 연방특별법

C. 법전

D. 민사법

**팩트체크 25** 독일에서 누구나 공개적으로 정부를 비판할 수 있는 이유는?

A. 종교의 자유가 있기 때문

B. 누구나 세금을 내고 있기 때문

C. 누구나 선거권이 있기 때문

D. 의사표현의 자유가 있기 때문

**팩트체크 26** 가장 큰 축구 경기장이 있는 독일의 도시는?

A. 베얼린(Berlin)

B. 뮌헨(München)

C. 도어트문트(Dortmund)

D. 아욱스부엌(Augsburg)

**팩트체크 27** 독일이 FIFA월드컵에서 우승한 횟수는?

A. 2회

B. 5회

C. 4회

D. 3회

**팩트체크 28** 독일인들이 아버지라고 부르는 강의 이름은?

A. 엘베(Elbe)강
B. 이자르(Isar)강
C. 라인(Rhein)강
D. 도나우(Donau)강

**팩트체크 29** 그림형제의 동화집에 나오지 않는 동화는?

A. 브레멘음악대
B. 인어공주
C. 헨젤과 그레텔
D. 백설공주

**팩트체크 30** 아래 보기에서 독일인이 아닌 음악가는?

A. 로베어트 슈만(Robert Schumann)
B. 프란쯔 리스트(Franz Liszt)
C. 룻뷔히 판 베에트호풴(Ludwig van Beethoven)
D. 펠릭스 멘델스존(Felix Mendelssohn)

**팩트체크 31** 아래 보기 중 독일과자는?

A. 킨더조이
B. 슈니발렌
C. 오레오
D. 페레로 로쉐

**팩트체크 32** 한 해에 약 8억 개가 판매되는 독일의 유명한 패스트푸드는?

A. 되너 케밥

B. 치즈버거

C. 커리부어스트

D. 피자

**팩트체크 33** 세계적으로 유명한 독일 바덴-뷔어템베엌(Baden-Württemberg) 주의 특산 후식 이름은?

A. 렙쿠헨(진저브레드)

B. 베를리너

C. 슈봐어쯔봘트 체리케잌

D. 예거마이스터

**팩트체크 34** 아래 보기 중 독일인들이 크리스마스 명절에 먹는 대표적 음식은?

A. 크리스마스 푸딩

B. 슈톨렌

C. 크리스마스 초콜릿

D. 크리스마스 비스킷

**팩트체크 35** 독일에서 가장 큰 명절은?

A. 부활절

B. 성령강림절

C. 크리스마스

D. 카니발

**팩트체크 36** 보기의 동요들 중 원래 독일민요에서 온 것은?

A. 반짝 반짝 작은 별

B. 나비야

C. 검은 고양이 네로

D. 동네 한 바퀴

**팩트체크 37** 매년 독일 뮌헨에서 열리는 세계 최대의 맥주축제이자 민속축제는?

A. 마이페스트

B. 맥주 페스티벌

C. 뮌헨 주간

D. 옥토버페스트

**팩트체크 38** 독일에서 가장 큰 기업의 이름은?

A. 폭스바겐(Volkswagen)

B. 보쉬(Bosch)

C. 다임러(Daimler)

D. 알리안쯔(Allianz)

**팩트체크 39** 아래 보기 중 독일 자동차 회사가 아닌 것은?

A. 메르체데스 벤쯔(Mercedes Benz)

B. 베엠붸(BMW)

C. 폭스바겐(Volkswagen)

D. 볼보(Volvo)

**팩트체크 40** 독일을 비롯하여 많은 유럽연합(EU) 국가에서 사용하는 공용화폐는?

A. 달러
B. 유로
C. 마르크
D. 파운드

**팩트체크 41** 인류의 역사에 중대한 영향을 끼친 종교개혁을 일으킨 독일인은?

A. 마틴 루터(Martin Luther)
B. 마틴 루터 킹(Martin Luther King)
C. 비스마아크(Otto von Bismarck)
D. 구텐베억(Johannes Gutenberg)

**팩트체크 42** 공산주의 이론을 창시한 독일인의 이름은?

A. 카알 대제(Karl der Große)
B. 카알 맑스(Karl Marx)
C. 비스마아크(Otto von Bismarck)
D. 레닌(Vladimir Lenin)

**팩트체크 43** 감자를 식용작물로 대량 재배하도록 함으로써 많은 사람들을 굶주림에서 벗어나도록 한 독일 프로이센의 왕은?

A. 나폴레옹 1세(Napoleon I.)
B. 뷜헬름 1세(Wilhelm I.)
C. 프리드리히 2세(Friedrich II.)
D. 프란쯔 2세(Franz II.)

**팩트체크 44** 독일 나찌(Nazis) 정권이 저지른 인류역사상 최악의 범죄를 가리키는 말은?

A. 홀로코스트

B. 인종청소

C. 킬링필드

D. 범죄와의 전쟁

**팩트체크 45** 동독과 서독으로 분단되어 있던 독일이 재통일되는데 결정적인 사건이라 할 수 있는 베얼린(Berlin)장벽이 붕괴된 날은?

A. 1989.10.3

B. 1990.10.3

C. 1989.11.9

D. 2001.9.11

**팩트체크 46** 아래 보기에서 독일 사람들이 가장 좋아하는 책은?

A. 공산당선언

B. 파우스트

C. 해리 포터

D. 반지의 제왕

**팩트체크 47** 독일 사람들이 인터넷에서 가장 자주 검색하는 주제는?

A. 스포츠

B. 의약품

C. 여행 및 휴가지

D. 반려동물

**팩트체크 48** 아래 보기에서 독일 사람에 의해 발명되지 않은 것은?

A. 아스피린

B. 자전거

C. 티백

D. 핸드폰

**팩트체크 49** 독일에서 가장 높은 산의 이름은?

A. 아버(Arber)

B. 몽블랑(Mon Blanc)

C. 쭉슈피쩨(Zugspitze)

D. 마터호언(Matterhorn)

**팩트체크 50** 명목상 국가원수인 독일 연방대통령의 임기는 몇 년일까요?

A. 2년

B. 3년

C. 4년

D. 5년

유로 동전

함부억의 하펜시티(Hafencity)

유로 지폐

커리부어스트(Currywurst)

독일의 나라나무인 참나무(Eiche)

# II.2. 팩트 확인

### 팩트 1. 독일이 지구상에서 위치하고 있는 곳은

C. 중부유럽이다.

독일 사람들은 독일이 중부유럽에 위치하고 있다는 말보다 유럽의 심장에 위치해 있다는 표현을 자주 쓴다.

### 팩트 2. 독일의 정식 국가명칭은

B. 독일연방공화국이다.

원어로는 "Bundesrepublik Deutschland"라 표기하고, "분데스레푸블릭 도이취란트"라 읽는다.

### 팩트 3. 독일의 국가형태는

B. 공화국이다.

원어로 "Republik"이라 표기하고, "레푸블릭"이라 읽는다.

### 팩트 4. 독일의 수도는

B. 베얼린이다.

원어로 "Berlin"이라 표기하고 "베얼린"이라 읽는 것이 원어 발음에 가깝다.

### 팩트 5. 독일의 연방주 숫자는

B. 16개이다.

알파벳순으로 독일의 16개 연방주를 정리하면 다음과 같다. 괄호 안은 주 수도이다.
바덴-뷔어템베억 Baden-Württemberg(슈툿가어트 Stuttgart)
바이에언 Bayern(뮌헨 München)

베얼린 Berlin(도시 자체가 한 주임)
브란덴부엌 Brandenburg(포츠담 Potsdam)
브레멘 Bremen(도시 자체가 한 주임)
헤센 Hessen(뷔스바덴 Wiesbaden)
함부엌 Hamburg(도시 자체가 한 주임)
메클렌부엌-포어폼머언 Mecklenburg-Vorpommern(슈베린 Schwerin)
니더작센 Niedersachsen(하노풔 Hannover)
노어트라인-붸스트퐐렌 Nordrhein-Westfalen(뒤셀도어프 Düsseldorf)
라인란트-퐐쯔 Reinland-Pfalz(마인쯔 Mainz)
자알란트 Saarland(자아르브뤼켄 Saarbrücken)
작센 Sachsen(드레스덴 Dresden)
작센-안할트 Sachsen-Anhalt(막데부엌 Magdeburg)
슐레스뷔히-홀슈타인 Schleswig-Holstein(키일 Kiel)
튀링엔 Thüringen(에어푸어트 Erfurt)

## 팩트 6. 현재 독일 연방총리의 이름은

### D. 앙겔라 메어켈(Angela Merkel)이다.

2018년 1월 현재 대연정구성에 어려움을 겪고 있긴 하지만, 2017년 총선에서 승리함으로써 올해부터 4년간에 걸쳐 다시 행정부 수반인 총리로서 새 임기에 들어가게 된다.

## 팩트 7. 독일의 정당이 아닌 것은

### D. 국민당이다.

독일의 대표적인 정당으로는, 자매정당으로서 집권여당인 "기독교민주연합(CDU: Christlich Demokratische Union Deutschlands)"과 "기독교사회연합(CSU: Christlich-Soziale Union)", 대연정에 참여하게 될 야당인 "독일사회민주당(Sozialdemokratische Partei Deutschlands)", 또한 환경보호 등 다양한 사회적 이슈를 추구하는 "동맹 90/녹색당(Bündnis 90/Die Grünen)" 등이 있다.

## 팩트 8. 독일의 국가를 작곡한 음악가의 이름은

### B. 하이든(Joseph Haydn)이다.

원래 요젶 하이든이 1796/1797년 비인(Wien)에서 신성로마제국의 황제이자 독일왕인 프란쯔 2세(Franz II.)를 찬양하기 위해 작곡한 멜로디를 차용한 것이다.

팩트 9. 독일의 3색 국기에 없는 색깔은?

D. 흰색이다.

독일국기의 색 배치는 위로부터 검은색, 빨강색, 황금색으로 이루어져 있다.

팩트 10. 독일의 국가 상징으로서 연방문장에 그려져 있는 동물은?

C. 독수리이다.

연방의 문장이기 때문에 "연방독수리"라고 하며, 원어로는 "Bundesadler"라 표기하고 "분데스 아들러"라고 읽는다.

팩트 11. 독일의 나라나무는

A. 참나무이다.

슈베어트(Franz Schubert)의 노래를 통해서 유명한 보리수(Lindenbaum)가 아니라 참나무라는 사실이 뜻밖일 것이다. 하지만 독일의 나라나무는 도토리 열매를 맺는 "참나무(Eiche)"이며, 독일 사람들이 거의 매일 사용하는 유로화 1, 2, 5센트 동전 한 면에 독일을 상징하는 도안으로 이 참나무 가지가 새겨져 있다.

팩트 12. 독일에서 가장 흔한 성은

A. 뮐러(Müller)이다.

독일어로는 "Müller"로 표기하는데, "방앗간장이"라는 직업 명칭에서 온 성이다.

팩트체크 13. 독일어권 국가가 아닌 나라는

A. 네덜란드(Niederlande)이다.

모든 오스트리아인들이 독일어를 모국어로 쓰며, 스위스 전체 인구의 약 65.6%(순수 스위스인들의 73.3%)가 독일어를 사용한다.

팩트 14. 독일과 이웃하고 있지 않은 나라는

B. 헝가리이다.

독일과 이웃하고 있는 나라는 북쪽부터 시계방향으로 덴마크, 폴란드, 체코, 오스트리아, 스위스, 프랑스, 룩셈부르크, 벨기에, 네덜란드 등이다. 독일은 이 나라들로 둘러싸여 있다.

### 팩트 15. 2017년 기준 독일의 전체인구는

C. 8,280만 명이다.

독일통계청의 발표에 따르면, 2015년에 약 150만 명, 2016년에 48만 명의 난민이 입국한데 따른 것으로 보인다.

### 팩트 16. 2017년 기준 독일에 살고 있는 외국인의 숫자는

B. 약 1,000만명에 달한다.

독일통계청의 발표에 따르면, 2015년, 2016년 두 해에 걸쳐 190여만 명의 외국인이 증가하였는데, 이것은 이전에 비해 23%가 증가한 숫자이다. 이로써 외국인은 전체 독일인구의 약 12%를 차지하게 된 셈이다.

### 팩트 17. 독일에서 인구가 가장 많은 연방주는

D. 노어트라인-붸스트퐐렌 주이다.

독일어로 "Nordrhein-Westfalen"이라 표기하는 이 연방주는 "라인 강의 기적"을 이룩한 주 무대로서, 공업 중심 지역이었기 때문에 인구가 밀집되어 있다.

### 팩트 18. 독일의 대도시들 중에서 인구 100만이 넘는 도시가 아닌 곳은

C. 프랑크푸어트 암 마인(Frankfurt am Main)이다.

도시명칭을 이야기 할 때 반드시 "마인강 가에 있는(am Main)"이란 부가어를 붙이는 것은 동부독일에 또 다른 "오더강 가에 있는 프랑크푸어트(Frankfurt an der Oder)"가 있기 때문이다. 독일의 수도이자 최대 도시인 베얼린(Berlin)의 인구는 약 357만 명, 도시이자 연방주이기도 한 함부엌(Hamburg)의 인구는 181만 명, 바이에언 주의 수도인 뮌헨(München)의 인구는 146만 명으로 집계된다.

### 팩트 19. 가장 큰 공항이 있는 독일의 도시는

D. 프랑크푸어트 암 마인(Frankfurt am Main)이다.

2020년 완공을 목표로 건설 중인 "베얼린 브란덴부엌 공항(Flughafen Berlin Brandenburg)", 일명 "뷜리 브란트(Willy Brandt)" 공항이 완공될 때까지는 프랑크푸어트 암 마인 (Frankfurt am Main) 공항이 독일 제1의 공항 지위를 유지할 것이다.

### 팩트 20. 독일에서 가장 큰 항구가 있는 도시는

B. 함부엌(Hamburg)이다.

함부엌은 네덜란드의 로테르담(Rotterdam)에 이어 유럽에서 두 번째로 큰 항구이다.

### 팩트 21. 독일의 국토면적은

B. 357,386 ㎢이다.

이는 우리 대한민국 면적의 약 3.57배에 해당한다.

### 팩트 22. 독일에서 국가 권력에 속하지 않는 것은

D. 언론이다.

독일뿐 아니라 모든 민주주의 국가에는 입법부, 사법부, 행정부라는 세 권력이 존재하며, 소위 3권 분립의 원칙을 존중하고 있다.

### 팩트 23. 독일은 법치국가라는 말이 뜻하는 바는

C. 국가는 법을 준수해야 한다는 의미이다.

국가가 법 위에 군림하는 국가는 민주주의 국가가 아니다.

### 팩트 24. 독일 헌법을 부르는 명칭은

A. 기본법(Grundgesetz)이다.

2차 세계대전 후 독일은 1949년 서독과 동독에서 각기 단독 정부가 수립되었고, 서독은 "독일국민이 스스로의 자유로운 의사결정에 의해 새로운 헌법을 부여할 때(wo, …, sich das deutsche Volk in freier Selbstbestimmung eine neue Verfassung gibt)"까지 "헌법(Verfassung)" 대신에 임시로 "기본법 (Grundgestz)"을 쓰기로 하였다. 그러나 1990년 서독이 주도한 동독의 흡수통일 후에도 그대로 기본법이라는 명칭을 사용하고 있다.

### 팩트 25. 독일에서 누구나 공개적으로 정부를 비판할 수 있는 이유는

D. 의사표현의 자유가 있기 때문이다.

팩트 26. 가장 큰 축구 경기장이 있는 독일의 도시는

C. 도어트문트(Dortmund)이다.

도어트문트에 있는 "지그날 이두나 파악(Signal Iduna Park)"은 81,360명을 수용할 수 있다.

팩트 27. 독일이 FIFA월드컵에서 우승한 횟수는

C. 4회이다.

1954년, 1974년, 1990년, 2014년 모두 네 차례 우승하여 독일 축구대표팀이 입는 유니폼(Trikot) 상의 가슴에는 네 개의 별이 새겨져 있다.

팩트 28. 독일인들이 아버지라고 부르는 강의 이름은?

C. 라인(Rhein)강이다.

스위스의 그라우뷘덴(Graubünden) 주에서 발원하여 남에서 북으로 1,232.7km에 걸쳐 흘러 네덜란드를 지나 북해로 빠져나가는 물길이다.

팩트 29. 그림형제의 동화집에 나오지 않는 동화는

B. "인어공주"이다.

"인어공주"는 덴마크의 동화작가 안데르센의 작품이다.

팩트 30. 보기에서 독일인이 아닌 음악가는

B. 프란쯔 리스트(Franz Liszt)이다.

프란쯔 리스트의 묘지는 독일 바이로이트(Bayreuth)에 있지만, 그는 당시 오스트리아 제국의 황실영지에 속했던 헝가리 도보르잔(Doborján)에서 출생하였으므로 오스트리아/헝가리 사람이었다.

팩트 31. 보기 중 독일과자는

B. 슈니발렌이다.

독일어로는 "Schneeballen"이라 표기하며, 정확한 발음은 슈네발렌인데, 원래는 "눈뭉치"

라는 뜻이다. 중세시대의 모습을 고스란히 간직하고 있는 도시 "로텐부엌 옵 데어 타우버(Rothenburg ob der Tauber)"의 특산품이다.

팩크 32. 한 해에 약 8억 개가 판매되는 독일의 유명한 패스트푸드는

C. 커리부어스트이다.

독일어로는 "Currywurst"라 표기하는데, 제2차 세계대전 후에 생겨난 음식으로 베얼린에는 커리부어스트 박물관도 있다.

팩트 33. 세계적으로 유명한 독일 바덴-뷔어템베엌(Baden-Württemberg) 주의 특산 후식 이름은

C. 슈봐어쩌밸더 체리케잌이다.

독일어로 정확한 이름은 "Schwarzwälder Kirschtorte"인데, "슈봐어쩌밸더 키어쉬토어테"로 발음한다. 독일 남서부의 흑림 지역의 특산품이다.

팩트 34. 보기 중 독일인들이 크리스마스 명절에 먹는 대표적 음식은

B. 슈톨렌이다.

독일어로 "Stollen", 혹은 "크리스트슈톨렌(Christstollen)"이라고 부르는 전형적인 크리스마스 음식이다. 요즈음은 우리나라에서도 대형매장 "코스트코" 등에서 살 수 있다.

팩트 35. 독일에서 가장 큰 명절은?

C. 크리스마스이다.

독일어로는 성탄절을 "Weihnachten"으로 표기하고 "봐이나흐텐"으로 발음한다. 우리나라의 추석이나 설날과 같이 독일의 성탄절은 여러 지역에 흩어져 사는 아들과 딸, 손자, 손녀들이 함께 모여 선물을 주고받고 즐거운 시간을 가지는 가족명절이다.

팩트 36. 보기의 동요들 중 원래 독일민요에서 온 것은

B. 나비야이다.

"나비야, 나비야, 이리 날아 오너라 …"로 시작되는 우리 동요는 원래 "작은 한스"란 의미를 가

진 "핸스헨 클라인(Hänschen Klein)"이라는 독일민요의 번안곡이다.

팩트 37. 매년 독일 뮌헨에서 열리는 세계 최대의 맥주축제이자 민속축제는

D. 옥토버페스트이다.

올해 2018년 9월 22일에서 10월7일까지 열릴 "옥토버페스트(Oktoberfest)"는 185회 째가 된다. "옥토버페스트"는 이름과 달리 10월이 아니라 9월 말에서 10월 초까지 2주간 개최되는데, 주된 이유는 악명 높은 뮌헨의 10월 날씨 때문으로 알려져 있다.

팩트 38. 독일에서 가장 큰 기업의 이름은

A. 퐄스봐겐(Volkswagen)이다.

정식명칭은 "Volkswagen AG", 즉 "퐄스봐겐 주식회사"이다. 2017년 디젤 스캔들로 인해 수십억 유로의 손실을 봤음에도 불구하고 2년 연속 세계 자동차 생산업체 1위 타이틀을 획득했다. 2017년 약 1,070만대의 자동차를 판매해서 2,200억 유로의 매출액을 달성하였다.

팩트 39. 보기 중 독일 자동차 회사가 아닌 것은

D. 볼보(Volvo)이다.

볼보는 원래 스웨덴 자동차 생산업체였으나 현재는 중국 Zhejiang Geely Holding Group Co. Ltd에 인수된 상태이다.

팩트 40. 독일을 비롯하여 많은 유럽연합 (EU) 국가에서 사용하는 공용화폐는

B. 유로이다.

독일에서는 "Euro"로 표기하고, "오이로"로 발음한다. 2002년 1월 1일부터 현금 유통되기 시작하였다. 현재 소위 "Euro Zone"을 형성하고 있는 유럽 19개 국가와 그 외 6개국에서 공용화폐로 유통되고 있다.

팩트 41. 인류의 역사에 중대한 영향을 끼친 종교개혁을 일으킨 독일인은

A. 마틴 루터(Martin Luther)이다.

2018년은 마틴 루터에 의해 "종교개혁(Reformation)"이 일어난 지 501년이 되는 해이다.

팩트 42. 공산주의 이론을 창시한 독일인의 이름은

B. 카알 맑스(Karl Marx)이다.

카알 맑스는 1847년 프리드리히 엥엘스(Friedrich Engels)와 공동집필해 1848년 2월 발표한 "공산당 선언(Kommunistisches Manifest)"과 1867년 초판이 출간된 "자본론(Das Kapital)"의 저자로, 공산주의 이념을 제창한 인물이다.

팩트 43. 감자를 식용작물로 대량 재배하도록 함으로써 많은 사람들을 굶주림에서 벗어나도록 한 독일 프로이센의 왕은

C. 프리드리히 2세(Friedrich II.)이다.

프로이센(Preußen)의 왕인 프리드리히 2세는 1740년부터 1786년까지 왕위에 있으면서 프로이센을 대내외적으로 강한 국가로 만들었기 때문에 "프리드리히 대왕(Friedrich der Große)"으로 불리기도 한다.

팩트 44. 독일 나찌(Nazis) 정권이 저지른 인류역사상 최악의 범죄를 가리키는 말은

A. 홀로코스트이다.

주로 600만 명 이상의 유대인에 대한 학살 개념으로 쓰이는 "홀로코스트(Holocaust)"는 어원적으로 "완전히 불타버린"이라는 의미를 가지고 있다. 이 끔찍한 말 대신에 "재앙"이란 뜻을 가진 "쇼아(Shoa, Shoah, Schoah, Schoa)"라는 개념이 같이 사용된다.

팩트 45. 동독과 서독으로 분단되어 있던 독일이 재통일되는데 결정적인 사건이라 할 수 있는 베얼린(Berlin)장벽이 붕괴된 날은

C. 1989.11.9.이다.

베얼린장벽이 무너지고 약 1년 후인 1990년 10월 3일 40년간 분단되어 있던 두 개의 독일이 통일된다. 그래서 10월 3일은 독일에서는 "통일의 날(Tag der Einheit)"이다.

팩트 46. 아래 보기에서 독일 사람들이 가장 좋아하는 책은

D. 반지의 제왕이다.

"반지의 제왕(Herr der Ringe)"은 독일인들이 청소년기에 반드시 읽어야 하는 필독서라 할 수 있다.

## 팩트 47. 독일 사람들이 인터넷에서 가장 자주 검색하는 주제는

C. 여행 및 휴가지이다.

세계에서 가장 여행을 많이 하고, 여행에 경비를 많이 지출하는 민족은 독일인들이다. 또한 그들에게 휴가는 거의 성스러운 것과 동격일 정도로 소중한 것이다.

## 팩트 48. 보기에서 독일 사람에 의해 발명되지 않은 것은

D. 핸드폰이다.

최초의 핸드폰은 1967년 모토롤라(Motorola) 사에 근무하던 미국인 마틴 쿠퍼(Martin Cooper)가 개발하였다.

## 팩트 49. 독일에서 가장 높은 산의 이름은

C. 쭉슈피쩨(Zugspitze)이다.

2,962m의 높이를 자랑하는 "쭉슈피쩨"는 스위스, 오스트리아, 이탈리아, 독일 4개 국에 걸쳐있는 알프스산맥의 봉우리 중 하나이다. 한국인 관광객들이 많이 찾는 곳으로, 정상에 가면 한국 라면을 끓여서 팔기도 하는 것으로 알려져 있다.

## 팩트 50. 명목상 국가원수인 독일 연방대통령의 임기는?

D. 5년이다.

2018년 새 정부가 출범하고, 행정수반인 연방총리 앙겔라 메어켈은 자신의 13년차 임기를 시작하게 된다. 그러나 대외적으로 독일을 대표하는 명목상의 국가원수인 연방대통령은 야당인 독일사민당 소속의 정치가 프랑크-뵐터 슈타인마이어(Frank-Walter Steinmeier)이다. 그는 2017년 2월 12일 제 12대 연방대통령으로 선출되어 2017년 3월 19일 5년간에 걸친 연방대통령의 임기를 시작하였다.

# III.
# 이상한 나라 독일

들어가는 말에서는 본의 아니게 장황하고 딱딱하게 이야기를 시작했으나 필자는 이제부터 좀 색다른 방법으로 독일을 이해해보려고 한다. 독일과 우리나라, 우리나라와 독일을 번갈아 비교해보면서 서로가 얼마나 어떻게 다른지 파헤쳐볼 생각이다. 그렇게 함으로써 우리가 모르고 있었던 독일의 참모습을 제대로 확인할 수 있고, 우리가 무심히 지나쳤던 일 뒤에 감춰져 있는 독일의 특이한 점이나 독일인들의 고유한 사고를 꿰뚫어 볼 수 있으리라 기대하기 때문이다.

독일은 여러 면에서 우리와 아주 많이 다른 나라다. 가장 다른 점은, 도대체 변화가 일어나는 것을 느끼기가 쉽지 않다는 것이다. 1980년대 필자가 공부를 위해 청춘을 불살랐던 그 도시에 가면, 학교도, 기숙사도 옛 모습 그대로 그 자리에 있다. 새 건물이 올라갔다든가 교내 서점이나 카페가 다른 건물로 이사를 했다든가 하는 일도 없다. 거기다 친구들도 필자와 같이 늙어가서 그런지 거의 변한 걸 느낄 수가 없다. 도대체 "십년이면 강산도 변한다"는 옛 속담에 새로운 버전 "십년이면 인간도 변한다"는 말이 보태진 우리나라의 역동성이라고는 느낄 수가 없다. 물론 구 동독에 속했던 지역에 가보면 거리의 모습에서 달라진 것을 느낄 수 있지만, 그 지역 역시 1990년대에도 공사판이 벌어져 있었는데 아직도 여기저기 그 공사판이 보인다는 사실에 놀라기는 마찬가지다. 우리나라 같으면 무슨 공사가 끝난 다음에는 그 일대가 알아보지도 못 할 만큼 변했을 텐데 독일은 공사가 끝나도 겉으로 보기에는 그 변화를 알아챌 수 없을 정도다. 아마 변화가 일어나더라도 너무 천천히 진행되어서 그 변화를 알아채지 못하는지도 모르겠다. 변화 없기는 사람도 마찬가지다. 옛 친구나 지인들은 대부분 이 삼십년 전에 살던 그 도시, 그 주소에 아직도 그대로 살고 있다. 한마디로 정리하면, 독일인들은 지독하게 안정 지향적이라고 할 수 있을 것이다. 요즘 혼란한 시국과 어려운 경제난 때문인지 우리나라를 "헬조선"이라는 별칭으로 부르는 것을 흔히 본다. 이 말에는 특히 N포세대의 절망이 담겨서 온갖 부정적인 뉘앙스가 응축되어 있는 것으로 알고 있다. 그런데 이미 1990년대에도 그와 비슷한 표현이 존재했다는 사실을 아는 사람이 있을지 모르겠다. 당시 우리나라는 '헬'은 '헬'이지만 'exciting hell'로 불렸다. 자조적인 의미가 들어있기는 하지만 마냥 부정적인 뉘앙스만 내포된 것은 아니었던 것이다. 필자 개인적인 생각으로, 끊임없이 무슨 일이 일어나고, 쉴 새 없이 무엇인가가 변하는 우리나라에 'exciting hell'이라는 이 표현은 여전히 적용시킬 수 있을 것 같다. 그렇다면 이 표현과 짝을 이룰 반대말은 무엇일까? 어렵지 않게 'boring heaven'을 유추해 낼 수 있을 것이다. 'exciting'이란 말의 속뜻을 동적인 변화에서 찾고 'boring'의 의미를 변화 없는 정적인 상태를 가리키는 것으로 해석할 수 있다면 지구상에서 'boring heaven'이란 표현이 가장 잘 어울리는 나라 1순위로는 독일이 꼽힐 수밖에 없을 것 같다. 논리적으로 수긍이 가는 이야기이다. 그런데 과연 '신나는 지옥' 한국을 경험해보지 못한 독일인들이 스스로 자기네 나라가 '지루한 천국'임을 인정할 지는 잘 모르겠다.

## III.1. 독일은 왜 이상한 나라인가?

필자가 자신 있게 말할 수 있는 것은, 우리 한국인의 시각으로 보면 독일은 이상한 나라라는 사실이다. 우리 눈에는 아주 낯설거나 우리사회의 통념에 비추어 볼 때 이해하기 쉽지 않은 일들이 많기 때문이다. 구체적인 예를 하나 들어보자. 필자가 아는 우리나라의 어떤 청년은 열렬한 낚시 팬인데, 휴가를 내고 며칠씩이나 낚시를 하러가기도 한다. '이 청년은 낚시면허가 있나?'라는 질문을 던지면 무슨 이상한 소리를 하느냐고 여러분은 황당해 할 것이다. 그런데 유라시아 대륙을 사이에 두고 우리나라 반대편에 있는 어느 나라에서는 필기시험과 실기시험을 모두 통과하여야 낚시면허를 취득하고, 그래야 합법적으로 낚시를 할 수 있으며, 낚시면허가 있어도 하루에 잡을 수 있는 물고기의 수량까지 엄격히 제한되어 있다. 개인의 취미생활까지 국가 혹은 지방정부에서 통제를 하다니 자유민주주의국가인 대한민국에서는 상상도 할 수 없는 일이 아닌가? 이 이상한 일이 일어나는 곳은 물론 독일이다. 독일 내에서 몇 개의 주[1]를 제외하고는 흔히 "낚시면허

1 예를 들면 메클렌부억-포어폼머언(Mecklenburg-Vorpommern), 브란덴부억(Brandenburg), 슐레스뷔히-홀슈타인(Schleswig-Holstein) 주에서는 돈을 받고 "여행자어로행위면허"라는 증명서를 임시 발급해 주기도 하는데, 물고기를 잡을 수는 있지만, 잡을 수 있는 어종은 제한되어 있음. https://de.wikipedia.org/wiki/Fischereischein 참조.

(Angelschein)"라 불리는 소위 "연방 어로행위 면허 (Bundesfischereischein)"가 있어야 낚시를 할 수 있다. 낚시면허 제도를 시행하는 가장 큰 이유는 자연보호 및 동물보호를 위해서이다. 구체적으로는 독일의 토종 어족자원이 멸종되는 것을 방지하고 생태계를 보호하기 위한 조치이다. 낚시면허 없이 불법으로 고기를 잡는 것은 밀렵행위에 해당하며, 적발되면 심한 경우에는 징역형을 받을 수도 있다.[2] 사실 어족보호라는 명분이 과장되었다 싶을 정도로 독일의 강과 호수에는 물고기가 많다. 교외지역은 물론이고 시내를 흐르는 작은 하천에도 물고기들이 떼를 지어 헤엄치는 것을 볼 수 있으며, 산란철인 봄에 바이에언(Bayern) 숲 속의 호수에 가면 물 반, 고기 반이라는 말이 이런 것이구나 하는 것을 실감할 수 있을 정도이다. 역으로 생각해보면, 이 같은 제도가 엄격히 시행되고 있는 덕분에 독일의 강과 호수에 어족자원이 풍부할 수밖에 없다는 이야기가 된다. 앞으로 다른 장에서 더 다루게 되겠지만, 환경과 자연을 보호하려는 노력은 독일인들의 일상적인 삶을 규정하는 한 가지 요소라고 봐도 과언이 아니다. 30여 년 전 필자가 살던 기숙사의 유리로 된 출입문에 붙어 있던 글귀가 아직도 기억 속에 선명하게 남아 있다. 그 당시에는 독일인들의 여유로움 정도로 생각했던 "인간은 자연을 필요로 한다. 자연은 인간을 필요로 하지 않는다(Der Mensch braucht die Natur, die Natur den Menschen nicht)"[3]는 그 말을 80층, 100층짜리 고층빌딩의 숲 속에서 새삼 곱씹게 되는 것은 무엇 때문일까?

이 외에도 독일이 이상한 나라라는 증거는 무수히 많다. 필자는 그와 관련된 다양한 증거들을 틈틈이 모아두었는데, 그걸 일단 "우리나라에는 없는데 독일에는 있는 것", 그리고 "우리나라에는 있는데 독일에는 없는 것"이라는 두 가지 범주로 분류해 보았다. 고민 끝에 아래에다 해설 없이 목록만 열거해 놓기로 한다. 위의 낚시면허 사례를 통해 확인한 것처럼 우리에게 이상하게 보이는 이것들 뒤에는 독일이라는 나라의 시스템이나 독일인들의 고유한 사고를 이해하는데 중요한 열쇠가 감춰져 있다. 아래에서는 몇 가지를 골라서 의미를 해석해 볼 것이다. 워낙 사례가 많다보니 나머지 것들은 여러분이 같이 토론할 논제로 활용하기 바란다.

---

2 2017년 벌금목록 Bußgeldkatalog 참조.
https://tierschutz.bussgeldkatalog.org/angeln-ohne-angelschein/

3 누구의 말인지는 제 4장 독일의 땅과 사람 각주 3을 참조할 것.

비어가어텐(Biergarten)

무인 자율판매 꽃밭

크리스마스 마켓(Weihnachtsmarkt)

울름대성당

길거리에 비치된 애견 배변처리용 봉투

슈탐티쉬(Stammtisch)

어린이용 시사잡지 "다인 슈피겔(Dein Spiegel)" 목차

분리수거장(Recyclinghof)

길거리 빈병 등 유리 수거함

재미있는 문구가 적힌 함부억(Hamburg)
길거리의 쓰레기통

재미있는 문구가 적힌 아아헨(Aachen)
길거리의 쓰레기통

길거리 다양한 물품 분리 수거함

자전거를 실을 수 있는 지정차실이 있는 열차

## III.2. 이상한 나라의 증거: "독일적인, 너무나 독일적인 것들"

우선 독일에는 있거나 가능한 것인데, 우리나라에는 없거나 희소한 것, 또는 불가능한 것들을 정리해보면 다음과 같다.[4]

1. 교양시민계층(Bildungsbürgertum)
2. 통일(된 국가)
3. 시간 약속("테어민(Termin)") 문화
4. 집권 13년차에 들어가는 여성총리
5. 주의사항이 아니라 재미있는 문구가 적힌 거리의 쓰레기통
6. 다양한 품목별 길거리 수거함(종이/골판지 수거함, 색깔별 병 수거함, 의류수거함, 책/DVD/CD 수거함 등)
7. 행정 단위별 분리수거장(정원에서 나오는 낙엽이나 나뭇가지, 가구, 전기, 전자제품, 화학물질 등 특수 쓰레기들을 주민들이 가져가서 버릴 수 있는 시설)
8. 공병 회수기(Pfandflaschenautomat)
9. 무인 자율 판매 꽃밭
10. "보행자 천국(Fußgängerzone)"
11. 자전거 운전자용 신호등
12. 1,300여개에 이르는 세계시장 선도 중소·중견기업 "Hidden Champion"
13. 최고의 직업교육 시스템 마이스터(Meister) 제도
14. 세계 최대 규모 "산업 및 무역박람회(Industrie-und Handelsmesse)" 20개 중 16개를 개최하고, 수출까지 하는 컨벤션 산업
15. FIFA 월드컵 우승 기록(1954년, 1974년, 1990년, 2014년 4회 우승)

4 이 항목들은 일차적으로 검증을 거치긴 했으나 주관적으로 선별된 것들이기에 목록에는 더 많은 사항들이 추가될 수도 있지만, 철저한 검증을 거치는 과정에서 다른 항목으로 대체될 수도 있음을 밝혀둔다.

16. 맥주 순수령(Reinheitsgebot)
17. 누가 보든 안 보든 승객 자율에 맡기는 버스 내 승차권 검표기
18. 버스 안의 장애인 승하차 보조 장치
19. "퍼스트레이디(First Lady)"가 법적 배우자가 아니라 동거인(여자친구)인 경우
20. 어린이용 시사잡지 - 예: "다인 슈피겔(Dein Spiegel)"
21. 역사가 100년이 넘는 축제 - 예: 2018년 185회를 맞는 세계 최대 민속축제 옥토버풰스트(Oktoberfest)
22. 세계에서 가장 높은 교회첨탑
23. "썸머/ 윈터 타임(Sommerzeit/ Winterzeit)"
24. 연간 수십만에서 백만여 명에 이르는 난민(수용)
25. 술집에 있는 "단골고객석(Stammtisch)"
26. 비어가이텐(Biergarten)
27. 운전 교습 첫 시간부터 수강생이 직접 운전하는 것
28. 운전교습 및 면허 시험 시 고속도로 주행
29. 운전면허 따기 위해 돈을 저축하는 어린이들
30. 운전교습 시 응급처치 코스(Erste-Hilfe-Kurse) 이수 의무
31. 발급 년도에 따라 다른 다양한 형태의 운전면허증
32. 뜨겁게 데워 마시는 와인(Glühwein)
33. 연 8억 개가 소비되는 카레소시지(Currywurst) 및 카레소시지 박물관
34. 카레소시지 자동판매기
35. 7,000종에 달하는 다양한 맥주와 그 맥주를 생산하는 맥주 양조장
36. 수백 년이 넘은 양조회사 - 예: 1040년에 설립된 "봐이엔슈테판 양조장(Brauerei Weihenstephan)"
37. 시골 스포츠클럽의 세계챔피언 배출
38. 동네마다 있는 잔디 축구장 등의 스포츠 시설
39. 7,350 km에 달하는 운하 내륙 수로망
40. 약 40,000km에 달하는 자전거도로망
41. 신호등 없는 횡단보도 앞에 정지하는 자동차

42. 자전거 운전자의 음주운전 단속 적발 시 운전면허 취소제도
43. 원칙적으로 단일한 자동차 번호판 형식
44. 따로 표지가 없는 시내 구간 지정속도 50km
45. 대형 오토바이의 고속도로 운행
46. 교통법상 "우측이 좌측에 우선(rechts vor links)" 원칙
47. 원칙적으로 속도 제한 없는 고속도로(Autobahn)
48. 승용차의 고속도로(Autobahn) 통행료 무료
49. 공중에 매달려 운행하는 모노레일 "슈붸베반(Schwebebahn)"
50. 주유소에 비치되어 있는 타이어 공기압 점검 및 공기주입기
51. 차량 비치용 주차시간 표시판(Parkscheibe)
52. 필요에 따라 차 높이를 낮출 수 있는 버스(장애인, 유모차 승하차 시)
53. 대학 교육의 자치권
54. 낚시 면허
55. 남녀 혼욕 사우나
56. 누드비치(FKK-Strand)
57. 동성 결혼 허용
58. 합법적인 매춘 및 매춘부들의 소득세 납부
59. 개 보유세(Hundesteuer)
60. 개 교통요금 지불
61. 길거리에 비치된 애견 배변처리용 봉투
62. 마을 한 가운데 혹은 인근에 있는 묘지(Friedhof)
63. 교회세/종교세(Kirchensteuer)
64. 대림절 달력(Adventskalender)
65. 크리스마스 마켓(Weihnachtsmarkt)
66. 약 2주간의 크리스마스 방학(Weihnachtsferien) 및 부활절 방학(Osterferien)
67. 종파에 따른 방학의 유무 차이 - 예: 가톨릭 지역에서만 시행되는 성령강림절 방학(Pfingstferien)
68. 사육제(Karneval) 및 사육제 행렬

69. 제야(Silvester) 폭죽놀이
70. 오전 7시 30분에 업무 시작하는 관공서 - 예: 뒤셀도어프(Düsseldorf) 민원실 (Bürgerbüro)
71. 회원수가 1,900만 명이 넘는 자동차운전자협회
72. 공식적인 8시 수업 (우리나라 0교시) 시작
73. 공중화장실 사용료
74. 음식점, 택시와 같은 서비스업 업종 봉사료(Trinkgeld) 지불
75. 음식점에서 수돗물 유상 제공
76. 텔레비전 프로그램 잡지
77. 정기적으로 발행되는 공신력 있는 제품평가 잡지 - 예: "테스트(Test)"
78. 신문에 게재되는 교제 상대 찾기(Partnersuche) 광고
79. 출장수리 시 교통비 청구
80. 신용카드 받지 않는 대형 매장
81. 외부 색이 수시로 바뀌는 경기장 - 예: 알리안쯔 아레나(Allianz Arena)
82. "혼자서 자녀 양육하는 사람(Alleinerziehende/r)"이라는 명칭
83. 국가가 혼자서 자녀 양육하는 사람에게 매월 지급하는 보조금(생계비, 양육비, 교육비)
84. 각종 신고서식에 있는 "이혼(geschieden)", "혼자서 자녀 양육 중(alleinerziehend)" 이라는 항목
85. 자국민 100%, 외국인에게도 선별 지급하는 자녀양육보조금(Kindergeld)
86. 주말, 휴일 요금 할인 (렌터카, 교통요금)
87. 공동주택 출입구부터 본인의 집 문까지 열 수 있는 마스터키(Generalschlüssel)
88. 중·고등학교 과정의 유급제도
89. 수학 시험 시 계산기 사용
90. 초등학생용 사선지 공책
91. 순수 판매용으로 제작된 예술달력
92. 승용차, 버스와 같이 도로를 사용하는 전차
93. 자전거를 실을 수 있는 지정차실이 있는 열차
94. 6명이 정원인 차실이 있는 열차

95. 바이오 디젤

다음으로 우리나라에는 있거나 가능한 것인데, 독일에는 없거나 희소한 것, 또는 불가능한 것들을 정리해보면 아래와 같은 것들이 있다.

1. 지문 날인한 후 발급받는 신분증(주민등록증)
2. 지문 인식을 통해 문을 열고 들어가는 교수연구실
3. 대박의 꿈
4. 대학 등록금
5. 입시 스트레스
6. 24시간 편의점
7. 지하철, 교실 등 공개된 장소에서 화장하는 여자
8. 정경유착
9. 여름의 열대야
10. 병역의무
11. 예식장
12. 전자출결시스템
13. 선행학습
14. 영어 유아원 혹은 유치원
15. 과외를 위한 사설학원, 입시학원
16 음식점에서 제공하는 무료 식수
17. 당일에 이루어지는 A/S
18. 백화점이나 대형 마트의 주차 안내원
19. 고속도로 통행요금 징수소
20. 지하철 노인 무료승차
21. 학년이 바뀔 때마다 이루어지는 새로운 반 편성
22. 운전면허증 유효기간
23. 경축, 특히 수상, 합격, 당선을 알리는 현수막

24. 교통법규 지키기 캠페인 등과 같은 대중 계몽용 현수막
25. 공용 혹은 공동사용 화장실에 설치된 비데
26. 과도한 고객우선주의 지양 안내문 – 예: 롯데백화점, 부산 호메르스호텔
27. 공공장소에서 소란 피우는 어린이와 방치하는 부모
28. 지하철 안전 스크린 도어
29. 차 뒷유리창에 부착하고 다니는 위협적 문구 - 예: “까칠한 아이가 타고 있어요”
30. 경미한 접촉사고 후 뒷목 잡고 나오는 사람
31. 병원에서 입원환자와 같이 생활하는 보호자
32. 자릿세와 권리금
33. 제사
34. 고등학교 야간자율학습
35. 당일 주문, 당일배송
36. “keep right” 운동(고속도로 1차선은 추월 시에만 운행 계몽운동)
37. 폭탄주 문화
38. 갑질 행태
39. 욕실 바닥 배수구
40. 아파트 경비원
41. 국가 주도 수학능력시험
42. 무허가 노점상
43. 체육특기생
44. 족벌 경영 사학
45. 낙하산 인사
46. 종량제 쓰레기봉투
47. 개별 계량방식 음식물쓰레기 수거기
48. 운전 기능시험 코스
49. 촛불문화제 혹은 태극기집회 등과 같은 시위를 통한 여론몰이
50. 지하철 개표기

## III.3. 독일 대 한국: 신뢰사회 대 불신사회

독일에 다녀온 우리나라 사람들에게 그곳에서 경험한 것 중에 가장 특이한 것이 무엇이었는지 물으면, 많은 사람들이 지하철이나 버스를 탈 때 승차권 확인을 하지 않는 것이었다고 말한다. 버스에는 그나마 운전기사가 있어서 어떤 때는 유효한 표를 가졌는지 보여주기도 하지만, 지하철역에는 승무원이 전혀 보이지 않고 우리나라에서처럼 승차권이나 카드가 있어야 출입할 수 있는 개폐기도 전혀 없어서 때로는 무임승차의 충동을 느낀 적이 있다고 고백하기도 한다. 모든 것을 승객의 자율과 양심에 맡기는 셈인데, 그릇된 행동을 했을 경우에는 그에 대한 책임을 져야한다는 의식을 가지고 있지 않으면 일탈의 유혹에 빠질 수도 있을 것이다. 드물기는 하지만 평범한 옷차림을 한 검표원이 불시에 부정 승차를 단속하는 경우가 있어서 적발되면 벌금으로 60유로를 물어야 한다.[5] 10년도 더 된 일이지만, 배낭여행을 온 우리나라 젊은이들이 뮌헨(München) 지하철에서 단체로 무임승차를 했다가 적발되어 본인들이 당한 창피함은 물론 나라까지 망신당하게 한 적이 있다. 단순하면서 무리 없이 작동되는 이 같은 시스템은 독일사회 곳곳에서 확인할 수 있는데, 이 시스템이 유지되기 위해서는 사회 구성원들 서로 간의 신뢰와 누가 보지 않아도 법과 규정을 자율적으로 지키는 시민의식이 전제되어야 한다. 이 시스템을 원만하게 유지시켜주는 신뢰와 시민의식이 독일사회를 단단하게 유지시켜주는 힘이라 할 수 있다. 여기에 대해서는 앞으로 더 상세히 살펴보게 될 것이다.

독일이 소위 신뢰사회라는 것을 증명해주는 이 사례와 극명하게 대비되는 예는 유감스럽게도 우리나라 여기저기서 발견된다. 위에서 우리나라에는 없거나 드물지만 독일에서는 흔히 볼 수 있는 것을 정리한 목록 5항에 거리의 쓰레기통을 언급했다. 독일에는 눈에 띄기 쉬운 바탕색에 “안녕! 내게 먹을 것을 줘봐(Hallo! Gebt mir etwas zu füttern)” 혹

---

5 https://www.rmv.de/de/Fahrkarten/Bedingungen/Wichtige_Tarifinformationen/31500/ Fahren_ohne_Fahrkarte.html 참조.

은 “내 배를 두둑하게 채워줘(Schlag mir den Bauch voll!)” 같이 재미있고 재치 있는 문구가 적힌 쓰레기통이 거리 곳곳에 놓여 있다. 일부 지자체를 제외하고 우리 거리에서는 보기 어려운 광경이다. 우리나라에서 1990년대만 해도 볼 수 있었던 거리의 쓰레기통은 언제, 어떤 이유에서 사라져 버린 것일까? 거리의 쓰레기통을 일제히 철거한 정확한 시점은 확인되지 않지만, 일반적으로 마트 등 특정장소에서 돈을 내고 구입해야 하는 종량제 쓰레기봉투 사용이 의무화된 시기와 일치한다고 한다. 철거 이유에 대해서도 여러 가지 설이 있는데, ‘사람들이 집안의 쓰레기까지 들고 나와서 버리는 것을 방지하기 위해서’라는 설명이 설득력이 있는 것 같다. 이따금 집회 후의 쓰레기를 치우는 선진 “시민의식”을 보여주는 주민들의 양식을 신뢰하지 못해서 쓰레기통을 치워버렸다는 이야기다.

점입가경이라 생각되는 것은, 최근 들어 공중화장실 변기 옆에 비치된 쓰레기통을 일제히 치워버리고 난 후에 발생한 일련의 사건들이다. 예전부터 우리나라에 대한 비판성 조크 중에 한국에 처음 온 외국인들이 놀라워하는 것이 두 가지 있다는 이야기를 혹시 들어본 적이 있을지 모르겠다. 한국 차들에는 방향지시등이 장착되어 있지 않다는 것, 그리고 친절하게도 무료로 사용할 수 있는 공중화장실이 많이 있는데, 그 화장실 변기 옆에 용변 사후 처리를 한 흔적이 뚜렷한 휴지가 가득 찬 쓰레기통이 놓여있는 것에 놀란다는 것이다. 이 조크가 사실에 기반하고 있는지 확인되지는 않았다. 하지만 평소 우리끼리 있을 때는 다른 사람들의 시선을 그렇게 의식하지 않는 것 같으면서도 외국인들의 반응, 특히 비판적인 반응에는 유난히 민감한 우리들로서는 듣기 좀 민망한 것은 인정해야 할 것 같다. 설마 선진국에서 온 외국인들의 반응을 의식해서 그런 것은 아니겠지만, 화장실 변기 옆 쓰레기통을 철거했을 때 발생할 후유증을 예상하지 못하고 정책적으로 밀어붙인 것은 이해하기 어려운 일이라는 생각을 지울 수 없다. 평소엔 불신하던 우리들의 시민의식을 갑자기 지나치게 신뢰하게 되기라도 한 것일까? 유감스럽게도 그 반대일 것으로 유추된다. 결국 이 문제가 발생하게 된 것은 거리의 쓰레기통을 일제히 철거할 때의 의도가 그대로 작용한 탓이라고 볼 수밖에 없다. 만천하에 천명한 것처럼 청결 위생문제나 환경미화원의 어려움 등이 철거의 사유였다면 다음과 같은 정도의 대책은 충분히 세웠어야 할 것이다. 첫째, 사용 후 물에 넣으면 쉽게 녹아서 변기가 막히지 않을 정도의 품질을 갖춘 화장지를 비치한다. 그리고 모든 화장지 포장에는 변기용으로 사용해도 되는지 명기하도록 한다. 둘째, 변기 옆에 쓰레기통을 치우되 화장실 안에는 쓰레기통을 비치해야 한다. 사사건건 선진국의 사례를 이야기하는데, 참고로 독일 화장실에는 세면대 옆에 커다란 쓰레기통이 비치되어 있다. 셋째, 근본적인 해결을 원한다면 지속적인 교육을 통해서 시민의식을 높이는 데 힘써야 할 것이다. 국민을 계몽하려고만 하지 말고, 교양시민이 되도록 교육받을 기회를 더 제공해야 한다.

거리의 쓰레기통 문제에 대해 필자 개인적으로 이 사람 저 사람에게 불평도 하고, 길거리 유세에 나선 구의회의원 후보에게 건의도 해보았으나 최소한 필자가 사는 도시에서는 아직 실종된 거리의 쓰레기통이 귀환할 기미를 보이지 않고 있다. 필자가 마음속에 씁쓸함을 느끼는 이유는 아주 복합적인 것이다. 물론 단순히 쓰레기 버릴 곳이 없다는 불편함 때문만은 아니다. 등산로 같은 곳에서 "자기 쓰레기는 자기가 도로 가지고 갑시다"와 같은 구호에 마주치지만, 과연 자기 쓰레기를 집에 가져가서 버리는 사람들이 얼마나 될까라는 의구심을 지울 수 없다. 지리산 깊은 골짜기에 쓰레기를 버리고 오는 사람들이 자기 사는 동네 뒷산이라고 쓰레기를 버리지 않을 것이라고 믿기는 힘들다. 이 현상을 보고 판단하건대 우리나라 사람들의 시민의식 수준은 세월이 흘러도 발전하지 못했고, 그런 구성원들로 이루어진 우리 사회는 퇴행하고 있다는 생각을 억누르기 힘들다. 마음이 쓰라린 이유이다. 시가 되었던 구가 되었던 간에 쓰레기통을 관리하는 주체는 대단히 현실적인 계산을 통해 일단 주민들의 고매한 양심에 호소를 해보는 형식을 취해 거리가 지저분해지는 책임을 주민들에게 떠넘기고 있다는 것이 필자의 결론이다. 결국 문제의 핵심은 우리 사회가 서로를 믿지 못하는데 있다고 봐야 한다. 우리 사회는 위에서 살펴본 독일의 신뢰사회와는 상반되게 불신이 지배하는 사회라는 것이다. 바로 이 사실이 가장 마음을 불편하게 하는 것인데, 이렇게 생각하는 이가 물론 필자 혼자가 아닐 것이라 확신한다. 한 가지 더 바라는 것이 있다면, "쓰레기는 쓰레기통에"라고 배우는 우리나라 어린이들이 쓰레기통이 무엇인지 실제로 알게 되어서 배운 그대로 실천할 수 있게 되는 것이다.

다시 우리가 거리에서 흔히 겪게 되는 다른 일 한 가지를 사례로 독일과 우리나라를 비교해 보도록 하자. 1960년대 독일에 수입된 이주노동자 1세대의 이야기를 다룬 스텐 나돌니(Sten Nadolny)의 장편소설 『셀림 혹은 이야기의 재능(Selim oder die Gabe der Rede)』[6]에는 터키에서 온 셀림이 독일에 와서 최초의 문화충격을 경험하는 장면이 나온다. 자정이 가까워오는 늦은 밤 차창 밖으로 거리 풍경이 보인다. 인적도 차량통행도 거의 끊어진 거리에는 눈보라가 몰아치고 있는데, 어떤 사람이 교차로 횡단보도 앞에서 녹색 신호가 들어오길 기다리고 있는 장면이 그것이다. 1960년대에 볼 수 있었던 이 같은 장면을 반세기가 더 지난 오늘에도 독일에서 실제로 볼 수 있다면 여러분은 어떻게 반응할지 궁금하다. 우선은 눈보라가 몰아치는 날 아무도 보는 사람이 없는 시각, 그것도 다니는 차 한 대 없는데 빨간불에 건너가지 않고 굳이 신호가 바뀔 때를 기다리는 건 이상하다 못해 우둔한 것 아닐까하는 생각을 할 것이다. 거기다 50년 전과 지금의 세상은 개벽에 가까울 만큼 많은 것이 변했을 텐데, 아직도 그대로 행동하다니 '뭐 이런 사람들이 다 있어'하는 황당한 느낌을 넘어 '이것이 사실일까'하는 의구심마저 들 것이다. 그런데 대도시의 경우에 예외는 있겠지만, 이건 일반적으로 볼 수 있는 엄연한 사실이어서 프랑스나 이탈리아 같은 유럽의 이웃나라 사람들도 독일인들을 융통성 없는 꽉 막힌 사람들이라 여긴다. 과연 독일인들이 융통성 부족으로 이런 행동을 보이는 것일까?

2014년 기준 법규위반별 교통사고 총 건수 223,552건 중 10%가 넘는 25,702건이 교통신호 위반 사고[7]인 우리나라의 경우는 어떠할까? 운전자는 차에서 내리면 보행자가 된다는 사실을 잊어버리는 것처럼 보이는 우리는 특히 운전을 할 때 지켜야 할 교통법규에 둔감하다. 보행자가 무단횡단을 하다 사고를 당하는 경우가 2010년부터 2014년까지 매년 많게는 5,000건을 넘었고, 적을 때도 4,000건 이하로 떨어진 적이 없다는 통계[8]를 보면 교통법규를 지켜야 한다는 의식이 희박하기는 보행자의 경우도 마찬가지이다. 2016년 어느 날 운전 중이던 필자는 교차로 앞에서 신호를 기다리다가 반대차선에서 좌회전 하는

6 Sten Nadolny, Selim oder Die Gabe der Rede: Roman, 4. Aufl., München 1996, 42쪽 참조.

7 도로교통공단, 2015년판 교통사고통계 요약, 36쪽 참조.
http://taas.koroad.or.kr/web/bdm/srs/selectStaticalReportsDetail.do

8 같은 자료 35쪽 참조.

차 한 대가 중앙선이 끝나지 않은 지점에서 회전을 하는 것을 보게 되었다. 그래서 그 다음에 오는 차들을 유심히 보게 되었고, 필자 차선에 직진신호가 들어와서 좌회전을 멈출 때까지 한 대도 예외 없이 중앙선을 밟고 회전하는 것을 확인하고 놀란 적이 있다. 그 이야기를 다른 사람들에게 했더니 아무도 진지하게 듣기는커녕 필자가 과민하다는 반응이어서 오히려 겸연쩍어할 수밖에 없었다. 하긴 "선, 선, 선을 지키면 행복해져요"[9]라는 교통 계몽캠페인이 아무리 반복되어도 중앙선 넘나드는 것도 대수롭지 않게 생각하는데, 선 약간 밟는 게 무슨 문제이랴. 사실 그보다 더한 경우가 워낙 많기는 하다. 횡단보도에 보행자 신호가 들어와서 길을 건너는 사람이 있는데도 막무가내로 진행하거나 속도를 약간 줄이다가 그대로 통과하는 운전자가 비일비재하지 않은가. 그걸 보면, 의학적으로 장애에 해당하는 빨강 초록 색맹이 우리나라에서는 운전면허를 취득하는데 결격사유가 되지 않는 것으로 해석할 수밖에 없다. 그렇지 않고서야 평소 지극히 선량하고 윤리적이며, 법 없어도 살 사람이라는 평을 듣는 사람이 운전대 앞에서 초법적인 존재로 변신하는 것을 어떻게 설명할 수 있겠는가? 어떤 사람은 우리나라의 법 규정이 비현실적일 만큼 엄격해서 사람들이 법을 준수하지 않는 경향이 있다고 말하기도 한다. 과연 그럴까? 독일에서 운전면허 시험을 볼 때 약 1시간에 걸쳐 시험관의 지시에 따라 시내주행, 도로주차, 국도와 고속도로 주행까지 다 마쳐야 하는데, 모든 코스를 완벽하게 돌고 면허시험장으로 돌아오는 길에 교통신호 없는 횡단보도[10]에 보행자가 들어서는 것을 보고 정차하지 않았다면 그 자리에서 불합격 통보를 받게 된다. 독일에서는 교통법규의 근본원칙이 모든 규정은 인간을 위해 존재하는 것이라 인식하고 있기 때문이다. 따라서 어떠한 경우에도 차보다 사람이 우선이라는 인식을 갖지 않으면 운전해서는 안 된다고 믿는다. 갖가지 교통법규를 철저하게 숙지해야 하고, 아주 사소한 것 까지 엄격하게 지켜야 운전할 자격이 있다는 것을 배워야 독일에서는 면허를 취득할 수 있다. 운전면허를 취득하기 위해서는 비상상황 시 대처법, 구급처치 실습 등이 포함된 안전교육을 의무적으로 이수해야 하는 것은 물론이다. 서민을 위한다는 명분으로 운전면허 취득요건을 대폭 완화한다

9 google에 이 문구를 검색해보면 수많은 이미지가 뜬다.

10 이 같은 횡단보도를 독일어로는 얼룩말 무늬를 닮은 선이라는 의미로 "Zebrastreifen"이라 부른다.

든가 그 탓에 교통사고 건수가 늘었다고 원상복귀를 선언하는 것 모두 정상적인 사고에서 나온 것은 아닌 것 같다. 운전면허 시험을 강화한다고 해서 교통사고가 줄어들지는 모르겠지만 교통법규를 더 잘 지키게 될지 기대할 수 없을 것 같기 때문이다. 우리에게는 교통사고를 내지 않도록 요령껏 운전할 줄 아는 서민 운전자가 필요한 게 아니라 인간을 소중하게 생각하고, 사소한 교통법규 하나까지 정확하게 알고 지키는 "시민"이 필요하다. 이것이 우리가 이상한 나라 독일을 보면서 한번 깊이 생각해 봐야 할 측면이 아닐까 싶다.

# IV.
# 독일의 땅과 사람

# IV.1. 독일인의 삶의 터전과 자연 사랑

2016년 여름 북독의 대표적인 대도시 함부엌(Hamburg)에서 출발해 오스트리아를 거쳐 북부 이탈리아까지 자동차로 여행을 한 적이 있다. 오스트리아로 들어가기 전 독일 서남부의 작은 도시 울름(Ulm)에서 하룻밤 숙박을 하였는데, 함부엌(Hamburg)에서 울름(Ulm)까지 가는 길은 총 696km 정도 되며, 고속도로 아아인스(A1)를 잠시 타고 가다가 독일에서 가장 긴 고속도로 구간을 자랑하는 고속도로 아지벤(A7)으로 진입하여 계속 주행 후 고속도로 아아핱(A8)으로 잠시 바꿔 타야 하는 여정이었다. 부산에서 평양까지 가는 거리보다 긴 여정에서 가장 인상 깊었던 것은, 필자 기억으로는 터널이 두 개 밖에 없었다는 사실이다. 혹시 착각했을 수도 있겠지만, 단언컨대 한손으로 꼽을 수 있는 숫자 이상은 아니었다. 그렇다면 이 사실이 무엇을 의미하는지 어렵지 않게 이해할 수 있을 것이다. 그렇다. 그 여정에는 산이 거의 없었다는 것이다. 그렇다고 독일에는 정말 산이 없는 것은 물론 아니다. 울름(Ulm)에서 오스트리아를 지나 북부 이탈리아로 가는 도중에는 독일최고봉 쭉슈피쩨(Zugspitze)를 볼 수 있는데, 높이가 2,962m인 이 산은 스위스, 오스트리아, 독일, 이탈리아에 걸쳐있는 알프스 산맥의 한 봉우리로서 독일 남부 바이에언(Bayern) 지방과 오스트리아 북부 티롤(Tirol) 주에 걸쳐 있다.

독일 북부지방에 가면 다음과 같은 조크가 있다. 원래 독일식 조크란 것이 우리 감각에는 잘 맞지 않는데다 독일의 지형적인 특성을 모르면 전혀 우습지 않다는 사실을 고려해서 의미를 한번 음미해 보시기 바란다. 그 조크는 아주 단순한 내용으로, 주말에 오기로 되어있는 손님이 수요일이면 벌써 오는 것이 보인다는 것이다. 독일인들이 모든 일을 사전에 계획한 다음 실행한다는 것은 잘 알려져 있는 사실인데, 사람을 자기 집에 초대할 경우에도 당연히 미리 서로 간에 약속을 잡아서 정한 날, 정한 시간에 손님이 도착하도록 준비가 이루어진다. 식사 초대냐, 커피와 케이크를 먹으며 담소하는 자리냐에 따라 달라지긴 하지만 일반적으로 주말, 특히 토요일이나 일요일에 손님을 초대한다. 그런데 주말에 초대받은 그 손님이 왜 며칠 전에 이미 오는 것이 보일까? 빙고! 그렇다. 지형이 너무 평평하기 때문이다. 산은 고사하고, 언덕조차 없다는 지형적 특성을 빗댄 독일식 유머인 것이다. 이처럼 남쪽이 높고 북쪽은 낮은 지형을 가진 독일은 스위스, 오스트리아, 체코, 폴란드, 덴마크, 네덜란드, 벨기에, 룩셈부르크, 프랑스라는 크고 작은 9개의 이웃국가에 둘러싸인 채 유럽의 한가운데 자리 잡고 있다. 독일인들 스스로는 유럽의 심장에 위치하고 있다는 말을 즐겨 쓰는데, 이러한 지리적 위치는 역사적으로 불리한 적도 있었으나 유리하게 작용한 적도 많았다. 2차 세계대전이 끝난 후 동서 진영의 이념적인 대립으로 분열되었던 유럽대륙이 1990년대 냉전시대의 종식 이후 유럽연합이 구성되면서 독일은 정치적인 리더로서 적극적으로 유럽의 진정한 통합을 위해 중요한 책임과 의무를 수행하게 되었다. 이뿐 아니라 유럽 중앙에 자리 잡은 지정학적인 이점을 이용하여 경제적으로도 거대한 유럽 내수시장에서 주도적인 역할을 하게 된 것이다.

북서쪽으로 북해(Nordsee)에 접해 있으며, 동북쪽으로 스칸디나비아 반도 아래쪽 내해, 우리나라에서는 보통 발트해라 불리는 동해(Ostsee)에 닿아 있는 것을 제외하고는 독일 대부분의 지역은 내륙에 위치하고 있다. 독일은 위도 상 상당히 북으로 치우친 북위 47도에서 55도 사이에 위치해 있지만 사계절의 구분이 있는 온대성 기후를 갖고 있는데, 같이 온대에 속하는 우리나라의 기후와는 상당히 차이가 있다. 기후까지 글로벌화가 이루어져서 그런지 우리나라에서도 봄과 가을이 점점 짧아지는 추세이지만, 독일의 봄은 명목상으로는 3월에 시작되어 우리나라에서와 마찬가지로 꽃들이 피기 시작하다가 4월이 되면 눈과 비가 뒤섞이는 변덕스런 날씨가 찾아온다. 오죽하면 변덕스런 성격을 가리켜 "4월 날씨(Aprilwetter)" 같다고 하겠는가. 부활절 토끼가 뛰어노는 푸른 풀밭에서 예쁘게 채색된 달걀 찾기 놀이를 기대하고 있는데 눈이 펑펑 쏟아지는 날씨를 우리나라에서는 상상하기 어려울 것이다. 이러다보니 심지어 한 해가 일월(Januar), 이월(Februar), 삼월(März), 사월(April), 사월(April), 사월(April) …로 진행된다고 과장하기까지 하는 경우도 있다. 하지만 오월이 되면 일 년 중 가장 아름다운 날씨를 만날 수 있는 것이 보통이다. 어째서 괴에테(Johann Wolfgang von Goethe)가 「오월의 노래 Mailied」에서 "얼마나 장엄하게 빛나는가(Wie herrlich leuchtet)/ 자연은 내게 (Mir die Natur!)!"라고 외쳤으며, "놀랍도록 아름다운 달 오월(Im wunderschönen Monat Mai)/, 온갖 꽃봉오리들이 터지듯 열릴 때(Als alle Knospen sprangen)/, 내 마음 속에(Da ist in meinem Herzen)/ 사랑이 만개하였네(Die Liebe aufgegangen)"라는 하이네(Heinrich Heine)의 시를 슈만(Robert Schumann)이 절창의 낭만주의 가곡[1]으로 만들었겠는가.

짧은 봄이 어느 결에 가고나면 시작되는 독일의 여름은 우리나라와 달리 습도가 높지 않아서 그곳을 찾는 우리나라 사람들에게는 그리 덥지 않게 느껴질 것이다. 최근에는 지구온난화의 영향인 듯 독일에도 30도를 웃도는 더위가 자주 찾아오고, 제법 오래 지속되는 경우도 있지만, 그늘에 들어가면 어디선가 바람이 불어와서 시원하게 느껴진다. 두꺼운 벽을 가진 오래된 석조 건물들이 많은 시내에는 에어컨을 설치한 곳이 거의 없어서 우리나라 대도시들처럼 에어컨들이 내뿜는 열기 같은 것도 느낄 수 없고, 도시를 벗어나면 울창하고 푸른 숲이 많으니 햇살이 따가워도 여름은 견딜만하다. 남유럽부터 동남아시아, 카리브 해 지역까지 일부러 햇볕을 찾아다니는 독일인들에게 여름은 노출과 야외활동의 계절이다. 우리나라와 달리 실내수영장 보다는 강이나 호수에 수영하러가는 일도 많은데, 어떤 때는 학년 별로 아이들이 단체로 학부모들과 함께 호수나 강가로 놀러가기도 한다. 아이들이 물놀이를 하며 노는 동안 부모들은 소시지나 스테이크를 굽고, 같이 맥주를 마시면서 담소하는 풍경이 낯설지 않다. 유치원이나 초등학교에서 공부보다는 친구들과 어울려서 노는 것을 가르치는 독일에서는 학교에서 수영을 가르치지만 접영은 고사하고 자유형, 배영, 평영 같은 정식 수영법을 정석대로 배우는 것이 아니고, 어려서부터 강이나 호수에서 친구와 가족들과 함께 수영을 하다 보니 영법은 엉망이지만 수영 실력은 대단하다. 한 가지 특이한 것은, 수영장 같은 곳에는 안전요원이 있지만, 막상 더 위험해 보이는 강과 호수에는 안전요원이 어디에도 보이지 않는다는 사실이다. 잘 보이는 곳에 주의하라는 문구와 문제없이 작동되는 구조튜브만 비치되어 있다. 대부분의 독일인들이 수영을 잘하기 때문일 수도 있겠지만, 규정을 어기고 금지된 곳에서 수영을 하는 사람이 없기 때문일 가능성이 더 크다. 주의사항이 있는데도 무시하고, 규정을 준수하

1 독일이 낳은 세계적인 테너 프릿쯔 분덜리히(Fritz Wunderlich)가 부르는 이 독일가곡 "놀랍도록 아름다운 달 오월" 감상: https://www.youtube.com/watch?v=cGO6wyHFClo

지 않았을 경우에 일어나는 사고에 대해서는 스스로 책임져야한다는 것은 모두가 알고 공감하고 있는 상식이기 때문이다. 사실 7, 8월에는 다른 지역이나 외국으로 휴가를 떠나는 사람들이 대부분이다 보니 독일인들이 자신들 사는 지역에서 여름을 나는 것을 제대로 본적이 없는데, 많은 사람들이 휴가를 마치고 돌아올 때쯤 되면 아침저녁 시간과 낮의 일교차가 심해지며 찬바람이 불어오는 계절이 된다. 그리하여 주마다 약간씩의 일정 차이는 있지만 초, 중등학교가 개학하는 9월이 되면 활엽수 잎들이 물들기 시작하며, 대학교의 새로운 학년의 시작인 겨울학기가 돌아오는 10월이 되면 낮의 길이가 급격하게 짧아져서 오후 4시 무렵이 되면 이미 날이 어두워지기 시작하면서 겨울이 오는 것을 실감하게 된다. “독일인들에게 여섯 달은 겨울이고 나머지 여섯 달 중에도 여름은 없다. 그런데도 그런 땅을 독일인들은 조국이라고 부른다”라는 나폴레옹 (Napoléon Bonaparte)의 말처럼 그렇게 찾아온 겨울은 거의 한 해의 절반을 지배하게 되는데, 알프스에 가까운 남부지역의 수은주가 영하 20도 이하까지도 내려가는데 반해 해양성기후의 영향을 받는 중북부는 기온이 아주 낮지는 않다. 그런데도 겨울에는 습도가 높다보니 뼛속까지 냉기가 스며드는 것 같아서 대단히 견디기 어려울 때가 많다. 특히 12월부터 1, 2월까지는 한 달에 해를 볼 수 있는 맑은 날이 손에 꼽을 수 있을 정도로 드물다. 왜 독일인들의 성격이 날씨를 닮아서 음울하다고 하는지, 독일에서 왜 철학자들이 많이 배출되었는지 알 것 같다는 이야기가 나오는 이유이다.

1차 세계대전과 2차 세계대전을 거치면서 독일의 영토는 점점 줄어들어서 지금은 우리나라 남북한을 합친 면적의 1.63배 정도 된다.[2] 남북으로는 오스트리아 접경의 “오버스트도어프 근교 할덴방어 삼각지(Haldenwanger Eck bei Oberstdorf)”로부터 북해의 섬 “쥘트(Sylt)”에 이르기까지 874km에 이른다. 동서의 폭은 길이의 약 3/4에 못 미친다. 폴란드에 접한 작은 마을 “나이쎄아우에(Neißeaue)”에서 네덜란드 부근의 “이젠브루흐(Isenbruch)”까지 636km에 걸쳐 있다.

독일에서 특기할 만한 사실은 생물다양성이 아주 높다는 것이다. 약 4만 8천 종의 동

---

2 독일의 전체 면적은 2015년 12월 31일 기준으로 약 357,386㎢이다.
https://de.statista.com/statistik/daten/studie/154868/umfrage/flaeche-der-deutschen-bundeslaender 참고.

물과 2만4천 종의 고등식물, 선류, 균류, 지의류, 조류가 서식하고 있다. 기후적인 조건이 결코 뛰어나지 않음에도 불구하고 이처럼 다양한 생물이 살 수 있는 것은 중앙정부는 물론 지방자치단체뿐 아니라 다양한 자연보호나 환경보호단체들의 노력 덕분이다. 특히 생물이 살아갈 수 있는 기본조건인 자연환경을 보호하는 것을 국가의 공식 목표로 삼고 있는데, 이것은 1994년부터 독일의 헌법에 해당하는 기본법에 명시되어 있다. "자연에 반하는 것은 곧 신에 반하는 것이다(Was gegen die Natur ist, das ist gegen Gott)"라는 19세기 독일의 극작가이자 시인 크리스티안 헤벨(Christian Hebbel)의 말처럼 독일인들의 자연에 대한 관심과 보호에 대한 의식은 좀 과장하면 거의 종교적인 차원이라고 볼 수 있다. 앞에서 잠깐 언급한 적이 있었지만, 필자가 살던 기숙사 출입문에 붙어있던 그 표어 "인간은 자연을 필요로 한다. 자연은 인간을 필요로 하지 않는다(Der Mensch braucht die Natur, die Natur den Menschen nicht)."라는 구절에 대해 좀 더 이야기해 보자. 당시 필자는 아무 설명도 없이 흰색 바탕에 검은 글씨로 적혀 있던 이 글을 처음에는 무심코 지나다녔다. 그러다 점차 그 의미를 새겨보게 되었고, 알지 못할 감동을 느끼고 기억 속에 오래 간직해 두게 되었다. 요즘 들어 매일 지나다니는 해운대의 수십 층짜리 고층빌딩 숲을 보며 그 글귀를 문득 떠올리곤 한다. 그 옛날 기숙사에서 학교로 가기 위해 지나다니던 넓은 초원에 무리지어 피던 노란 민들레꽃 무리도 함께 말이다. 나중에 알게 된 사실이지만 이 글귀는 1984년부터 1994년까지 독일의 연방대통령을 지낸 리햐어트 폰 봐이체커(Richard Freiherr von Weizsäcker)[3]가 남긴 말이다. 그는 많은 독일인들이 존경하던 정치가였다. 특히 2차 세계대전 종전 40주년 기념 연설은 직접적으로 독일이 저질렀던 과오에 대해 언급하는 차원을 넘어 솔직하게 그 죄를 인정하고, 거기에 대해 끊임없이 기억하고 반성할 것을 독일인들에게 촉구한 명연설로 꼽힌다. 그 정치적 연설도 물론 감동적이지만, "인간은 자연의 부분이다. 그는 자연보다 우월적인 존재가 아니다. 인간이 그 사실을 깨달아야만 비로소 그는 살아남을 수 있는 기회를 가진다.(Der Mensch ist Teil der Natur, er ist ihr nicht übergeordnet. Erst wenn er das begreift, hat er

3 리햐어트 폰 봐이체커(1920 – 2015)는 독일의 정치가로, 보수정당인 기민연합 CDU 소속이었지만, 6대 대통령으로서 그의 활동이나 행적을 보면 진보적인 성향을 많이 드러내기도 했다.

eine Überlebenschance).”라는 말로 이어지는 위의 글귀에서 드러나는 인간과 자연의 관계에 대한 그의 지혜로운 메세지는 독일인들보다 지금의 우리가 더 귀담아 들어야 할 것 같다.

어느 설문결과에 의하면, 연령대, 직업, 세계를 보는 관점의 차이와는 무관하게 약 91%의 독일인들이 “고향의 아름다운 자연 풍광이나 독특함이 그대로 보존되고 보호받아야 한다”고 생각한다. 또한 89%는 “동식물의 생존권이 존중되어야 한다”는데 동의한다고 한다.[4] 이 같은 자연보호에 대한 독일인들의 의식은 국토면적의 약 3.9%에 달하는 1,376,989ha가 자연보호구역 (Naturschutzgebiet)이고, 국토면적의 약 27.4%에 해당하는 약 9,800,000ha는 자연공원 (Naturpark)이라는 사실에서 증명된다.[5] 1836년 프로이센 정부는 본(Bonn) 근처에 있는 “드라헨펠스(Drachenfels)”[6]를 세계최초로 자연보호구역으로 지정했다. 그 이래 2015년 12월 기준으로 독일에는 모두 8,757개의 크고 작은 자연보호구역이 있으며,[7] 105개의 자연공원이 있다. 자연보호구역은 그 지역의 경관과 동식물을 보호하기 위해 인간에 의한 일체의 관리행위도 허용되지 않지만, 자연공원은 인간을 위한 휴양행위가 자연보호와 결합되어 있다는 점에서 차이가 난다. 자연공원 안에서는 경작 행위가 허용되며, 사람이 거주할 수도 있다.

자연보호구역 (Naturschutzgebiet)

---

4 Theo Sommer (Hrsg.), Leben in Deutschland. Anatomie einer Nation, Köln 2004, 39쪽 참조.

5 Bundesamt für Naturschutz 홈페이지 https://www.bfn.de/ 및 구체적인 팩트는 https://www.bfn.de/fileadmin/BfN/daten_fakten/Downloads/Daten_zur_Natur_2016_BfN.pdf 참조.

6 우리말로 “용바위”이다.

7 Bundesamt für Naturschutz 홈페이지 https://www.bfn.de 참조.

비행기를 타고 독일 최대의 공항으로서 세계로 열린 관문이라 할 수 있는 프랑크푸어트(Frankfurt am Main) 공항에 착륙하기 위해 접근하면, 아래쪽으로 키 큰 침엽수림이 보인다. 비행기에서 내린 후 고속도로를 타고 이동하다 보면 길 양편으로 우거진 이 숲을 볼 수 있다. 나중에 독일 고속도로의 많은 구간에서 울창한 숲을 양옆에 두고 달리다보면 이것이 독일인들에게는 놀라울 것 없는 독일인들의 일상적인 풍경이라는 것을 깨닫게 된다. 자연이 없으면 인간도 살아남을 수 없다고 생각하는 독일인들의 의식이 부러울 뿐이다. 인간의 입장에서 자연은 우리를 둘러싸고 있는 세계이다. "우리를 둘러싸고 있는 세계"란 의미를 가진 독일어는 "Umwelt"인데, 여기서 "um"은 "주위에, 둘러싸고"란 뜻이며 "Welt"는 세계를 가리킨다. 그렇게 해서 "환경"이라는 말의 의미가 형성된 것이다.

"안녕, 환경!"이라는 문구가 적힌 종이백

그래서 결국 자연보호나 환경보호는 같은 맥락이라고 볼 수 있다. 독일인들의 환경보호에 대한 의식이 투철한 것은 유명한 사실인데, 사례 하나를 통해 살펴보자. 베얼린(Berlin)에 살고 있는 시리아 출신 영화감독 휴삼 챠닷(Husam Chadat)의 일화이다. 그가 독일에 온지 얼마 되지 않았을 때 친구들과 호숫가에 놀러 간 적이 있었다. 호숫가를 산책하면서 손에는 칩 종류의 과자를 먹고 있었다. 즐겁게 이야기를 나누면서 걸어가고 있는데, 갑자기 바람이 불더니 거의 다 먹어서 가벼워진 과자봉지를 낚아채서 호수에 빠뜨리고 말았다. 봉지는 바람을 타고 손으로는 건질 수 없는 곳으로 들어가 버렸다. 그러자 여자 친구가 물속으로 뛰어들더니 과자봉지를 건져서 나오는 것이었다. 잔뜩 화가 난 듯한 그 여자 친구가 놀란 그에게 한 말이 뭐였을까? 물이 오염되면 안 되지 않느냐는 것이었다.[8]

필자가 사는 곳은 아파트 주거단지가 밀집한 도시 외곽지역인데, 산과 인접한 곳이라 주말이나 휴일은 물론 평일에도 산으로 향하는 수많은 사람들을 볼 수 있다. 형형색색의 화려한

8 Walter Krämer, Typisch deutsch. Was uns von anderen unterscheidet, Berlin 2013, 7쪽 참조.

등산복을 입은 사람들이 씩씩하게 행진하는 것을 보면서 우리나라 사람들이 얼마나 자연을 사랑하는지 놀라곤 한다. 하지만 그 행렬을 보면서 필자는 가끔 산이 가엾다는 생각을 한다. 산이 저 많은 사람들을 과연 탈 없이 견뎌낼까 염려되어서다. 이 말을 듣고 여러분은 아마 필자를 이상한 사람이라 여기거나, 그렇지 않으면 그 이유가 뭘까 궁금할 것이다. 오래 전 이야기지만 필자도 산깨나 다녀봤다. 그런데 예전에는 보는 사람 없어도 사람들이 떠난 자리는 깨끗하고 멀쩡했다. 수십 년이 흘러 세상은 윤택해지고, 그만큼 사람들의 사고도 세련되었을 텐데 그들이 떠난 자리는 결코 아름답지 못하다. 우리도 이제는 '시민'이 되지 않았을까하는 희망은 산에 갈 때마다 무참히 깨지고 만다. 지리산에서도 가장 깊은 칠선계곡이 쓰레기로 신음하는 것을 보면 할 말을 잃는다. 무리지어 산과 자연을 찾는 우리는 왜 그곳을 있는 그대로 내버려두지 못하는 것일까? 국토가 좁아서 그렇다는 말이 해명이 될 수가 있을까? 산과 바다에 몰려가서 고된 일상에서 쌓인 저마다의 스트레스를 버리는 것은 좋은데, 왜 내가 들고 왔던 것도 그곳에 버리는 것일까?

## IV.2. 독일인, 그들은 누구인가?

영원한 "아메리칸 스윗하트(american sweetheart)", 즉 미국인이 가장 좋아하는 여배우 중 한 사람으로 꼽히는 여배우 산드라 블록(Sandra Bullock), 명실 공히 현역 최고의 헐리우드 스타인 레오나르도 빌헬름 디카프리오(Leonardo Wilhelm DiCaprio), 세계 최대 케첩 회사 창업주 헨리 존 하인즈(Henry John Heinz), 우리나라에서는 동서식품이 '130년 전통의 미국 오리지널 베이컨 오스카마이어(Oscar Mayer)'라 광고하면서 수입 판매함으로써 이름이 알려진 미국의 거대 소시지 기업 창업주 오스카 마이어(Oscar Mayer), 2차 세계대전 당시 연합군 총사령관이자 미국의 34대 대통령이었던 드와이트 데이비드 아이젠하워(Dwight David Eisenhower), 후보시절은 물론 취임 후에도 해괴한 언행을 반복함으로써 탄핵감으로 거론되고 있는 현역 미국 대통령 도널드 트럼프(Donald Trump), 이들의 공통점은 무엇일까? 그렇다. 모두 독일계 이민자의 후손들이다. 이들 중에는 독일 국적을 보유하고 있는 산드라 블록 같은 사람이 있는 반면, 오랫동안 자신의 독일계 혈통을 부정하다가 최근에 들어서야 인정한 도널드 트럼프[9] 같은 인물도 있다.

아래 그림[10]은 2000년 미국에서 실시된 인구센서스 결과를 보여주는 것이다. 약 4천 900만 명의 미국인들이 자신들의 뿌리가 독일계라고 응답해서 당시 미국 인구 2억8천2백만

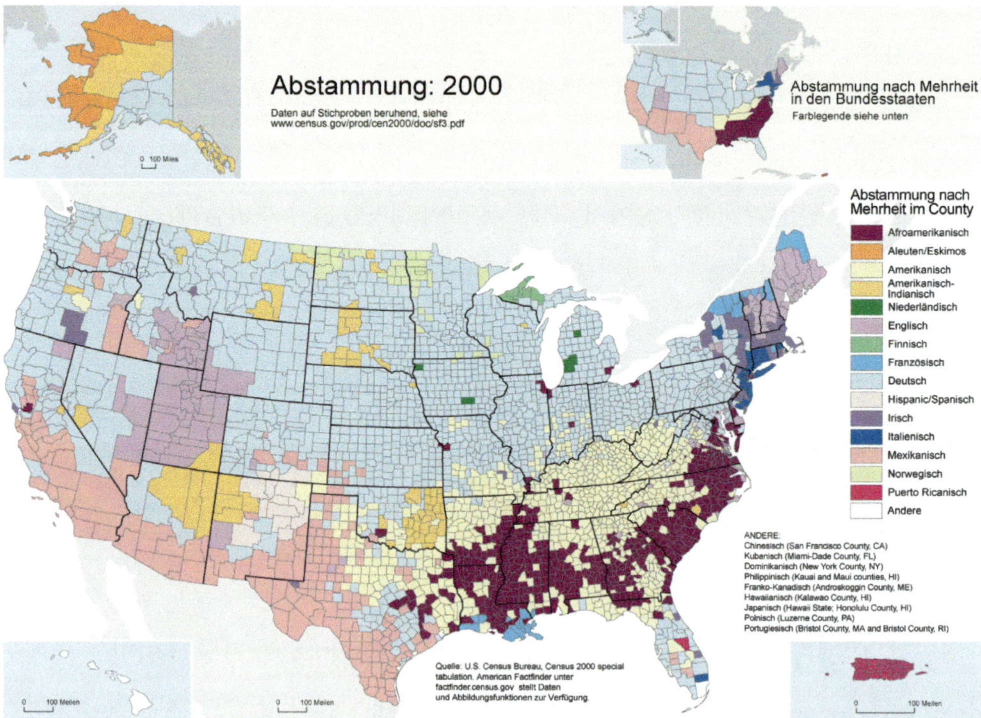


미국의 독일이민자 지도

9 트럼프는 오랫동안 자신이 스웨덴 이민자의 후손이라 주장했으나 그는 독일 혈통임이 확실하다. 그의 할아버지 프레데릭 트럼프(Frederik Trump)의 본명은 프리드리히 트룸프(Friedrich Trump)로, 독일 퐐쯔(Pfalz) 지방의 칼슈타트(Kallstadt) 출신이다. 그는 1885년 바이에언(Bayern) 왕국에 속했던 퐐쯔(Pfalz)의 병역의무를 이행하지 않고 허가 없이 미국으로 이주하였다. 처음에는 워싱턴(Washington) 주에서 식당을 운영하다가 매춘업소로 업종을 변경하였다.

10 https://upload.wikimedia.org/wikipedia/commons/f/f0/US_ancestry2000_de.png
https://upload.wikimedia.org/wikipedia/commons/a/a7/Census-2000-Data-Top-US-Ancestries-by-County-german.jpg

명의 거의 17%를 차지하는 것으로 나타났다. 그림에서 밝은 하늘색으로 표시된 부분이 자신들이 독일계 이주민의 후손들이라 응답한 사람들이 거주하는 지역이다. “The Germans in America”라는 제목으로 미국 의회 도서관 지역 연구 온라인 판에 수록된 내용을 보면, 미국 인구조사국의 1990년 조사에서는 약 5천 800만 명의 미국인들이 부분적으로라도 독일계 혈통이라고 응답한 것에 비하면 이는 오히려 줄어든 수치라 할 수 있다.[11] 하지만 미국에서 가장 큰 이주민 집단으로 간주되고 있는 아프리카계 미국인들보다 더 많은 인구수를 기록하고 있다는 점에서 의외가 아닐 수 없다. 서아프리카와 중앙아프리카에서 노예로 팔려와 주로 미국 남부지역에서 강제노동에 시달려야 했던 아프리카 미국인들의 숫자는 2000년 기준 4천 120만 명, 2010년 기준 3천 8백 90만 명에 불과한 것으로 집계되었다.[12]

미국 시민전쟁, 즉 남북전쟁 당시 남부군의 23.4%, 인원수로는 51만 6,000명이 독일계[13]였는데, 그중 21만 명은 독일에서 출생한 사람들이었다고 한다. 그러나 당시 독일계 미국인의 80% 이상은 북부를 지지함으로써 여러 이민자 집단 중에서 노예제에 반대하는 최대 집단이었다. 2015년 미국 인구조사국(United States Census Bureau)이 시행한 미국 지역사회 조사(ACS: American Community Survey) 결과에 따르면 약 4천 500만 명 이상이 자신의 뿌리가 독일계라고 응답했다고 한다. 이는 15년 전에 비해서는 약간 낮아졌지만 여전히 미국 인구 3억 천 200만 명 중 14.4%에 해당하는 수치이다.

자, 그렇다면 미국에만 4,500만 명 이상, 전 세계적으로는 1억6,000만 명에 이르는 독일계 혈통을 가진 사람들의 근원에 대해 한번 살펴보기로 하자. 우리 한국인을 포함한 대부분의 외국인들이 독일인에 대해서 가지고 있는 정형적인 이미지는 외적, 내적 측면으로 나누어 몇 가지 항목으로 정리할 수 있다. 그들은 키 크고, 체격이 좋으며, 푸른 눈에 금발머리를 가졌고, 정직하지만 고지식하고 고집이 세며, 논리적으로 사고하고, 말을 조리 있게 하며, 자신과 국가에 대한 자부심이 강한 사람들이다. 흥미로운 것은, 기원전부터 현재 독일인들의 조상과 끊임없이 부딪쳤던 로마인들이 가졌던 이미지가 오늘날 사

---

11 http://www.loc.gov/rr/european/imde/germchro.html

12 https://de.wikipedia.org/wiki/Afroamerikaner#Statistiken 참고.

13 https://www.welt.de/geschichte/article121352619/Nach-dieser-Karte-muesste-Amerika-Deutsch-sprechen.html

람들이 독일인에 대해 가진 이미지와 크게 다르지 않다는 사실이다. 필자가 보기에 인종이나 종교, 문화적인 차이 등에 대해 크게 개의치 않게 된 현재 우리나라 젊은 세대가 좋아할 여러 가지 자질을 갖추고 있는 것 같다. 실제로 앞에서 언급한 적이 있었던 텔레비전 프로그램의 독일인 스타를 필자는 개인적으로 만나본적이 없어서 정말 그가 인기만큼 독일적인 미남인지는 판단할 수 없으나, 필자 주위에 있는 독일인들 중에도 전형적인 독일인의 매력을 확인할 수 있는 이가 여럿 있다. 필자 생각에, 우리나라에 오는 대부분의 독일인들은 개방적인 세계관을 가진 사람들이지만 가끔씩 그들 특유의 자부심을 살짝 드러내기도 하는 경우가 있다. 그럴 경우 필자는 아주 우회적인 방법으로 그 자존심을 조용히 제자리로 보내는 방법을 쓴다. 우리나라 대부분의 가정에 있는 집안의 족보를 활용하는 것이다. 필자의 경우 시조 할아버지 대부터 본인의 세대에 이르기까지 2,000년이 넘는 가족의 역사가 있음을 인지시켜주면 그들이 은근한 존경의 눈길을 보내는 것을 느낀다. 매사에 정확성을 미덕으로 추구하는 독일인들인지라 사실 관계를 대단히 중요하게 여기기 때문이다.

우리는 경우에 따라 어느 개인 집안의 역사가 2,000년 전 어느 인물로부터 시작되었다는 것은 알지만, 아직 우리 건국신화에 나오는 5,000년 전 단군 할아버지께서 실존인물이었는지 증명할 수 있는 사료가 없다.

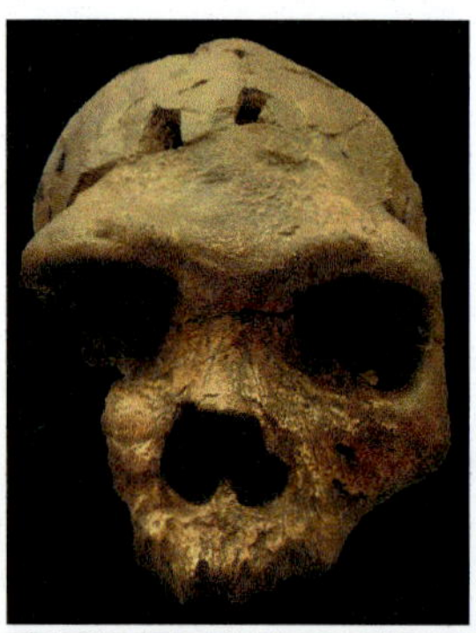

Homo Heidelbergensis

그런데 귀족 출신을 제외하고는 자신들의 고조할아버지에 대해서도 알지 못하는 독일인들은 60만 년 전에 살았던 자기네 조상이 누구인지 밝힐 수 있는 고고학적인 자료를 갖고 있다. 하이델베업(Heidelberg) 근처 "마우어 안 데어 엘젠쯔(Mauer an der Elsenz)"라는 곳에서 신생대 홍적세에 손도끼를 들고 코뿔소를 사냥하던 원시인의 해골화석이 발견된 것이다.[14] 옆의 해골사진[15]의 주인공 "하이델베업 원인(Homo Heidelbergensis)"이라고 불리는 이 원시인류는 물론 독일인들만의 조상은 아니지만 그들의 조상인 것은 확실하다.

14 Alexander Demandt, Über die Deutschen. Eine kleine Kulturgeschichte, Berlin 2007, 17쪽 참조.

15 https://upload.wikimedia.org/wikipedia/commons/e/e8/Homo_heidelbergensis.jpg

그런데 그게 다가 아니다. 우리에게 비교적 잘 알려져 있는 "네안더탈인 (Homo neanderthalensis)"이라 불리는 중조가 또 있지 않은가. 1856년 노어트라인-붸스트퐐렌(Nordrhein-Westfalen) 주 "뒤셀도어프 (Düsseldorf)"를 따라 흐르는 "뒤셀(Düssel) 강"[16] "네안더(Neander)" 계곡에서 발견된 이 조상은 "호모 사피엔스(Homo Sapiens)"라고 불리는 현생인류와 친족인데, 호모 사피엔스가 아프리카에 살았던 반면 이 조상의 무리는 구석기 시대 중기 23만 년 전부터 3만 년 전에 걸쳐 대부분 남, 중, 동유럽에 살았다고 알려져 있다. 이미 도구와 불을 활용할 줄 알았으며, 죽은 사람을 동굴에 장례 지낸 다음 꽃을 뿌리기까지 했다고 한다.[17] 세 번째 독일인의 옛 조상으로 불릴 수 있는 인물은 유골이 아니라 인체 실물 크기의 석상으로 발굴되었다. 헤센(Hessen)주 "글라우부엌(Glauburg)"에 있는 "글라우베엌(Glauberg)" 산에서 기원전 5세기 켈트족 부족장들의 거대한 무덤이 발견되었고, 1994년 그 발굴과정에서 "글라우베엌의 켈트족장(Keltenfürst von Glauberg)"이라는 별명으로 불리는 이 석상이 출토되었다. 역사적으로 볼 때, 기원전 7세기 무렵부터 남부 독일지역에서 이동해 와서 이 지역에 살던 켈트족들은 기원전 1세기 게르만족들이 들어오면서 게르만족에 동화되거나 다른 지역으로 이주할 수밖에 없게 된다.

여기서 우리가 한번 생각하고 넘어가야 할 측면은, 일반적으로 알려져 있는 것처럼 게르만족만이 과연 오늘날 독일인들의 유일한 조상일까 하는 사실이다. 게르만족은 하나의 거대한 민족이 아니라 수많은 부족들을 집합적으로 부르는 개념으로서, 당대에는 흔히 켈트족과 혼동되기도 하였다. 사실 동·북유럽 지역에 흩어져 살던 인도게르만 종족들을 통틀어 지칭하던 게르만이라는 명칭도 켈트어에서 온 것으로서, 그 의미도 확실하지 않다. 게르만인들은 부족 간에 자주 전쟁을 벌이기도 했지만 서로 혼인을 하는 경우도 있었으며, 상반되는 특성과 동질성을 동시에 보유하고 있었다. 다른 부족들 간에도 의사소통이 가능한 언어를 가지고 있었을 뿐 아니라 생활방식이 같았으며, 공통의 신들을 섬기고 이 신들에게 여러 부족이 함께 제사를 올리는 의식도 있었던 것으로 알려져 있다. 인종적으로는 백인(영어: caucasian)에 속했고, 시저나 타키투스 등이 남긴 기록에 의

16 라인 강의 지류 중의 하나이다.

17 Alexander Demandt, Über die Deutschen. Eine kleine Kulturgeschichte, Berlin 2007, 17쪽 참조.

하면 로마인들보다 힘이 세고 체격이 장대하였으며, 소속 집단에 대한 충성심이 강하고 위계질서가 엄격했다. 하지만 가정 내에서는 여성의 권한이 강했으며, 전쟁과 같은 중요한 일은 부족회의인 "팅(Thing)"에서 민주적인 논의 과정을 거쳐 결정되었다. 게르만족들은 크게 수렵과 목축을 생업으로 하던 유목 집단과 비옥한 땅을 찾으면 정착해서 경작을 통해 생활하려던 농경 집단으로 분류될 수 있었다. 농경 집단이 주위환경에 적응하여 평화적인 삶을 추구하였던 반면, 유목 집단은 호전적이고 용맹하며 의협심을 중시하는 전사 그룹의 특성을 보여주고 있다. 다양한 혈통과 부족에 속했던 게르만인들을 지역적인 분포에 따라 체계화해보면 다음 도표와 같다.

이 도표가 보여주는 것은 게르만 부족들의 비교적 큰 줄기들인데, 이 부족들을 다시 세분할 수도 있다. 또한 부족들 간의 끊임없는 이합집산을 통해 몇 개의 부족이 통합되어 새로운 부족으로 등장하는 경우도 있다. 기원 후 450년 무렵 부터 1066년까지 노르만족에게 권력을 내줄 때까지 오늘의 영국인 브리타니아를 통치했던 "앙겔작센 족

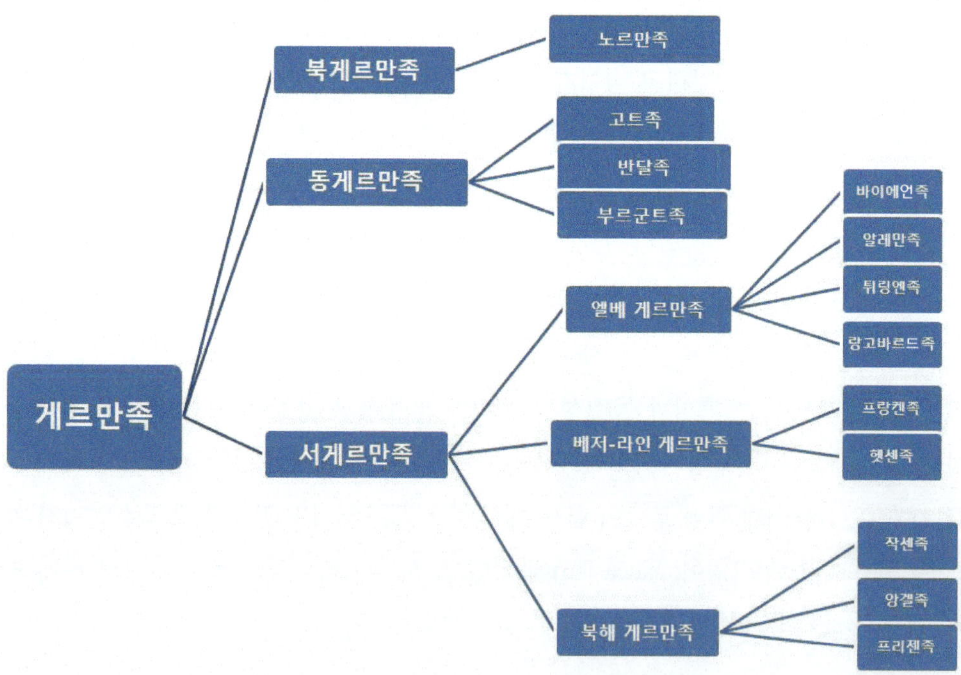

(Angelsachsen)"은 "앙겔 족(Angeln)"과 "작센 족(Sachsen)"이 통합된 부족인데, 5세기경부터 "위텐 족(Jüten)"과 "프리젠 족(Friesen)", "니더프랑켄 족 (Niederfranken)"이 추가로 합류해서 이루어진 연합부족이다. 우리가 영어로 "앵글로색슨"이라 부르는 바로 그 종족인데, 미국의 주류사회에 진입하기 위해서는 필수적인 혈통적 조건이기도 하다. "잉글랜드"라는 명칭이 "앙겔 족"의 이름에서 비롯되었으며, 영국의 지방 이름인 "에식스(Essex)"는 "동작센(Ostsachsen)", "서식스(Sussex)"는 "남작센(Südsachsen)", 그리고 "웨식스(Wessex)"는 "서작센(Westsachsen)"에서 유래했다는 것은 잘 알려진 사실이다.[18]

정확하게 언제 독일의 역사가 시작되었는지에 대해서는 말할 수 없지만 오늘날 독일인들이 이들 게르만족의 혈통을 타고난 것은 부인할 수 없는 사실이다. 그러나 중요한 것은 앞에서도 언급했지만 게르만 혈통이라는 것이 "순수한" 혹은 "단일한" 민족을 의미하지는 않는다는 점이다. 오늘날 유럽의 북·동북 지역에 살던 다양한 부족들의 집합체 개념일 뿐이라는 것이다. 비슷한 언어와 관습, 종교 등을 가진 이 다양한 부족들은 자신들 서로 간에만 분쟁과 융합을 되풀이 한 것이 아니라 켈트족이나 대제국 로마와 그에 속했던 다양한 종족들과의 교류를 통해 혈통이 섞였기 때문이다. 그 사실에 대한 가장 대표적인 증거는 독일인들과 프랑스인들이 같은 한 인물을 두고 각기 다른 이름으로 부르면서 서로 자신들의 위대한 조상이라고 주장하는 사례에서 확인할 수 있다. 이 인물은 기원 후 4세기부터 약 200년간에 걸친 "민족대이동 (Völkerwanderung)"[19]과 그 이후 게르만 부족들 간에 있었던 크고 작은 무수한 분쟁들을 다 정리하고 오늘날 대부분 유럽지역의 통일을 이룬 인물이다. 800년 12월 25일 로마의 베드로 성당에서 교황 레오 3세에 의해 황제 대관식이 거행됨으로써 그는 서로마제국의 정식 후계자로 인정받았다. 독일에서는 "카알 대제(Karl der Große)", 프랑스에서는 "샤를마뉴(Charlemagne)"라 불리는 이 인물은 우리나라 세계사 책에는 라틴어 이름 "카롤루스 대제"로 나온다. 독일에서

18 Alexander Demandt, Über die Deutschen. Eine kleine Kulturgeschichte, Berlin 2007, 28쪽 참조.

19 일반적으로는 게르만족들의 영토에 대한 훙노족(Hunnen)의 침입이 본격화한 375/376년부터 랑고바르드족이 476년 서로마제국의 멸망 후 이탈리아 반도에 있던 다른 세력들을 몰아내고 이탈리아에 정착할 때까지의 시기에 있었던 게르만 부족들의 대이동을 지칭한다.

카알 대제

가장 서쪽에 위치한 도시 "아아헨(Aachen)"을 통치의 근거지로 삼았으며, 사후 아아헨대성당(Aachener Dom) 안에 유해가 안치되어 있는 그는 프랑켄제국(Frankenreich)의 왕이자 랑고바르드 족(Langobarden)과 작센 족(Sachsen)을 정벌한 게르만인이었다. 그의 손자 대에 와서 프랑켄 제국은 동프랑켄, 중프랑켄, 서프랑켄으로 나누어졌다가 중프랑켄이 동프랑켄과 서프랑켄에 분할 흡수됨으로써 오늘날의 독일과 프랑스라는 국가의 전신이 된다. 서프랑켄 지역은 원래 켈트 족이 거주하던 지역이었으므로 프랑켄 족은 켈트 족과 융합되어 한 국가를 이룰 수밖에 없었을 것이다. 프랑스라는 국가의 명칭은 원주민이 아니라 정복자였던 프랑켄이라는 게르만 부족의 이름에서 온 것이라는 것은 증명할 필요도 없는 사실이다. 영국을 포함한 유럽의 모든 국가들이 마찬가지로 서로 혈통이 혼합되었겠지만, 그럼에도 불구하고 혈통적으로나 지리적으로 가장 가까운 프랑스와 독일이 역사적으로 언제나 앙숙관계를 유지해 온 것은 흥미롭다고 할 수 밖에 없다. 카알 혹은 카롤루스 대제, 샤를마뉴로 불리는 이 공동의 조상이 유럽연합의 결성과 함께 유럽통합의 상징이 된 것은 자연스러운 일일 것이다.

게르만의 한 부족인 프랑켄 족이 로마제국을 무너뜨린 게르만 족들을 통합하여 이후 약 1,000년이나 유럽을 지배했다고 해석한 독일인들이 게르만 족의 혈통적 순수성, 인종적인 우수성에 대한 그릇된 인식을 만들어냈고, 그에 기반한 민족 우월주의 이데올로기가 인류의 역사에 어떤 범죄와 치욕의 기록을 남겼는지 우리는 잘 알고 있다. 비록 그들 중의 일부, 히틀러와 그 추종자들에 의해 저질러진 죄악이긴 하지만 독일인들은 집단최면 상태에서 국가사회주의에 부역한 자신들의 책임을 잘 알고 있다. 그리하여 세대가 몇 번이나 바뀐 오늘날까지도 "아우슈비츠(Auschwitz)"로 상징되는 "과거사 청산

(Vergangenheitsbewältigung)" 문제는 독일인들에게 역사적인 과제로 남았다. 일본인들과 비교하여 독일인들에게서 드러나는 분명한 차이점은 이 "과거사 청산"의 과제가 미래의 세대에게로 계승되어 끊임없이 상기되고, 속죄의 노력을 하도록 교육이 이루어지고 있다는 사실이다. 이런 맥락에서 리햐어트 폰 봐이체커(Richard Karl Freiherr von Weizsäcker)가 2차 세계대전 종전 40주년을 맞은 1985년 대통령으로서 독일의회에서 행한 연설을 음미해보는 것은 큰 의미가 있다고 생각하여 인용해 본다.

> "우리들에게 5월 8일은 무엇보다도 인간들이 감내하지 않으면 안 되었던 고통을 기억해야 하는 날입니다. 이날은 또한 우리의 역사가 걸어온 자취에 대해 곰곰이 생각해봐야 할 날이기도 합니다. 우리가 우리 역사의 발자취를 정직하게 돌아보면 볼수록 우리는 더욱 더 자유롭게 역사가 지워준 결과에 대해 스스로 책임을 질 수 있게 될 것입니다.
>
> 5월 8일은 해방의 날이었습니다. 이날은 인간을 경멸하는 나찌의 폭정체제로부터 우리 모두를 해방시켜주었습니다. 수많은 사람들에게 얼마나 무거운 고통이 이 5월 8일과 함께 시작되었고, 이후에도 또 다른 고통이 뒤따랐는지 그 어느 누구도 이 해방 때문에 망각하지는 않을 것입니다. 하지만 우리는 전쟁의 종결에서 피난과 추방과 자유를 잃은 원인을 찾으려고 해서는 안 됩니다. 오히려 전쟁의 시작 속에, 그리고 전쟁을 일으킨 저 폭압통치의 시작에 그 원인이 있습니다."[20]

---

20 원문 참조: "Der 8. Mai ist für uns vor allem ein Tag der Erinnerung an das, was Menschen erleiden mußten. Er ist zugleich ein Tag des Nachdenkens über den Gang unserer Geschichte. Je ehrlicher wir ihn begehen, desto freier sind wir, uns seinen Folgen verantwortlich zu stellen.

Der 8. Mai war ein Tag der Befreiung. Er hat uns alle befreit von dem menschenverachtenden System der nationalsozialistischen Gewaltherrschaft. Niemand wird um dieser Befreiung willen vergessen, welche schweren Leiden für viele Menschen mit dem 8. Mai erst begannen und danach folgten. Aber wir dürfen nicht im Ende des Krieges die Ursache für Flucht, Vertreibung und Unfreiheit sehen. Sie liegt vielmehr in seinem Anfang und im Beginn jener Gewaltherrschaft, die zum Krieg führte."

https://www.youtube.com/watch?v=Gr4jDx1o4Eo 참고.

# V.
# 독일의 힘

# V.1. 명품의 새로운 이해

2017년 시장조사기관 Anholt-Gfk의 국가 브랜드 지수(Nation Brands Index) 조사에서 독일은 1위를 차지했다. 국가브랜드 순위는 문화, 정치, 경제, 인력, 투자 잠재력, 여행지로서의 매력 등 다양한 기준에 의해 한 국가의 평판과 이미지 가치를 종합적으로 평가해 정하는 것이다. 국가 브랜드 지수 (Nation Brands Index: NBI)는 유명한 브랜드 평가 전문가인 사이먼 안홀트(Simon Anholt)에 의해 개발되었는데, 그는 2000년대 중반부터 매년 평가결과를 발표하고 있다. 이 평가에 따르면 독일은 2008년, 2014년, 2017년에 1위에 랭크되었는데, 2009년 유일하게 3위를 기록한 후 2017년까지 1위 아니면 2위를 기록하고 있다. 그렇다면 국가브랜드 세계 1위 독일의 힘은 어디에서 나오는 것일까? 3조8천3백6십억 유로, 우리 돈으로 4천8백6조5천8십억 원의 상표가치를 지닌 "Made in Germany"로 상징되는 제조업 강국 독일의 경제력이 그 힘의 원천일까? 1901년부터 2017년까지 총 84명에 이르는 노벨상 수상자를 배출[1]한 학문의 힘일까? 분단 40년 만에 냉전의 구도에 막을 내리게 하고 이룩한 양독 통일에서 드러난 독일의 정치적인 리더십이 그 원천일까? 물론 경제력이나 학문적 업적, 정치적인 힘들이 중요한 역할을 한 것은 분명해 보이지만, 그것이 전부일까?

독일의 진정한 힘이 어디에서 나오는지 생각해 보기 위해 색다른 주제로 눈을 돌려보겠다. "명품"을 가지고 한번 이야기를 해보자는 것이다. 유럽 등지로 여행을 하다보면 아시아계 사람들의 명품 선호가 유별나다는 것을 느끼게 된다. 물론 이것은 필자의 선입견

1 독일은 노벨 문학상, 평화상, 경제학상을 제외한 화학, 물리학, 생리학 혹은 의학 등의 자연과학 분야에서만 71명의 노벨상 수상자를 배출하였다.
https://de.statista.com/statistik/daten/studie/2015/umfrage/deutsche-nobelpreistraeger-seit-der-gruendung-der-nobelstiftung-im-jahr-1901 참고. 이 숫자는 실제 독일에서 태어나고 성장했음에도 불구하고 추후 외국 국적을 취득했다든가 하는 경우를 제외한 순수 독일국적의 수상자들만 집계한 것이다.

탓일 수도 있고, 아시아인들이 아직도 단체여행을 하는 경우가 많다보니 쉽게 눈에 띄는 때문인지도 모르겠다. 그렇다면 독일인들은 어떨까? 독일에는 명품이 있을까, 없을까? 어쩌면 세상에서 가장 우둔한 질문을 하고 있는지도 모르겠다. 브랜드가치 세계 1위 국가이자 경제규모로 유럽 1위, 세계 4위의 부강한 나라에 명품이 없다는 게 상식적으로 말이 되는 소리인가? 독일 대도시의 중심부에는 우리에게 익숙한 샤넬[2], 버버리, 구찌, 루이뷔통, 에르메스, 프라다 등의 패션제품이나 파텍 필립, 롤렉스, 오메가, 까르띠에 같은 시계, 보석류 명품을 파는 매장들이 즐비하게 늘어서 있는 거리를 볼 수 있다. 따라서 독일에도 명품이 있다는 것은 확실하다. 그런데 대부분의 독일인들은 이런 제품을 원래의 사전적인 의미대로 럭셔리한 제품(영어: luxury goods), 즉 호화품, 사치품으로 인식한다. 이들에게 우리가 통상 "명품"이라고 부르는 물건은 진정한 의미에서의 명품, 즉 한 분야의 최고의 기능을 가진 명장에 의해서 만들어진 걸작품(Meisterstück; 영어: masterpiece)을 의미하는 것이 아니라는 말이다. 우리와 독일인들이 소위 명품을 대하는 관점에는 큰 차이가 있는 것이다. 일부 계층을 제외한 독일인들이 그런 물건에 대해 별 관심이 없는 이유는 개인적인 인생관의 문제라기보다는 사회적인 인식의 문제인 듯하다. 외관보다는 그 속에 감춰진 내용을 중요하게 생각하는 독일사회에서는 비싼 물건이 자신의 신분이나 권위 혹은 지위를 과시하는 상징이라고 생각하는 사람들이 많지 않다. 교육수준이 높을수록 그런 경향은 더 강하다. 학비는 없지만 생활비를 스스로 벌어야 하는 대학생들의 경우는 그런데 아예 관심이 없다. 재정적인 이유 때문만이 아니라 자본주의 사회에 대한 비판의식을 배운 사람들은 당연히 그래야한다고 생각하는 때문인지도 모르겠다. 실제로 그런 제품을 착용하거나 들고 다니는 사람들을 보더라도 눈여겨보지도 않는다. 어쩌면 그 제품이 명품인줄 알지 못하기 때문인지도 모르겠다. 겨울철이면 입고 있던 외투와 가방을 바닥에 팽개치듯 내려놓고 화장실에 들어가는 대학생들이 이 같은 제품에 관심을 가질 것이라 생각할 수 있을까? 대부분의 독일인들은 명품을 소유함으로써 자신이 대중

---

2 20세기 후반 최고의 패션디자이너로 꼽혔던 독일인 카알 라거펠트(Karl Lagerfeld)가 1983년 샤넬의 수석 디자이너를 맡으면서 노부인들을 위한 패션제품이라는 이미지를 불식하고 현대의 젊은 여성들에게도 선호되는 브랜드로 탈바꿈시켰다.

과의 차별성을 획득한다거나 자신의 실제 지위나 신분보다 높이 평가받을 거라는 생각은 하지 않는다.

2016년 한독경제인회에서 펴낸 책의 한 구절을 인용해 보자. "1990년대 중반의 일이지만, 베얼린(Berlin)에서 한 여름 오후에 칸쯜러(Kanzler)라는 유명한 찻집에 앉아서 차를 마시면서 거리를 오가는 여성들의 옷차림을 눈여겨 본 적이 있다. 정말 가지각색이었다. 소위 한여름 복장에서부터 한겨울 복장에 신발을 손에 들고 가는 사람 등등 정말 제멋대로였는데 (…). 남을 의식하지 않는 태도가 몸에 배인 사람들이었다. 우리나라 사람들처럼 유행에 민감하지도 않으니 서울에서 보는 것처럼 화려하지는 않았지만, 매우 편해 보였다. 당연히 불필요하게 돈들일 필요도 없는 것이리라 생각했다."[3]

이 글에서 보듯 독일인들은 다른 사람의 시선을 의식해서 유행을 따라가기보다는 다른 사람과는 구별되는 자신의 개성을 표현하는 것이 더 중요하다고 생각한다. 그러니 유명인들이 입는 옷들을 찾아서 따라 입는 일은 상상하기 힘들다. 우리나라에서는 유명인들이 착용하거나 소유한다는 물품에 대한 선망이 유행의 흐름을 이끄는 듯한 현상을 어렵지 않게 볼 수 있다. 하지만 독일에서 그런 일은 있을 수가 없다. 유행을 따라간다는 자체가 자아가 성숙하지 못한 증거라고 믿고 있으니 말이다. 교육수준이 높은 계층일수록 미디어의 영향을 덜 받기 때문인지도 모르겠다. 독일에는 텔레비전이 없는 가정도 많다.

우리 학과에서는 1997년부터 독일에서 교환학생들을 받기 시작했는데, 그 중에는 여학생들이 많았다. 그들이 돌아갈 무렵에 보통 한 번 정도는 같이 식사하는 자리를 가지곤 했다. 그 자리에서 교환학생으로 지내면서 우리나라, 우리 대학에서 겪었던 여러 가지 이야기를 들을 기회가 있었다. 흥미로웠던 것은, 많은 여학생들이 대단히 인상적이었던 것 중의 하나로 우리 대학생들의 옷차림을 꼽았던 점이다. 자기들과는 다르게 의복이나 액세서리 등 외양에 신경을 많이 쓴다는 것이었다. "우리도 부모님이 모든 비용을 다 대주시면 그럴 수 있겠지요"라는 말을 덧붙이긴 했으나 특별히 그것을 부러워한다는 느낌은 받지 못했다. 독일인들을 잘 아는 필자로서는 그것이 필자의 주관적인 느낌만은 아니

3 독일을 이야기하다. 2권, 한독경제인회 편, 2016년 파주, 151쪽.

었을 거라고 믿는다.

독일에는 정말 명품이 없을까? 당연히 있다. 독일의 가정에서는 수십 년을 사용해도 고장 나지 않는 전기, 전자제품, 대를 이어 사용해온 은제 식기나 도자기 제품, 가구들을 볼 수 있다. 이 제품들은 대부분 독일의 장인들이 만든 진정한 의미에서의 "명품(Meisterstück)"이지만 사치품이 아닌 것은 확실하다. 유행과는 무관하며, 모셔놓고 보거나 외출할 때 가져나가는 물건이 아니라 일상생활에서 이용하는 것들이기 때문이다. 물론 우리의 통념에 따라 명품으로 꼽히는 독일 제품들도 있긴 하다. 예를 들면, "아 랑에 운트 죄네(A. Lange & Söhne)", "글라스휘테 오리기날(Glashütte Original)" 같은 시계와 가정용품인 "미일레(Miele)" 세탁기나 "퓌슬러(Fissler)" 압력밥솥, 쌍둥이표 칼, "로젠탈(Rosenthal)" 식기 등이 독일 제품이다. 그런데 필자는 "아 랑에 운트 죄네"나 "글라스휘테 오리기날" 시계를 구입하는 독일인이 얼마나 될까, 아니면 그런 독일인이 과연 있기나 할까하는 의문이 든다. 시계는 논외로 하고, 다른 제품들은 모두 실생활에서 빈번히 사용되는 것들로서 내구성이 탁월한 제품들이다. 물론 "퓌슬러"[4]나 "로젠탈"처럼 디자인에 예민한 우리나라 고객들 입맛에 맞춘 제품도 있기는 하다. 1980년대, 90년대에는 외국제품 수입이 완전히 개방되지 않아서 그랬는지 모처럼 외국에 나가면 필수 구매 품목에 오르던 제품이 있었다. 일본에 가면 코끼리 밥통 하나씩은 사야 하고, 독일에 가면 쌍둥이표 칼을 반드시 사야 된다는 식이었다. 1990년대 중반에 필자가 실제로 겪었던 일이다. 우리나라 중년 여성관광객들이 프랑크푸어트 공항 면세점에서 쌍둥이표 칼을 구입해서 기내 수하물로 반입을 시도하다 보안검색에 걸리는 일이 있었다. 세관에서 너그럽게도 모두 압수하지 않고 화물 편으로 한국에 보내주겠다고 출국 대기장에 직원이 나와 주인을 찾는데, 독일어를 알아듣는 사람이 없어서 보다 못해 필자가 나서서 통역을 한 적이 있었다. 이 같은 생활밀착형 제품 외에 물론 "에스카다(Escada)"나 "요옾(Joop)", "후고 보스(Hugo Boss)"와 "아이그너(Aigner)"처럼 우리나라에도 알려진 유명 패션상품들도 있다.

4 독일어 원어로 표기하면 Fissler이다. 필자는 들어가는 말에서 밝혔듯이, 이 책에서 문제 많은 우리글 외래어표기법을 따르지 않고 독자가 정확한 독일어 발음을 알 수 있도록 원어발음을 그대로 표기하고자 일관성 있게 시도한다.

필자가 아는 대부분의 독일인들은 생활수준이 높은 사람들이다. 그런 자리에 가보지 못해서인지는 알 수 없으나 독일 현지에서 "후고 보스" 양복 입은 사람은 만난 적이 없다. 필자가 알아보지 못한 탓일 수도 있겠지만 말이다. 다만 "라코스테" 티셔츠를 입고 학생들 앞에서 민망해하던 교수 한 분을 본 적은 있다.

독일제 명품을 이야기하면 자동차가 빠질 수 없다. 2016년, 2017년 우리나라 수입차 판매 순위에서 "메르체데스 벤쯔(Mercedes-Benz)"와 "베엠붸(BMW)"가 앞서거니 뒷서거니 1, 2위를 다툰 것은 그리 놀라운 일은 아닐 것이다. 우리나라에서는 고급차에 대한 선호도가 유난히 높고, "퐄스봐겐(Volkswagen)" 스캔들에도 불구하고 전체 독일차에 대한 이미지가 큰 타격을 입은 것 같지 않기 때문이다. 그래서인지 독일에 여행 갔다가 고급차의 대명사로 알려진 "메르체데스 벤쯔(Mercedes-Benz)"가 대중을 실어 나르는 것을 보고 놀랐다는 사람들이 꽤 있다. 독일의 버스나 대부분의 택시가 "메르체데스 벤쯔(Mercedes-Benz)" 차량이기 때문이다. 한 가지 특이한 사실은, 고급차에 대한 선호도가 높은 우리나라 사람들의 대형차 사랑도 유별나다는 점이다. 독일보다 우리나라에서 "메르체데스 벤쯔(Mercedes-Benz)"나 "베엠붸(BMW)"의 대형 고급차를 훨씬 쉽게 볼 수 있다는 것은 과장의 말이 아니다. 필자는 유학 시절과 교환교수 기간, 기러기로서 오가며 방학 기간 가족과 보낸 세월을 합산하면 10년 이상 독일에서 살았다. 하지만 그 긴 체류 기간 동안 요즈음 부산에서도 흔히 눈에 띄는 "마이바흐 (Maybach)"는 물론 "메르체데스 벤쯔(Mercedes-Benz)" S500, S600이나 "베엠붸 (BMW)" 740, 750 같은 차를 본 기억이 거의 없다. 우리나라 어느 영화에서 조폭 보스가 죽어서 장례식이 열렸는데, 문상 온 조폭들이 타고 온 차들 중에 웬 "베엠붸 (BMW)" 대형차들이 그리 많던지 실소를 한 적이 있는데, 단순히 영화적인 설정이라고만 생각되지는 않는다.

우리나라 사람들이 자기의 구매능력 이상으로 소비를 하는 것은, 그 행위를 통해 자신의 지위나 신분이 상승할 수 있다는 기대 때문이라고 생각한다. 단순히 품질이나 디자인이 뛰어난 명품이 아니라 가격이 비싼 사치품을 선호하는 것은 그와 같은 심리에서 비롯된 것으로 해석할 수밖에 없다. 독일인들이 자동차를 비롯한 명품제품을 자신들은 소비하지 않고 외국에 수출하기 위해서만 만드는 것은 아닐 것이다. 다만 명품을 보는 관점이 우리와 차이가 날 뿐이다. 바로 여기에 독일의 힘이 감춰져 있는 것이 아닐까 생각한다. 독일이 통일로 인한 막대한 경제적, 사회적 부담을 이겨내고, 2000년대 들어 세계를 파산의 공포에 떨게 했던 두 차례의 경제위기까지 극복하게 해 준 그 힘 말이다. 이제 이 질문의 답을 찾기 위해 좀 특이한 방법으로 접근해 보기로 한다.

## V.2. 상상여행

이런 상상을 한 번 해보자. 여러분이 어느 행사의 복권 추첨에서 당첨되었는데, 그 상품은 외국여행이다. 그런데 이 여행 상품에는 아주 재미있는 단서조항이 붙어있다. 여러분은 가고 싶은 행선지로 지구상의 한 대륙만 지정할 수 있을 뿐 특정한 나라는 선택할 수 없다. 그리고 목적지까지 가는 동안 눈을 가리고 있다가 동행한 가이드가 눈가리개를 풀어주면 여러분은 그곳이 어디인지 모른 채 여행을 시작하게 된다. 혼자 힘으로 자신이 어느 나라에 왔는지 알아내고, 그곳에 적응해 나가야만 하는 것이다. 여러분이 선택한 대륙은 유럽이다. 비행기가 착륙하려고 고도를 낮추는데, 키 큰 나무들이 울창한 숲이 보인다. 마치 숲 가운데 공항이 있는 것 같다. 정신없이 입국절차를 마치고 밖으로 나오니 마음에 묘한 긴장감과 함께 미지의 세계에 대한 호기심이 서서히 차오른다. 이제 주위를 둘러볼 수 있게 된 여러분의 눈에 제일 먼저 들어온 것은 잔뜩 찌푸린 하늘에서 비가 내리고 있는 광경이다. 날씨가 나를 환영하지 않는구나 생각하며 거리로 나서자 다행스럽게 비는 잦아들었다. 약간 마음의 여유가 생겨서 둘러보니 거리가 무척 깨끗하고, 형태가 비슷한 단독주택들이 줄을 지어 서있는 게 보인다. 집집마다 나지막한 담장 너머로 정원이 보이는데, 정원은 모두 예외 없이 잔디가 깔끔하게 손질되어 있고, 꽃들이 예쁘게 심어져 있다. 인상적인 것은 집들마다 커다란 유리창이 여럿 있는데, 마치 유리가 없는 것 같은 착각을 불러일으킬 정도로 잘 닦여져 있다. 집집마다 정문 현관 앞에는 쓰레기통인 듯 보이는 꽤 커다란 플라스틱제 용기가 두 개 이상씩 서있는 것이 보인다. 거리를 따라 걸어가자 곳곳에 용도를 알 수 없는 커다란 철제 컨테이너들이 놓여있다. 길쭉한 것, 네모난 것부터 반원형으로 생긴 것 까지 모양도 다양한데, 입구가 있는 것으로 보아 무엇을 수거하는 용도인 것처럼 보인다. 세 가지 색깔로 된 반원형 통에는 둥그런 구멍이 뚫려 있다. 날씨 탓인지 거리에는 차량 통행이 뜸한 편인데, 신호등이 없는 횡단보도가 보이기에 주위를 살피지도 않고 길을 건너려고 내려섰다. 그런데 미처 차 한 대가 다가오는 것을 보지 못했다. 다시 인도로 올라가려고 돌아서는데, 그 차는 속도를 줄이더니 멀찍이 정지해서 필자가 길을 건너도록 기다려준다. 버스를 탈 수 있을까 해서 큰 길 쪽으로 나섰는데, 지나가는 차도 없는데 한 사람이 보행자 신호등이 초록색으로 바뀌기를 기다리고 있다. 근처에 있는 버스정류장을 발견하고 다가가니 쉽게 알아볼 수 있는 버스시간표가 보인다. 버스를 기다리는 사람에게 시내로 가려면 어떻게 가면 되느냐고 영어로 물어봤더니 친절하게 설명해준다. 시내까지 가는데 요금이 얼마이며, 버스표는 버스기사에게 구입하면 된다는 것 까지 일러주는 것이었다. 시간표에 나와 있는 대로 정확한 시간에 정류장에 도착한 버스는 놀랍게 벤쯔 아닌가? 승차하면서 가이드가 준 돈 가운데 5 유로 지폐를 기사에게 냈더니 차표와 함께 거스름돈을 주는데, 버스요금이 꽤 비싸다는 생각을 지울 수가 없다. 빈자리를 찾아서 앉으려는데 어떤 사람이 버스 가운데 서있는 기둥에 붙이있는 상지 같은 것을 가리키며 차표를 찍으라고 가르쳐준다. 땡 하는 소리와 함께 차표에 필자가 승차한 시간이 찍혀 나온다. 버스를 타고 가면서 확인한 것은 시내에는 고풍스러운 집들이 대부분이고, 현대식 고층건물은 시내에는 거의 없으며, 있더라도 저 멀리 외곽 쪽에 모여 있다는 사실이다. 오래된 석조건물들이 많이 보이는데, 그 중 가장 높은 건축물은 예외 없이 성당 아니면 교회이다. 시내에 도착하니 커다란 규모의 공원이 있는 것이 보이는데, 온갖 꽃들과 오래된 아름드리나무들 사이로 큰 개를 데리고 산책하는 사람들이 보인다. 놀라운 것은 시내 중심부에 일반 차들은 들어올 수 없는 보행자 천국이 있는 것이다. 그곳에서 한참을 걸어 다녔는데, 어떤 곳에서 갑자기 무언가에 걸려 넘어질 뻔 했다. 놀라서 자세히 살펴보니 길바닥에 작은 동판이 박혀있고, 그 위에 사람 이름과 숫자 등이 적혀 있는 것이 보인다. 시내를 돌아다니다 보니 몇 군데에 다리가 있고, 그 아래 하천이 흐르는 것이 보인다. 물이 아주 깨끗해서 물고기들이 노는 것이 보인다. 시내 한 가운데 물고기가 사는 하천이 있다니 부러울 뿐이다. 가이드가 알려준 호텔로 가기 위해서 지하철을 타기로 했다. 가는 도중에 택시들이 줄지어 서있는 것이 보인다. 대부분 벤쯔가 아닌가? 타보고 싶은 호기심을 억누르고 지하철역으로 갔는데, 어떻게 타는지 몰라 역무원을 찾았지만 한 사람도 보이지 않는다. 마음씨 좋게 생긴 할머니 덕분에 자동발매기에서 표를 사고 플랫폼으로 내려가니 전광판에서 몇 분 후에 열차가 도착한다는 안내가 보인다. 스크린도어가 보이지 않아서 선진국인데 이렇게 안전에 소홀한가 하는 생각이 든다. 전동차에 타면서 아까 버스 탈 때처럼 안에 검표장치가 있을 줄 알고 둘러보았으나 보이지 않아서 어리둥절하다. 그러고 보니 플랫폼으로 내려오는데 출입개폐기가 없었다는 것이 생각난다. 아무도 신경 쓰는 사람이 없어서 나도 편하게 마음먹기로 한다. 호텔에 무사히 도착해서 체크인하고 방에 들어왔는데 전망이 좋다. 창 밖에 보이는 것은 온통 초록색이다.

자, 여러분은 이렇게 유럽에 있는 낯선 어느 나라의 어떤 도시에 와 있다. 그 나라는 어디일까? 그렇다. 당연히 독일이다. 필자는 여러분이 도착한 이곳이 독일인지 알아차릴 수 있는 힌트들을 최소한 20개 이상 감춰 놓았다. 그 중에 몇 개만 발견했어도 여러분이 독일에 와 있다는 것을 눈치 채는데 오래 걸리지 않았을 것이다. 이 이야기는 필자가 꾸며낸 것이다. 때문에 과장도 있고, 지나치게 독일을 이상화시킨 측면도 있다. 하지만 여러분이 독일에 가면 실제로 보고 겪을 수 있는 것들인 것은 분명하다. 단, 여러분이 여행객으로 잠시 거쳐 가는 것이 아니고 현지에서 오래 살게 된다면 이 상상여행에서 그린 것과는 달리 부정적인 측면도 다수 발견하게 될 테고, 나쁜 일을 겪게 될 수도 있음을 감안해 주기 바란다. 필자가 이 상상여행 속에 압축해 놓은 힌트 속에는 독일의 실제 모습뿐 아니라 독일을 독일답게 만드는 다양한 가치가 담겨져 있다. 이것들을 살펴보면 독일의 힘, 우리가 선망하는 독일의 명품들을 만들게 하는 원동력이 어디서 나오는지 알 수 있을 것이라 생각한다.

## V.3. 독일인의 하드파워, 소프트 파워

이제 이런 중요한 가치들이 구체적으로 무엇이고, 어떻게 작용해서, 어떤 결과로 나타나는지 확인해 보도록 하자. 이 가치들을 살펴보기 위해 필자는 정치학에서 사용되는 것과는 전혀 다른 의미로 “하드파워”와 “소프트파워”라는 개념을 사용하고자 한다. 일반적으로 정치적인 국제관계에서 한 나라가 다른 나라들이나 다른 정치적인 그룹들을 통제하거나 영향력을 행사하기 위해 사용하는 군사적, 경제적 힘을 “하드 파워”라고 부른다. 이에 반해 같은 목적을 위해 사용하는 문화적, 역사적, 이념적인 힘을 “소프트 파워”라고 부른다.[5] 필자는 여기서 특정한 나라 사람들이나 사회의 구성원들이 자신들에게 고유한 무형적 가치로서 존중하고 삶을 살아가는 데 중요한 의미를 부여하는 정신적인 요소들을 소프트 파워라고 부르고, 그 무형적인 가치나 미덕에 근거하고 있거나 그것을 근거로 이루어진 결과물들은 하드 파워라고 부르겠다.

먼저 하드 파워에 대해 구체적으로 살펴보면, 우리가 직접 확인하거나 경험할 수 있는 외적인 요소들을 통칭하는 것으로서, 유형, 무형의 시스템을 지칭하는 것으로 이해해 주기 바란다. 넓은 의미의 사회간접자본과 같은 것으로 이해할 수 있을 것이다. 교통이나 통신, 에너지 관련 시설은 물론 교육이나 의료, 복지, 문화 시설 및 시스템, 정치, 사법제도와 치안유지시스템, 연구시설 및 시스템 등[6]이 여기에 포함될 수 있다. 필자는 이 책에서 산업 및 생활 기반시설, 국토 보전시설은 물론 금융제도와 사회제도까지 포괄하는 이 방대한 하드 파워에 대해서 구체적으로 다루는 것은 무리라고 생각한다. 따라서 그에 관련된 중요한 데이터 몇 가지만 제시하는 것으로 만족하고, 그 하드 파워를 만들어내는 소프트 파워를 살펴보는데 초점을 맞추고자 한다.

---

5 http://www.differencebetween.com/difference-between-hard-power-and-vs-soft-power 참고.

6 https://de.wikipedia.org/wiki/Infrastruktur 참조.

http://www.encyclopedia.com/social-sciences/applied-and-social-sciences-magazines/capital-social-overhead 참조:
The concept of “social overhead capital”(SOC) is used to identify the source of certain “basic”services required in the production of virtually all commodities. In its most narrow sense the term refers to transportation, communication, and power facilities. Such forms of capital as railroads, ports and harbors, hydroelectric plants, and telephone lines are always included in the SOC category. In broader but less common usage, facilities for such things as education and health, for maintenance of law and order, and for research are included. The discussion here is concerned only with the narrower concept.

## V.3.1. 독일인의 하드파워

독일의 하드 파워를 개관해 보면 다음 도표와 같다.[7]

| 종류 | 세부 명칭 | 세부내역 |
|---|---|---|
| 산업 기반시설 | 도로 | 철도 40,900km |
| | | Autobahn 12,993km |
| | | 전철 16,000km |
| | | 도로 221,000km |
| | 공항 | 39개(대규모 공항 12개) |
| | 항만 | 국내항 16개(최대: 뒤스부르크) |
| | | 국제항 10개(물동량 400만톤 이상/최대: 함부얼) |
| | 발전소 | 핵발전소 8기(2022년12월31일까지 전면 가동중단) |
| | | 화석연료(석탄, 석유, 가스) 발전소 131기 |
| | | 태양열발전소 47기 |
| | | 대체연료 발전소 18기 |
| | | 지열발전소 9기 |
| | | 바이오매스발전소 75기 |
| | 수로 | 7,350km |
| | 통신 | 스마트폰 사용자 4,900만명 |
| 생활 기반시설 | 주택 | 단독 및 공동주택 4,144만6천개 |
| | 공원 | 자연공원(Naturpark) 105개(전 국토의 27%) |
| | 학교 | 각종 초중고 33,547개<br>각종 대학교 426개 |
| | 병원 | 1,956개 |
| | 보육·양로시설 | |
| 금융시스템 | 조세 | 61종 |
| | 은행 | 2,029개 |
| | 통화 | 1 Euro (EUR) = 100 Cent |

7 여기 활용된 자료의 기준년도는 2014년이지만, 부분적으로는 업데이트하였다.

| | | |
|---|---|---|
| 사회시스템 | 교육 | 유치원 제외 대학교까지 무상교육 |
| | 의료 | 의료보험<br>-공보험<br>-사보험 |
| | 복지 | 사회복지국가(Sozialstaat) 지향<br>실업보험<br>공적 의료보험<br>요양보험<br>연금보험<br>사고보험 |
| | 정치 | 연방제<br>의회민주주의<br>내각제<br>지방자치주의 |
| | 사법 | 헌법<br>공법<br>형법<br>민사법<br>3심제<br>헌법재판소 |
| | 치안유지 | 공안 규정(öffentliche Ordnung) 경찰이 집행 |

이 도표에 드러나지 않은 하드 파워와 관련된 중요사실들을 열거해 보면 다음과 같다. 독일의 인구는 2017년 기준 8천280만 명이며, 국민총생산(GDP)은 2015년 기준 3조8천억 달러 규모로 EU 전체의 약 1/5에 해당한다. 무역규모는 2조6천억 달러로 유럽에서 1위, 세계 전체에서 3위를 기록하고 있다. 1인당 연구개발(R&D) 투자비가 세계 1위이며, 독특한 산업구조를 갖고 있다. 2015년 기준 중소기업의 수가 362만개로 국내 기업 전체의 99.3%[8]를 차지하고 있다. 특히 '잘 알려져 있지 않은 기업이어야 하고, 세계시장 점유율 1위에서 3위 이내에 들거나 해당 기업이 위치한 대륙에서의 점유율 1위를 기록해야 하며, 총매출액이 30억 유로를 초과하지 않는' 기업을 가리키는 히든챔피언(Hidden Champion) 기업[9] 숫자에서 압도적인 세계 1위를 기록하고 있다. 전 세계 2,700여개 Hidden Champion

8 기준년도와 인용되는 통계의 출처에 따라 99.3%에서 99.6%까지 추산하기도 하지만 99%가 넘는다는 사실은 확실하다.

9 http://wirtschaftslexikon.gabler.de/Definition/hidden-champions.html 참조.

중 약 48%에 달하는 1,300여개가 독일기업인 것이다.[10] 또한 세계 20대 산업 및 무역박람회 중 16개가 독일에서 개최되고 있다.[11] 2012년 기준으로 독일의 세계 시장 점유율 1위 품목은 무려 703개로 64개를 보유한 우리나라보다 월등히 많다. 2016년 선진국으로서는 드물게 경제성장률 1.8%를 기록했으며, 2016년 기준 수출액이 수입액을 2,970억 달러 초과함으로써 무역흑자 세계1위를 기록하였다.[12] 문화면에서 특기할 만한 사실은 2015년 기준 독일 출판시장의 총매출액이 91억8천8백만 유로였는데, 미국의 매출액 277억 8천만 달러의 1/3을 훨씬 초과한 액수이다. 미국의 인구가 독일보다 약 3.8배 많다는 것을 감안하면 독일 출판시장이 훨씬 활성화되어 있다는 것을 의미한다. 실제 매일 독서를 하는 사람의 수가 982만 명이며, 지난 1년간 3권 이상의 책을 구입한 비율이 전체 인구의 83%에 이른다[13]는 것을 감안하면 그리 놀라운 사실이 아닐 수도 있다. 바로 이 같은 독서량이 독일의 감춰진 소프트 파워를 반증하는 것이 아닐까 생각해 볼 수 있다.

### V.3.2. 독일인의 소프트 파워

이제 독일인들의 사고와 행동을 결정하고 이끄는 소프트 파워를 필자 임의대로 몇 가지만 추려 자세히 살펴보기로 하겠다. 독일의 소프트 파워를 구성하는 가장 중요한 가치는 "신뢰"이다. 위에서 같이 해 본 상상여행에서 지하철을 타는 상황을 한번 꼼꼼히 살펴보기 바란다. 역무원도 없고, 누구도 여러분이 유효한 승차권을 소지하고 있는지 확인하지 않는다. 여러분이 무임승차를 할 것이라 의심하는 것이 아니라 여러분이 적법하게 승차권을 소지하고 있으리라 믿기 때문이다. 독일사회가 사람들에게 기대하는 것은, 그들이 스스로 그 사회가 유지되는데 필요한 규정이나 질서, 가치관을 존중하고 지키며 사는

10 독일을 이야기하다. 1권, 12쪽과 13쪽 참고 및 Walter Krämer, Typisch deutsch, Was uns von anderen unterscheidet, Berlin 2013, 23쪽 참조.

11 Walter Krämer, 같은 책, 269쪽 참조.

12 IFO-Institut의 2017년 1월 30일자 자료 참조.

13 https://de.statista.com/themen/1069/buchmarkt 참조.

것이다. 어떤 공기관이나 개인도 그것을 의심하지 않는다. 어릴 때부터 사회의 건전한 구성원으로서 살아가는데 필요한 가치관을 끊임없이 교육받기 때문이다. 일탈행위를 하는 소수의 예외가 있기는 하겠지만 이 교육을 통해서 사람들은 "시민"으로 성장하게 되는 것이다. 가정과 학교뿐 아니라 학교 밖의 다양한 공동체에서 이루어지는 이 시민 교육에 있어서 가장 중요한 덕목이 "신뢰"이다. 이 "신뢰"라는 덕목은 독일 사회에서 모든 인간관계의 토대를 이룬다. 그래서 독일사회는 신뢰사회로 규정될 수 있다.

한 가지 사례를 들어보자. 유학시절 막바지 필자는 학위논문을 마무리하기 위해 매일 경비원이 여기저기 문이 잠겼는지를 확인하고 다닐 때까지 학교에 남아 있었다. 절대적으로 시간이 부족해서 좀 더 연구실에 남아 있고 싶어도 출입문을 닫아버리니 어쩔 수 없이 무거운 마음으로 집에 갈 수 밖에 없었다. 그러던 어느 날 필자를 아들처럼 아껴주시던 두 번째 전공 지도교수님이 불쑥 열쇠 하나를 내미셨다. 무슨 열쇠인지 알고 있었고, 밤낮으로 무수한 자료를 필요로 하던 필자가 내심 가장 선망하던 것이었지만 차마 입이 떨어지지 않아 빌려달라는 이야기를 하지 못하고 있었던 마스터키[14]였다. 그 열쇠만 있으면 어느 때건 필자 연구실이 있던 건물의 출입문을 열고 잠글 수 있을 뿐 아니라 인문학부 도서관에도 드나들 수 있었다. 새벽시간에 그 열쇠로 도서관 출입구를 열고 들어서면, 자동으로 그 넓은 공간 전체에 일제히 조명이 들어왔다. 높은 천정에 달린 무수한 형광등이 차례로 켜지던 그 순간의 느낌은 지금도 잊을 수가 없다. 필요한 책은 어떤 것이든 대출절차 없이 가지고 나와서 연구실에 두고 볼 수 있었다. 이 예를 통해 필자가 말하려고 하는 것은 독일사회의 신뢰가 일상적인 삶에서 어떻게 실행되는지 하는 것이다. 지도교수님이 필자에게 보여주셨던 신뢰는 사적인 영역에 속하는 것이니까 우호적인 인간관계에서라면 어느 나라에서든 가능한 일이라 볼 수 있다. 그러나 그 보다 넓은 공적인 영역에서 통용되는 신뢰는 아무 사회에서나 가능한 것은 아니다. 독일 사회에서 대학교수가 어떤 의미를 갖는 존재인가 하는 것을 상징적으로 보여주는 이 사례에서 중요한 것은, 그가 누리는 특혜나 권한이 아니라 그에게 부여되는 엄청난 신뢰라 할 수 있다. 시

14 독일어로는 "Generalschlüssel"이라 쓰고, "게네랄슐뤼셀"로 발음한다.

간에 상관없이 전체 건물의 출입구를 열고 들어와서 본인이 필요한 만큼 머무를 수 있다는 것은 우리나라에서도 제한적이기는 하지만 가능할 수 있을지 모른다. 하지만 수백만 권의 장서가 있는 도서관을 어느 때나 출입할 수 있다는 것은 신뢰사회인 독일이 아니면 불가능한 일이라 생각된다. 사실상 도서관을 통째로 맡기는 것이나 다름없는 일을 우리나라에서 상상할 수 있겠는가? 이 같은 신뢰는 도대체 어디에서 오는 것일까? 몸에 밴 개개인의 정직성과 그들이 이루고 사는 조직체인 사회의 투명성에서 오는 것이다. 서로가 서로에게 솔직하게 대하고, 공유해야 할 것은 최대한 감추지 않고 알려줌으로써 건강한 신뢰가 형성될 수 있기 때문이다. 독일사회에서 신뢰와 정직성이 얼마나 중요한 지 단적으로 보여주는 다른 사례 한 가지를 더 살펴보자.

2008년 2월 독일 베얼린(Berlin)의 어느 슈퍼마켓 계산대에 고객이 잊어버리고 간 1유로 30센트에 해당하는 2장의 공병 회수보증금 쿠폰을 직원이 임의로 현금으로 바꿔 가졌다가 그 사실이 탄로 나서 그 직원은 해고당했다. 고용주가 내세운 해고의 사유는 그 직원에 대한 인간적인 신뢰를 상실했다는 것이었다. 31년을 그 슈퍼마켓에서 근무한 당사자는 소송을 통해서 복직판결을 받아냈으나 자신에게 씌워진 불신의 낙인으로부터는 끝내 자유로워지지 못했다.[15] 그는 독일사회를 움직이는 가장 중요한 덕목인 신뢰를 저버렸기 때문이다. 신뢰는 다른 덕목인 "정직성"과 떼려야 뗄 수 없는 관계에 놓여 있는데, 그는 이 미덕도 손상시켰다. 신뢰사회에서 정직성은 신뢰의 전제가 되는 것이다. 따라서 누구를 속이는 행위나 거짓말은 용서받기 힘든 행위로 간주되며, 그것을 어겼을 때는 상응하는 책임을 지게 된다. 정직함은 인생을 살아가는데 때로는 도움이 되기보다는 장애가 될 수도 있는 것이라 생각하고, 거짓말은 경우에 따라 필요한 것이며, 특히 선의의 거짓말은 융통성 있게 너그러이 봐주는 것이 미덕이라 생각하는 우리나라 사람들의 눈으로 보면 이 사례는 이해하기 어려울지 모르겠다. 그러나 대다수의 독일인들은 사소한 거짓말이라도 사회생활이나 인간관계에서 신뢰를 무너뜨릴 수 있으며, 따라서 정직성의 사소한 훼손도 그냥 지나쳐서는 안 된다고 생각한다. 신뢰와 정직성은 독일인들에게는 자

15 "Wie Deutschland funktioniert. Das ist im Büro verboten", in: Deutsch perfekt 12/2016, S. 36 참고

신들의 정체성을 구성하는 미덕이기 때문이다.

우리나라의 경우를 잠깐 대비시켜 보자. 우리나라에는 블랙박스[16]가 장착되지 않은 자동차를 찾아보기가 힘들다. 이것은 무얼 의미하는 것일까? 그 의미는 생각해 볼 필요조차 없을 만큼 명확하다. 블랙박스가 "나는 당신을 믿지 않아요. 그래서 당신을 감시할 수밖에 없어요"라고 말하고 있지 않은가? 한마디로 "신뢰의 부재"를 뜻하는 것이다. 놀랍게도 독일에서는 블랙박스를 사용하여 개인이나 가족 외의 대상을 녹화하는 것은 금지되어 있다. 차에 장착을 해서는 안 된다는 이야기이다. 사유는 단순하다. 차량에 장착된 블랙박스가 거리의 상황이나 광경을 무분별하게 녹화하는 과정에서 다른 사람들의 사생활을 침해할 수 있기 때문이다. 즉 의도하지 않았더라도 다른 사람들의 자유나 인권을 침해하고 유해한 결과를 초래할 수 있다는 것이다. 지문날인을 하고 주민등록증을 발급받음으로써 자신이 성인이 되었다는 자부심을 느끼거나, 지문확인을 해야 개인이 사용하는 고유 공간, 이를테면 교수연구실에 들어갈 수 있도록 하는 시스템에 무감각한 우리는 그 사유를 이해하기 힘들 것이다. 한국사회를 불신의 사회라고 부를 수밖에 없는 이유이다.

독일을 독일답게 지탱해주는 소프트 파워에 속하는 두 번째 가치로 들 수 있는 것은 , 앞서 말했듯이 신뢰와 서로 긴밀하게 얽혀 있는 정직성이란 미덕이다. 한 가지 사례를 빌어 정직성의 의미에 대해 좀 더 살펴보도록 하자. 독일에서는 설문이 아닌 다음에는 초등학교 1학년 때부터 주어진 보기 중에서 정답을 고르는 소위 객관식시험은 없다. 어려서부터 시험을 볼 때 충분한 시간이 주어진 가운데 자기의 의견을 개진하는 방식에 길들여진 독일 아이들에게 시간에 쫓기면서 정답을 소위 "찍는다"는 것은 상상하기 어렵다. 필자가 아는 어떤 한국아이가 독일에서 학교를 다니다가 한국으로 돌아오게 되었다. 유치원 과정부터 초등학교를 거쳐 귐나지움[17] 9학년 중반 까지 독일에서 교육을 받은 탓에 그

16 독일에서 블랙박스를 가리키는 명칭은 "대쉬캠(Dashcam)"이다. '대쉬보드에 장착된 카메라'라는 말에서 온 것으로 판단된다.

17 인문계 중 · 고 통합학교로서 독일어로는 "Gymnasium"이라 표기하고 "귐나지움"이라 발음하는 것이 옳다.

아이의 모국어는 독일어인 셈이었다. 그 때문에 일반 한국 중학교에 편입하는 것을 포기하고 일단 외국인학교에 입학하기로 하였다. 외국인학교는 공용어가 영어이므로 입학 전에 수업을 따라갈 영어실력을 갖추었는지 확인하는 절차가 필요했다. 영어수업을 따라갈 수준이 되지 못할 경우에는 제2언어로서의 영어, 즉 "두 번째 언어로서의 영어(ESL: English as second language)" 수업을 따로 받아야하기 때문이었다. 학교 도서관에서 혼자 영어 테스트를 치르고 나온 아이에게 기다리던 엄마가 어땠느냐고 묻자, 아이는 아는 것은 다 쓰고 나왔노라고 대답했다. 생각보다 일찍 나온 것 같아서 더 따져 묻자 사실 시간이 부족하지는 않았는데 모르는 문제들이 좀 있었다고 대답했다. 그 말을 들은 엄마는 적당한 답을 "찍지" 않고 나온 것을 안타까워했다. 그러자 아이는 화를 내면서 자기가 거짓말을 했어야 하느냐고 따지는 것이었다. 놀랍게도 독일식 교육을 받은 이 아이에게 정답을 모르면서 아무 데나 표시하고 나오는 행위는 정직성이라는 미덕을 훼손하는 행동이었던 것이다. 이 사례를 통해서 정직성이란 단순한 양심의 문제만이 아니라 교육을 통해 몸에 체득되어야 되는 가치란 사실을 확인할 수 있다.

독일에서 정직성이 얼마나 보편적인 가치인지를 확인할 수 있는 사례 한 가지를 더 소개한다. 독일의 여름은 우리나라의 여름처럼 습하지 않고 그늘에 들어서면 시원하다. 그래서 여행하는데 불편함이 별로 없다. 차를 타고 도시를 벗어나 시골길을 달리다보면 도로 가에 꽃이 만발한 풍경을 드물지 않게 볼 수 있다. 자생하는 개양귀비 꽃무리도 장관이지만 팔기 위한 목적으로 가꿔놓은 꽃밭들도 많이 있다. 특히 해바라기나 글라디올러스 등이 탐스럽게 피어있는 꽃밭들을 만날 수 있는데, 주인 없는 밭에 "꽃 직접 잘라 가세요(Blumen zum Selbstschneiden)" 같은 문구와 가격이 적혀 있는 간판이 서 있고, 가위 몇 개와 통이 비치되어 있다. 꽃을 사고 싶은 사람은 누구든지 꽃밭에 들어가 비치된 가위를 이용해 필요한 만큼 자른 다음 스스로 계산한 꽃값을 통에 넣고 가면 되는 것이다. 가을철에 수확을 앞둔 작물을 누군가 밤사이에 트럭을 동원해 몽땅

무인 자율판매 꽃밭

훔쳐갔다는 이야기가 현실인 나라에 사는 사람들에게 이것은 어떻게 받아들여질까? 무인 자율판매 꽃밭 같은 것이 가능하려면 사람마다 정직성이 몸에 배여 있지 않으면 불가능한 일인 것은 분명하다. 우리에게 더 부러운 것은, 알지 못하는 사람들에게까지 신뢰를 베풀 수 있는 여유가 아닐까 싶다.

독일의 소프트 파워를 이루는 세 번째 가치는 타인에 대한 배려이다. 일상의 영역에서 나타나는 배려의 사례를 한번 찾아보자. 독일의 거리에서 운전을 할 때 우리나라 교통체계에 익숙한 사람으로서는 이해하기 힘든 것이 몇 가지 있다. 그 중 대표적인 것이 큰 사거리에서도 좌회전 신호를 거의 볼 수 없다는 것이다. 이 말은 비보호 좌회전이 원칙이라는 뜻이다. 차도 바닥에 좌회전 표시가 그려져 있지도 않은 것은 직진할 차들도 같은 차선을 이용한다는 것이다. 교차로에서 녹색신호가 들어오면 1차선에 서 있다가 앞쪽으로 진행하여 다른 차에 방해가 되지 않도록 도로 가운데쯤에서 비스듬하게 서서 좌측 방향지시등을 켠 채 대기한다. 그런 다음 반대차선에서 직진해서 오는 차가 있는지 확인한 후 기회를 봐서 좌회전하면 된다. 이것은 신뢰와 배려가 일상적인 삶의 바탕을 이루고 있어야 가능한 일이다. 그렇지 않을 경우에는 위험천만한 일이 발생할 것이다. 차들이 뒤엉켜 도로는 엉망이 될 것이고, 몇 중사고가 발생할 수밖에 없을 것이다. 우리나라의 경우를 보면 그 차이는 분명해진다. 좌회전 신호가 끊어진 후에도 꼬리를 물고 교차로에 들어선 차들 때문에 양쪽 차선이 꽉 막혀서 차들이 오도 가도 못하는 것은 익숙한 광경이 아니던가. 우리나라에서도 최근 비보호 좌회전이 시행되는 곳이 점차 늘어나고 있다. 제대로 시행만 된다면 교통난 해소에 큰 도움이 될 것이다. 그런데 교통량이 많지 않거나 차선이 적은 곳에서는 가능하겠지만 독일에서처럼 큰 사거리에서 이 제도를 시행한다는 것은 상상하기조차 어렵다. 편도 2차선인 좁은 도로에 좌회전 신호가 있는 경우에도 교통량이 늘어나는 시간에는 대혼란이 일어나는 것을 빈번하게 목격하기 때문이다. 좌회전 신호를 기다리는 차들이 교통 흐름을 방해할 수밖에 없는 구조이다 보니 법규 위반은 다반사이고, 사고가 일어날 위험이 항상 존재한다. 기다릴 여유도, 타인에 대한 배려도 부족한 운전자들이 신호와 차선을 무시하고 좌회전을 일삼기 때문이다. 여기서 한 가지 다른 측면에 대해 생각해보자. 궁금하지 않은가? 우리나라에는 왜 좌회전 신호가 그렇게 많으며, 도로면에는 친절하게 화살표까지 그려져 있을까? 비보호 좌회전 표시가 있는 곳에도 "녹색신호에 좌회전하세요"라는 친절한 안내문까지 달려있다. 그 이유는 말할 필요도 없이 서로 믿지도 않고 다른 운전자를 배려해서 양보하는 것은 기대도 못하니 신호나 표지에 의해 통제할 수밖에 없기 때문이다. 정확하게 표현하면, 우리는 누군가가 우리를 통제해주기를 바라고 있는 것이다. 마치 성숙하지 못한 아이가 어른이 개입해서 누가, 무엇이 옳은지 가르쳐 주기를 기대하는 것처럼 국가에 바라고, 국가는 개입을 어쩔 수 없는 의무라고 생각한다. 세계 어느 나라에서도 보기 어려운 지하철 승강장의 안전 스크린도어가 도입된 이유도 같은 맥락이다. 사고가 터지면 미성숙한 자신의 책임보다는 국가를 원망하면서 통제해주지 않은 것을 원망할 것이 틀림없다. 결국 신뢰의 부재나 배려의 부족함을 통제를 통해서만 해결할 수 있는 사회는 제대로 성숙하지 못한 사회이다. 이처럼 불신이 팽배하고 배려가 부재한 대신 과잉보호가 지배하는 우리나라 사회는 독일의 신뢰사회와 극단적으로 대비되지 않는가?

네 번째로 꼽을 수 있는 소프트 파워적 가치는 자율성이다. 여러분이 독일에서 운전면허를 취득하기로 결심하고 운전학원에 등록을 하면, 우선 학원이 아니라 운전교사가 지정해 준 장소에 지정된 시간에 맞춰 나가야 할 것이다. 운전교습 첫 시간이 거리에서 진행되기 때문이다. 운전교사는 자신이 조수석에 앉으면서 한 번도 직접 운전대를 잡아본 적이 없는 여러분에게 당연한 듯이 시동 걸고 출발하라고 말한다. 여러분은 내심 '이런 일이 도대체 현실적으로 가능한 거야?'하고 생각할 것이다. 그런데 독일에서는 이런 비현실적인 일이 실제로 일어난다. 이 난감한 상황에 여러분은 이제 어떻게 대처해야 할까? 처음에는 아마도 '무슨 이런 황당한 시추에이션이 있어?'하고 놀랄 것이다. 하지만 다음 순간 운전을 배우려면 시키는 대로 할 수밖에 없지 라고 상황을 받아들이고 문제 해결을 위해 고민하게 된다. 결국 어찌 어찌 하다가 보니 마침내 시동이 걸려서 출발할 수 있게 된다. 어떤가? 전혀 운전 경험이 없던 여러분이 혼자서 차를 운전했다고 하기는 좀 그렇지만, 어쨌든 차를 움직이게 하였다. 이게 우리에게는 이상하기 짝이 없는 운전교육법의 감춰진 뜻이다. 자기 스스로 문제를 해결하는 능력, 즉 자율성과 독립심이라는 가치를 키워주는 것이 이 교육법의 핵심인 것이다. 여기서 우리는 앞서 자세히 살펴보았던 미덕인

"신뢰"가 독일사회의 바탕에 자리 잡고 있음을 다시 확인할 수 있다. 문제를 혼자 해결하도록 내버려두는 것에 익숙하지 못한 만큼 여러분에게 허락되는 이 무한한 신뢰는 낯설 수밖에 없을 것이다. 여러분이 누구인지, 어떤 능력을 가졌는지, 운전의 경험이 있는지 전혀 알지 못하는데도 여러분을 믿어준다는 것에 놀라게 될 것이다. 사람에 대한 근본적인 신뢰가 전제되지 않으면 이와 같은 교육법은 효력을 발휘할 수 없다. 이제 여러분은 독일사회가 왜 이상하다고 느꼈는지 그 이유를 깨달았는가? 배려가 부재하고, 서로 믿지 못하는 사회에 우리가 살고 있었던 때문인 것이다. 우리의 교육은 정답을 찾는 것이 중요하지 그 정답을 찾는 과정을 중요하게 생각하지 않는다는 사실에 적응되어서 그 사실을 우리가 잊고 있었던 것이다. 인생에는 결코 정답이라는 것이 없는데 말이다. 참고로 한 가지 덧붙이면, 독일에는 운전학원이 아니라 "운전학교(Fahrschule)"가 있으며, 운전강사가 아니라 "운전교사(Fahrlehrer)"가 있다. 이 사람과 단둘이 좁은 차 안에서 최소한 20여 시간을 같이 보내면서 운전에 관해서 뿐만 아니라 다양한 주제의 이야기를 나누게 된다. 필자의 주관적인 생각이지만, 그래서 "운전교사", 즉 "운전선생님"이라고 부르는 게 아닌가 싶다.

다섯 번째 소프트 파워적 가치인 정확성과 철저함을 살펴보기 위해 사례 하나를 먼저 살펴보자. 지금까지 오랫동안 독일어를 공부하고, 가르치고, 논문을 쓰고, 갖가지 글들을

독일의 거리

한국의 거리

번역하면서 필자가 개인적으로 독일어 단어가 우리말로 옮겨진 것들 중에 가장 훌륭한 번역 사례라고 생각하는 단어가 있다. 우리말로 직역하면 “보행자 구역”이란 의미를 가진 “Fußgängerzone”라는 단어를 “보행자천국”으로 번역한 경우이다. 독일 대부분의 도시에는 시내 한 가운데 차들이 들어올 수 없는 보행자들만을 위한 구역이 있는데, 약간 과장하면 매순간 생명의 위협을 느끼면서 우리나라의 거리를 걷다가 독일에 가서 보행자들이 안심하고 돌아다니는 거리를 본 누군가의 머릿속에 섬광처럼 떠오른 영감이 없었다면 이루어질 수 없는 번역이라고 생각한다.

위에 제시한 두 장의 사진이 보여주는 대조적인 정경을 자세히 비교해보면 아마 여러분도 내 생각에 공감할 수 있으리라 믿는다. 그런데 여러분이 서로 아주 다른 이 거리풍경을 보면서 또 한 가지 무엇인가 발견한 것이 있지 않은가? 그렇다. 독일의 거리 사진을 보면 가지런하게 깔린 수많은 보도블록 중에 튀어나와 있는 것이 거의 하나도 없다는 것을 확인할 수 있을 것이다. 울퉁불퉁, 비뚤배뚤한 우리나라의 거리 바닥과 이토록 분명한 차이를 드러나게 하는 가치는 무엇일까?

이미 짐작들은 하고 있겠지만 필자 입으로 그것이 무엇인가 말하기 전에 한 가지 사례를 더 살펴보겠다. 폭스봐겐(Volkswagen)의 디젤 배기가스 조작 사건으로 인해 함께 이미지에 상처를 입기는 했지만, 고전적이면서도 세련된 디자인과 100% 알루미늄 차체, 세계 최초의 사륜구동, 아우디(Audi) 고유의 용어로 “크봐트로(Quattro)” 시스템 채용 등 “기술을 통해 앞서 갑니다(Vorsprung durch Technik)”라는 구호에 걸맞는 성능으로 세계 시장에서 여전히 선전하고 있는 “아우디 주식회사(Audi AG)”의 슈타들러(Stadler) 회장은 특이하게 교수라는 직함을 이름 앞에 달고 있다. 현직 교수는 아니고, 스위스 장트 갈렌 대학(Universität St. Gallen) 경영학 경영행정 전공 명예교수이다.[18] 2007년 1월 1일부터 아우디 주식회사의 회장을 맡고 있는 그가 2014년 잉골슈타트(Ingolstadt) 본사에서 우리나라 신문과 인터뷰를 한 적이 있다.[19] 20여 년 전만 해도 미국에서 “가난한 자들의 벤쯔

18 아우디 홈페이지 참조:
http://www.audi.com/corporate/de/unternehmen/unternehmensleitung/vorstand/rupert-stadler.html

19 http://biz.chosun.com/site/data/html_dir/2014/02/28/2014022801701.html 참조:

(poor man's Mercedes)"로 불렸으며, 그보다 십년 전에는 연금으로 생활하는 할머니들이나 타는 차로 통했던 아우디가 짧은 시간 안에 세계 최고 프리미엄 브랜드로 부상한 비결이 뭐냐고 묻는 기자의 질문에 슈타들러 회장은 플라스틱 자 하나를 보여준다. "퀄리티 스타(Quality Star)"라는 이름을 가진 이 자의 용도는 부품 사이에 난 틈의 간격을 측정하는 것이라 설명하였다. 이런 도구를 가지고 다니면서 경우에 따라서는 몇 mm에 불과할 수도 있는 차량 부품의 간격이 항상 일정하게 유지되는 지를 최고경영자가 직접 검사하고 다니면 어떤 효과가 날까? 최고경영자의 이 사소한 행위를 통해 부품 3만개가 들어가는 자동차 제작 공정의 정확성을 높이고, 직원 한 사람 한사람이 일을 대하는 자세와 조직 전체의 기강까지 다잡을 수 있을 것이다. 사실 자동차의 본체와 문, 본체와 보닛이나 트렁크 사이의 간격이 2.5mm로 일정하게 유지되지 못한다고 해서 차의 성능이 저하되는 결과가 나오지는 않는다고 한다. 하지만 기준이 정해졌으면 그 기준을 정확하고 철저하게 지키려는 이 같은 노력이 아우디의 가장 중요한 성공비결이라고 볼 수 있다. 여기서 강조되는 정확성, 철저함의 가치는 아우디만의 전유물이 아니라 독일사회가 가장 존중하는 미덕이기도 하다. 정밀계측기계 분야가 독일 산업을 대표하는 최고의 고부가가치 산업으로 자리 잡은 것은 결코 우연이 아니다. 필자는 앞 사례에서 보았던 것처럼 우리나라와 독일의 거리 상태가 그토록 큰 차이가 나는 것이 정확성과 철저함의 추구라는 가치의 소중함을 우리가 제대로 인식하지 못하고 있는데서 비롯되었다고 생각한다. "빨리빨리"만 추구하다가 모든 것을 "대충대충" 하는데 너무 익숙해진 것은 아닌지 살펴볼 일이다.

독일이 보유한 저력의 원천에는 물론 지금까지 살펴본 가치들 외에 다른 것들도 포함될 수 있을 것이다. 우리의 상상여행에서 암시되었던 부지런함이나 철저한 준법정신, 책임의식, 인내심 등 찾아보면 훨씬 더 많은 독일인들만의 미덕을 발견할 수 있을 것이라 생각한다. 여기에 대해서는 앞으로 더 다룰 기회가 있을 것이다.

---

2014년 3월 1일자 조선일보 Weekly BIZ에 수록된 인터뷰 기사 제목은 "아우디 질주 뒤엔… 자 들고 다니는 회장님"

# VI.
# 독일인의 문화표준

## VI.1. 독일문화의 형성

"가공", "경작"의 의미를 가진 라틴어 명사 "cultura", 혹은 "거주하다", "가꾸다"의 뜻을 가진 동사 "colere"에서 나온 것으로 추정되는 "문화"란 말은 어떤 특정 집단에 속한 구성원들이 공동의 경험과 학습을 통하여 익히게 된 가치관이나 관습, 그리고 거기에 바탕을 둔 고유한 행동이나 사고의 방식 등을 가리키는 복합적인 개념으로 정의할 수 있다. 이에 따라 우리는 독일인들이 일상생활에서 의식적, 무의식적으로 보여주는 독특한 행동 및 사고방식, 예를 들면 정직함과 타인에 대한 신뢰, 정확성과 철저함의 추구, 시간 엄수의 습관, 개인주의 성향 등을 독일문화라 부를 수 있을 것이다. 그렇다면 독일문화는 누구에 의해서, 어떤 과정을 거쳐 형성된 것일까? 아래의 도표가 그것을 상징적으로 보여준다.

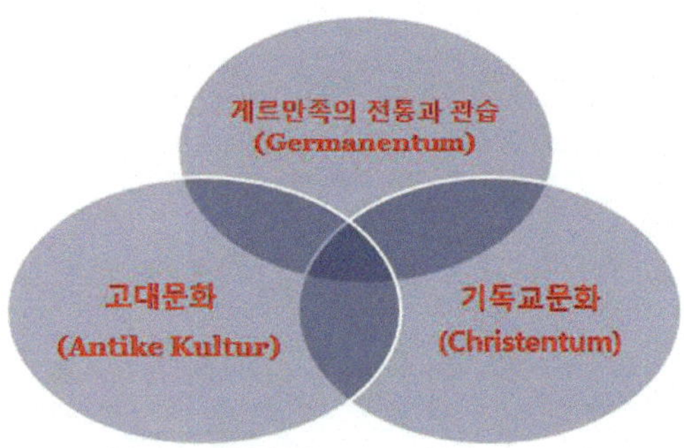


오늘날 우리가 독일문화라고 부르는 것은 바로 이 세 가지 요소가 융합되어 변화·발전한 결과물이며, 모든 개별 문화가 그렇듯 현재도 이질적인 다른 요소들이 첨가되면서 변화가 진행 중이라 할 수 있다. 세 가지 요소 중 두 가지는 모든 서양문화의 바탕을 이루고 있는 공통인자인 고대 그리이스·로마 문화와 기독교문화이다. 세 번째 요소가 서양의 다른 나라들과 문화적으로 차별성이 드러나게 해주는 고유한 민족적인 특질을 담고 있는 유전자인 셈이다. 이 세 가지 요소는 오랜 시간을 거치면서 아주 잘 섞이고 다양한 변용과정을 거치면서 서로 구분해내기 어려운 복합체가 되었다. 독일의 어린이들이 부활절이면 예쁘게 채색된 계란을 가져다주는 주인공이라 믿는 부활절 토끼가 완벽한 융합의 한 가지 사례라 할 수 있다. 토끼는 고대 그리이스 신화에서는 사랑의 신 아프로디테(Aphrodite)를, 게르만 신화에서는 대지의 신 홀다(Holda)를 수행하는 동물이었는데, 초기 기독교에서는 천국으로 인도하는 안내자 역할을 하는 존재로 나온다. 예수의 부활을 알리는 전령사 역할로는 최고의 자질을 갖춘 셈이다.[1]

위의 세 가지 요소 중에서 오늘날 독일문화가 형성되는데 가장 핵심적인 요소로 작용한 게르만 부족들의 공통적인 가치관 및 전통과 관습은 몇 가지 항목으로 요약할 수 있다. 첫째, 그들은 우직하고 정직해서 교활한 것을 싫어하고, 재물에 대한 욕심이 없어서 이자놀이 등을 통해 돈을 증식하는 데 무관심했다. 또한 순진하고 단순하게 자연의 순리에 따라 살아가려는 경향이 강했다. 둘째, 계급적인 위계질서가 존재했지만 계급간의 대립은 없었다. 최하위 계급이라도 전투에서 공을 세우면 자유민이 될 수 있었으며, 주인이 노예를 처벌하거나 강제노동을 시키지 않는 독특한 평등의식을 보유하고 있었다. 셋째, 정령신앙을 가지고 있던 이들은 사원을 짓지 않고 산꼭대기와 신성한 숲에서 신들을 경배하는 관습이 있었다. 넷째, 전쟁이 잦았던 게르만 사회에서 남아선호 경향이 있었으나 가정 내에서는 여성들이 큰 권한을 행사했다. 전쟁 시에 전투에 참여하지는 않았으나 독려를 위해 참관하는 경우도 있었다. 로마의 역사가 타키투스(Tacitus)는 서기 98년에 저술된 것으로 추정되는 "게르마니아(Germania)"에서 이와 관련해 재미있는 이야기를 전해주고 있다. 전투가 벌어지면, 여자들은 가슴을 드러낸 채 싸우고 있는 남자들을 향해 '너희들이 전투에서 패하면 포로로 잡혀서 수모를 당하게 될 우리 처지를 생각하라'고 시위를 했다고 한다. 자기들이 포로로 잡히는 것 보다 여자들이 포로로 잡힐 상황이 남자들에게는 더 끔찍하게 생각되리라는 것을 알고 있었기 때문이다.[2] 다섯째, 게르만인들은 씨족을

1 "Merkwürdiger Eierlieferant. Woher kommt der Osterhase?", Stern Online vom 04. April 2015 참조. http://www.stern.de/familie/kinder/woher-kommt-der-osterhase--5927936.html

2 Terry Deary, Freya Stephan-Kühn, Kolossal, die Römer! Übersetzung der englischen Originaltexte von Freya Stephan-Kühn, Bindlach 1999, 39쪽 참조.

중심으로 하는 혈연공동체로 구성되어 있었는데, 씨족은 법을 정하고 법을 집행하는 등 이 공동체 생활의 모든 영역을 통제할 권한을 보유하고 있었다. 여섯째, 군주와 그를 섬기는 자유민 전사들 간에 무조건적인 충성관계가 성립되어 있었다. 게르만족들이 가장 중요하게 생각한 덕목은 충성심 외에 신의와 명예, 명성이었다.

독일문화의 바탕을 이루는 두 번째 요소는 고대문화, 즉 그리이스 · 로마문화인데, 우리가 살고 있는 21세기에도 문학, 미술, 음악, 영화 등 장르를 막론하고 서양에서 생산되는 수많은 문화 컨텐츠들이 그 뿌리를 고대문화에 두고 있다는 것은 확인할 필요도 없는 사실이다. 특히 그리이스나 로마신화가 그 질료를 제공하는 경우가 대단히 많다. 최근에는 신화에서 단순히 오늘날 문화소비자들이 선호할 소재를 찾아 가공하는 차원을 넘어 SF적인 소위 판타지물을 만들어내는 것을 흔히 볼 수 있다.

고대문화는 그리이스 문화와 로마문화로 나눌 수 있는데, 먼저 그리이스 문화에 대해 살펴보기로 한다. 고대 오리엔트 문화까지 받아들인 그리이스 문화는 오늘날 서양문화의 큰 틀을 제공했다고 해도 과언이 아니다. 인간의 이성적인 능력을 중시하고, 육체와 정신이 조화된 완전한 인간상을 지향한 그리이스인들에 의해 서양의 문화를 가능케 한 합리주의적 사고와 인간 중심적인 세계관이 정립될 수 있었기 때문이다. 도시국가에 살고 있었던 그리이스인들의 관심사는 어떻게 하면 국가가 자유와 독립을 누리며 번영할 수 있을까하는 문제였다. 자유와 평등이라는 이상을 지향한 그들에 의해 현대 민주주의의 뼈대가 마련되었던 것이다. 그리이스인들은 완전한 인간이 되기 위해서는 교육이 필요하다는 것을 인식하고 육체적 단련을 위한 체육 교육과 음악, 미술교육 등의 예술 교양교육을 강조하였다. 그들은 또한 철학, 논리학, 수사학 등의 정신 교양교육 외에 읽기, 쓰기, 셈하기, 언어교육 등 기본적인 실용 교양교육을 통해 실생활에 필요한 인재를 길러내고자 하였다. 여기서 오늘날까지도 유효한 교육체계의 기초가 마련되었으며, 소크라테스, 플라톤, 아리스토텔레스와 같은 철학자들에 의해 인문, 사회, 자연 등 모든 분야에서의 근본적인 학문의 방향 또한 제시되었다.

문화는 물과 같아서 높은 곳에서 낮은 곳으로 흘러가는 속성을 가지고 있다. 로마가 강성했던 시기에 그리이스는 정치적으로는 로마에 의해 통치를 받는 속주에 불과했다.

그러나 교육이나 문화적인 영역에서 로마는 여전히 그리이스의 영향을 받았고, 많은 것을 그리이스로부터 배우고 있었다. 로마가 그리이스 문화를 흠모하고 있었다는 증거는 당시 로마의 권력 있는 집안마다 그리이스인 노예를 가정교사로 두고 있었다거나 자신들의 자녀를 그리이스로 유학보내기도 했다는 사실에서 드러난다.

그리이스 문화를 바탕으로 자기들의 고유한 색채를 입혀 형성된 로마문화의 특징은 몇 가지로 정리할 수 있다. 첫째, 로마문화는 계승한 그리이스 문화에 다양한 지역의 이질적인 문화적 요소들을 융합시켜 당시로서는 글로벌한 세계문화를 만들어 내었다. 로마는 끊임없는 확장을 통해서 광대한 제국을 건설하는 과정에서 군사적인 힘에만 의존한 것이 아니었다. 알려진 대로 로마는 점령지역의 관습이나 종교를 비롯한 문화적인 다양성을 인정했으며, 새로운 도시를 건설하고 현지인들과 결혼하여 정착하는 등 현지화 전략을 추진했다. 물론 점령지역의 주민들을 로마화시키기 위한 노력도 우선적으로 진행되었다. 로마문화는 따라서 단순한 그리이스 문화의 계승자 역할에 그치지 않고 새로운 복합문화를 다음세대로 연결하는 데 큰 공헌을 하였다. 둘째, 로마문화는 이러한 배경 때문에 개방적이고 보편적인 특징을 가지게 되었다. 당시 수도 로마는 무수한 인종과 언어와 문화가 교류하는 세계 도시였으며, 로마인들에게 요구된 것은 무엇보다 세계시민으로서의 자질이었기 때문이다. 셋째, 로마문화는 로마가 기독교를 국교로 인정하고 기독교화되는 과정을 통해 오늘날 유럽문명의 골격이 갖춰지는 정신적 기초 역할을 하였다. 기독교가 도입되고 전파되는 과정에서 치렀던 희생과 갈등이 원래 로마의 개방적인 세계관과 자신의 희생을 통한 사랑을 강조하는 기독교적 세계관이 융합하는 밑거름이 되었기에 가능한 일이었다. 넷째, 로마문화는 공화정과 제정시대를 거치면서 갖춰진 발전된 국가 및 정치, 사회체제, 사법제도의 실현으로 말미암아 공정함을 추구하는 엄격한 준법정신과 사회질서를 존중하는 시민의식을 본질로 갖추게 되었다. 다섯째, 로마문화는 그리이스로부터 물려받은 예술과 학문 외에 실제적인 생활 영역에서 중요한 다양한 학문분야를 발전시켰다. 거기에는 광대한 제국을 통치하는데 필요한 법과 정치제도와 관련된 사회과학뿐 아니라 천문학, 의학, 물리학, 화학, 공학 등의 자연과학 분야가 포함되었다. 오늘날 서양적 사고를 합리주의와 실용주의의 융합으로 특징지을 수 있는 것은 여기서 비롯된 것이라 볼 수 있다.

독일문화의 근본을 이루는 세 번째 요소는 기독교[3]문화이다. 이미 로마시대에 기독교가 정착되었고, 서로마의 멸망을 전후하여 유럽대륙의 다음 주인이 될 게르만족들의 기독교화가 광범위하게 이루어진 것은 알려진 사실이다. 따라서 기독교는 당연히 독일문화의 형성에 결정적인 영향을 미칠 수밖에 없었다. 그 영향의 범위는 역사나 사회제도, 민속, 예술 등 모든 분야에 걸쳐 있었다. 독일문화와 기독교의 문화를 관련지어 말할 때 가장 대표적인 사건은 당연히 종교개혁(Reformation)일 것이다. 1517년 마틴 루터(Martin Luther)에 의해 촉발된 종교개혁은 1648년 구교와 신교 간의 처절한 30년 전쟁을 끝내는 "베스트팔렌 조약(Westfälischer Friede)"을 통해 공식적인 마무리가 이루어질 때까지 전 유럽을 뒤흔들었다. 하지만 종교개혁의 결과로 분화된 다양한 신앙의 방향, 교파 간의 갈등은 정치적인 협약을 통해 끝날 수 있는 문제는 아니었다. 현재 크게는 IS 같은 과격 이슬람근본주의와 기독교의 갈등, 좁게는 우리나라의 보수적인 개신교가 가톨릭 교회를 다른 종교로 취급하는 사례에서 보듯 종교개혁은 당시의 유럽인들뿐 아니라 현대의 전 세계인에게도 아직 영향을 끼치고 있는 인류역사의 대사건이었다. 종교개혁의 가장 큰 공은 물론 모든 것 위에 군림하는 신이 아니라 사랑을 베푸는 신을 확인하고, 독선적인 교회의 권위적인 질서를 무너뜨림으로써 모든 인간이 평등하다는 의식을 확고하게 심어준데 있었다는 것은 의심할 바 없다.

독일문화에 나타나는 기독교문화의 영향 내지는 역할을 몇 가지로 요약해 보면 다음과 같다. 첫째, 독일인들의 세계관은 기독교 문화의 산물이며, 인간이 살아가는데 기준이 되는 윤리 역시 기독교에 뿌리를 두고 있다. 신에 대한 믿음과 선의 윤리적인 실천을 통해 구원을 얻을 수 있다는 가르침이 독일을 비롯한 모든 서양 국가들의 세계관을 이루는 기본 축이다. 기독교의 근본정신은 루터가 주장했듯이 성서에 근거하고 있으며, 성서의 핵심은 십자가에 못 박힌 예수로 상징되는 무조건적인 사랑의 가르침이다. 예수가 보

3 분명히 밝혀둘 것은, 필자는 이 책에서 원시교회이래 기독교의 모든 종파와 신앙의 방향을 통괄하는 의미로서 "기독교(독일어: Christentum)"라는 명칭을 사용한다. 우리나라에서 종교개혁 이후 분파가 이루어진 기독교 신앙의 한 방향만을 기독교로 부르는 데 동의하지 않는다. 개신교라 불러야 타당하기 때문이다.

여준 희생과 용서는 만인에 대한 차별 없는 사랑을 웅변하는 것이며, 이 사랑의 가르침이 윤리적인 선한 삶의 본질을 이루는 것이다. 둘째, 독일인들의 사회적인 평등의식 또한 기독교문화의 산물이다. 신 앞에서 만인이 평등하다는 기독교의 가르침이 독일인들의 중요한 삶의 원리가 되는 사회적인 평등의식을 낳은 것이다. 셋째, 기독교문화는 대인관계에도 영향을 미쳤다. 교회로 상징되는 기독교의 공동체 문화는 구성원들 간의 신뢰와 배려 없이는 어떤 사회도 유지될 수 없다는 가치관을 심어주었다. 신뢰와 배려가 독일사회의 기본적인 문화적 가치이자 독일인들의 소프트 파워가 된 근거이다. 넷째, 종교공동체인 기독교 교단들의 실천윤리가 독일문화에 고유한 귀천 없는 직업관을 형성하였다. "직업(Beruf)"은 신이 인간에게 부여한 "소명(Berufung)"이라는 의식에서 유래한 말로서, 신 앞에서 만인의 평등함과 노동의 신성한 가치를 담고 있는 말이다. 특히 자급자족하는 종교공동체 생활을 중시하는 가톨릭의 교단들, 예를 들어 베네딕트수도회나 프란치스코수도회에 소속된 수도사들은 육체노동의 신성한 의미를 강조하고 실천으로 보여준 모범이라 할 수 있다. "노동 없이 빵도 없다(Kein Brot ohne Arbeit)"는 정신은 독일인들에게 육체노동을 천하게 생각하지 않고, 부지런하게 일하는 사람이 정당한 보상을 받을 수 있을 뿐 아니라 사회적으로 존경받는 풍토를 정착시켰다. 독일인들이 중요하게 여기는 부지런함, 절약, 공평함, 정직함 등의 미덕은 이처럼 기독교문화의 영향 없이 생각하기 어렵다. 다섯째, 교육의 중요성을 일깨우고 교양시민 계층의 형성에 기여한 것도 기독교문화이다. 알다시피 중세시대 이래 서양사회에서 문화적인 흐름을 이끌던 주류계층은 성직자들이었다. 정치적인 권력을 행사하던 귀족계급보다 높은 교육을 받고 뛰어난 교양을 갖추고 있던 성직자들에 의해 그리이스, 로마 시대의 문화, 예술과 학문을 공부하고 교육시키는 전통이 세워지게 되었다. 이러한 전통이 독일뿐 아니라 유럽 전역에 대학교들이 설립되는 원동력이 되었다. 1348년에 신성로마제국 알프스 북쪽 영토에 세워진 최초의 대학이자 독일어권 최초의 대학인 프라하(Prag) 대학 역시 기독교문화의 산물이었다. 이러한 전통은 현대에도 남아 있어서 기독교 종교단체가 학교를 설립하여 운영하거나 재단을 만들어 인재 육성에 도움을 주는 경우가 흔하다. 이러한 사례는 우리나라에서도 적지 않다. 여섯 번째, 우리나라와 달리 종교적인 형식보다 기독교적인 윤리관을 실천하는 데 더 큰 의미를 둔다는 것도 루터의 성서주의의 영향을 받은 것이다. 알다시피 루터는 교회가 아니라 성서의 정신에 의거한 신앙을 주장하였다. 그는 인간의 구원이 교회의 성사에 의해서 얻어지는 것이 아니라 오직 신과 신의 가르침에 대한 개인의 믿음에 의해 이루어진다는 것을 강조했다. 이것이 오늘날 독일인들이 종교를 믿는 방식에도 영향을 주어서 교회에 나가서 예배에 참석하는 것도 중요하게 생각하지만 평상시 기독교적인 윤리를 실천하기 위해 노력하는 것을 볼 수 있다. 단적인 예로, 독일인들의 최고 덕목 중의 하나인 "정직성"은 신이 언제나 나를 지켜보고 있다는 의식을 가지고, 항상 신 앞에 떳떳하기 위해 거짓 없는 삶을 살고자 하는데서 저절로 실천되는 윤리라고 볼 수 있다. 일곱 번째, 기독교 문화는 사람들로 하여금 사회와 현실을 개혁하는 행동에 적극적으로 참여하도록 이끈다. 이러한 기독교의 정신이 독일 통일에 기여한 바가 크다고 할 수 있다. 베얼린 장벽이 무너진 계기가 된 동독의 반체제 시위 당시 교회는 적극적으로 이러한 민중운동을 지원하였다. 당시 교회는 민주화와 개방, 현대화를 주장하는 민중들의 정치적 후원자 역할을 했으며, 시위대에게 도피처를 제공하기도 했다. 여덟 번째, 기독교문화는 독일인들의 일상적인 삶에 깊숙이 들어와 일상생활의 흐름을 좌우하기도 한다. 독일에서 가장 큰 명절인 성탄절(Weihnachten), 부활절(Ostern), 성령강림절(Pfingsten) 모두 기독교와 관련된 것이며, 가장 세속적인 축제라 할 수 있는 사육제(Karneval) 역시 기독교문화의 산물이다.

독일인들의 삶에 기독교적인 가치가 어떤 의미를 가지는지 한 가지 사례를 들어 보겠다. 알려져 있듯이 현재 독일에서는 가톨릭이나 개신교를 막론하고 기독교 신자의 수가 줄어드는 추세가 뚜렷하다. 기독교 신자로서 교적을 가지고 있으면 "교회세(Kirchensteuer)"를 납부해야 되기 때문이라기보다는 다양하고 복합적인 문화가 주도하는 시대의 변화 탓이라고 보아야 할 것이다. 그럼에도 불구하고 사육제가 끝난 다음 부활절을 기다리면서 단식과 속죄를 행하는 사순절을 보내는 독일인들의 자세는 그들에게 기독교가 어떤 의미를 가지는지 단적으로 보여준다. 아래의 그래프[4]를 한번 보자.

4 "포르사 사회연구와 통계분석을 위한 유한회사(Forsa Gesellschaft für Sozialforschung und statistische Analysen GmbH)"와 "독일 직원 의료보험(Deutsche Angestellten-Krankenkasse)"의 공동 연구 자료이다. 시

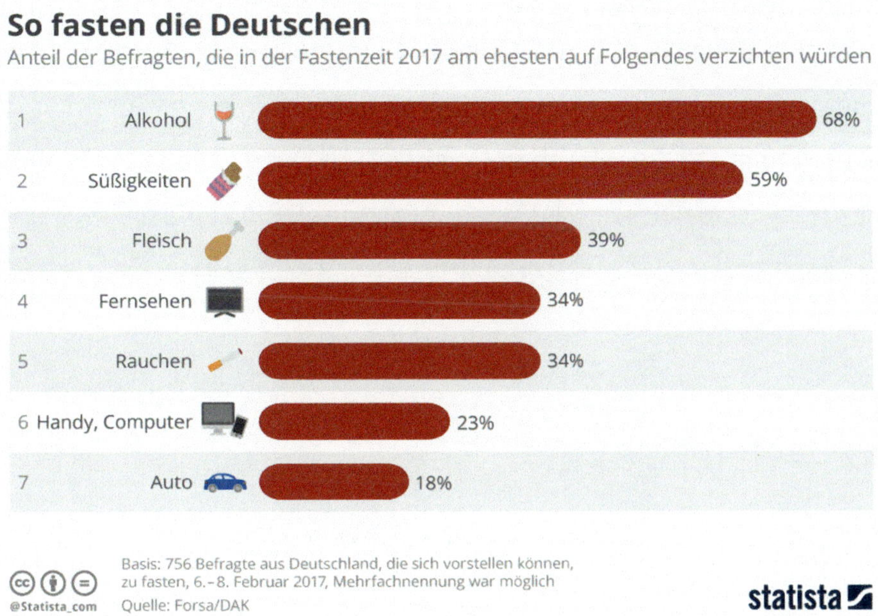


이 그래프는 2017년 2월 6일에서 8일 사이에 756명을 대상으로 설문을 실시한 결과를 보여주고 있다. 설문 내용은 사육제가 끝나는 “재의 수요일(Aschermittwoch)”부터 부활절까지 어떤 것을 포기할 용의가 있는지 하는 것이다. 즉, 재의 수요일인 2017년 3월 1일부터 부활절인 4월 16일까지 약 7주 동안 사순절의 정신에 따라 어떤 것을 포기할 것인지 조사한 것이다. 가장 높은 응답률을 보인 항목은 술을 끊겠다는 것으로 68%에 달했으며, 그 뒤를 이어 59%가 초콜릿 등의 단 음식을, 고기를 먹지 않겠다는 응답이 39%를 기록하고 있다. 1위를 기록한 금주부터 34%로 공동 4위의 응답률을 기록한 금연에 이르기까지 인간의 감각적인 욕망을 절제하겠다는 각오를 표명한 것은 쉽게 납득할 수 있다. 우리의 관심을 끄는 것은, 여기에 소위 ‘문명의 산물’들이 포함되어 있다는 사실이다. 텔레비전 시청이나 스마트폰, 컴퓨터 사용뿐 아니라 자동차 운전까지 절제하겠다고 한 것

장과 여론조사기관 및 경제, 공공기관의 통계 데이터를 독일어와 영어로 제공하는 독일의 온라인 통계 포털 Statista의 홈페이지 참조.
https://de.statista.com/infografik/8323/darauf-wollen-die-deutschen-beim-fasten-verzichten/

은, 현대적인 일상에서 필수불가결한 이 물품들을 독일인들이 무의식적으로 어떻게 보고 있는지 드러낸 것이다. 즉, 독일인들은 이것들이 기독교적인 가치관에 따르면 '문명의 사치품'이라고 인식하고 있다는 것이다. 참고로 이 그래프에 나타나지는 않았지만, 독일국민의 60%가 2017년 금식을 행할 것이며, 73%는 금식하는 것을 고려해 볼 수 있다고 응답했다고 한다.[5] 독일과는 달리 신앙의 확장을 이루고 있는 우리나라의 기독교계에서 신자들을 대상으로 같은 설문을 해보면 어떤 결과가 나올지 궁금하다.

## VI.2. 독일인의 문화표준

지금까지 독일문화의 바탕을 이루고 있는 세 가지 핵심요소들을 개관해 보았다. 이제 아래에서는 끊임없는 융합과 변용의 과정을 거쳐 형성된 독일문화의 가치관이 독일인들의 사고와 행동을 어떻게 특징짓고 있는지 살펴보려 한다. 독일인들을 다른 나라, 다른 문화적 배경을 가진 사람들과 구별 짓는 독특한 요소들을 찾아내고, 사례를 곁들여 그것들을 구체적으로 해석해 볼 것이다. 이러한 요소들을 "독일인들의 문화표준(Kulturstandard der Deutschen)"이라 부를 수 있다. 문화표준이란 특정한 어느 문화권에 속한 다수의 사람들이 자기들 스스로는 물론 다른 문화권에서 온 사람들로부터 그 특정문화권에서 일상적으로 볼 수 있는 독특하고 전형적인 인식태도, 사고방식이나 평가와 행동의 양식들로 인정하는 표준을 가리키기[6] 때문이다. 이 특정문화권이 여기서는 독일이 되는 것이다. 우선 도표를 하나 살펴보기로 한다. 이것은 독일인들과 다른 유럽 사람들에게 "독일적인 것이란 어떤 것인가?"라는 주제로 설문조사한 결과를 그래프로 나타낸 것이다.[7]

5 온라인 통계 포털 Statista의 같은 자료에 대한 주석 참고.

6 Alexander Thomas (Hg.), Handbuch Interkulturelle Kommunikation und Kooperation. Grundlagen und Praxisfelder. Göttingen 1999, 114 쪽 및 http://www.dettorre-consulting.de/de/gemeinschaftsorientierung-vs-individualismus.html 참조.

7 http://www.bpb.de/lernen/grafstat/projekt-integration/134668/m-03-06-was-ist-typisch-deutsch 참조.

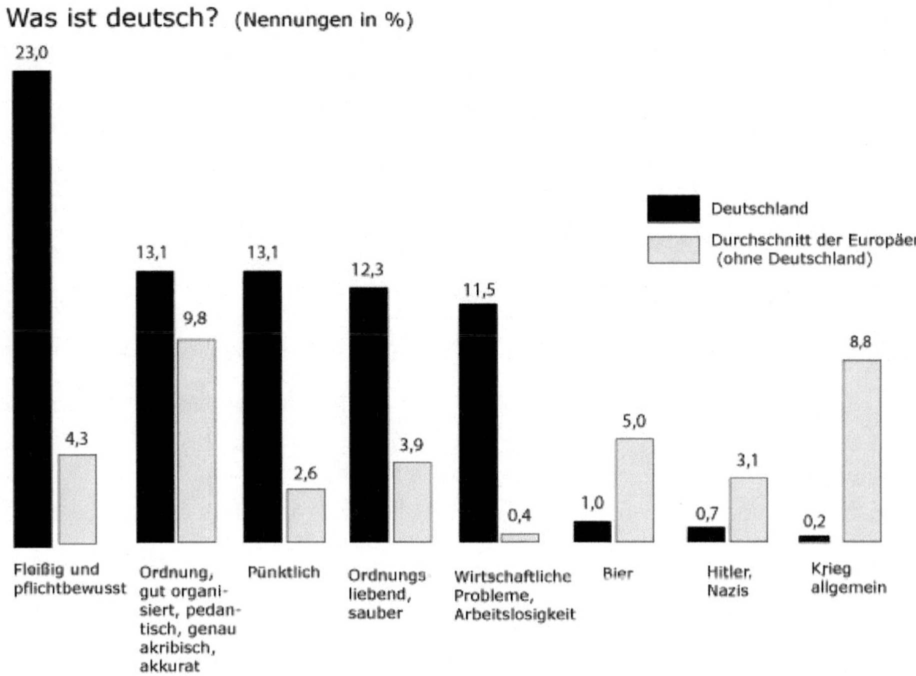


이 그래프는 세계에서 가장 큰 시장조사기관 중의 하나인 "게에프카 시장연구(GfK Marktforschung)"의 연구결과를 도표로 나타낸 것이다. 이 설문은 독일, 프랑스, 영국, 이탈리아, 네덜란드, 오스트리아, 폴란드, 러시아, 체코 및 터키 출신 12,000 명을 대상으로 실시한 것이었다. 이 도표에서 눈에 띄는 것 중의 하나는 독일인들이 스스로에게 가장 투사하고 싶은 것과 가장 기피하고 싶어 하는 것이 분명히 드러났다는 사실이다. 독일인들 스스로는 가장 독일적인 특징으로 긍정적인 이미지가 투영된 "부지런함"과 "의무감이 강함"을 꼽은 반면, 같은 항목에 대한 다른 유럽인들의 호응도는 그리 높지 않게 나타났다. 독일인들이 제일 기피하고 싶은 것은 자신들을 전쟁이라는 과거사와 연결 지어 생각하는 것으로 드러났는데, 예상대로 다른 나라사람들은 이 항목에 두 번째로 높은 호응도를 보이고 있다는 점이 주목할 만하다. 문화표준을 살펴본다는 맥락에서 우리가 가장 관심 있게 볼 항목은 독일인들 스스로와 다른 나라사람들의 의견이 가장 근접해 있는 특징이 무엇이냐 하는 것일 텐데, "질서(Ordnung)"를 중시하고, "조직적으로 준비되어 있으며(gut organisiert)", "소심하고(pedantisch)", "정확하다(genau, akribisch, akkurat)"는 항목으로 밝혀졌다. 실제로 독일인들의 문화표준에는 이러한 항목들이 그 핵심을 이루고 있다.

이제 독일인들의 대표적인 문화표준으로 어떤 것들을 꼽을 수 있을지 정리해보자. 필자는 쥘비아 슈롤-마흘(Sylvia Schroll-Machl)이 저서『저 독일인들 - 우리 독일인들(Die Deutschen – Wir Deutsche)』[8]에서 선정한 문화표준들이 대단히 타당하다고 생각하여 그가 선정한 기준들을 원용한다. 그가 꼽은 독일인들의 문화표준은 7가지이다. 그것은 "일 중심주의(Sachorientierung)", "구조와 규정의 존중(Wertschätzung von Strukturen und Regeln)", "규정 지향적이며, 규정의 내면화를 통한 자기통제(regelorientierte, internaliserte Kontrolle)", "시간기획(Zeitplanung)", "사적인 영역과 공적인 영역의 구분(Trennung von Persönlichkeits– und Lebensbereichen)". "직설적인 소통방식('Schwacher Kontext' als Kommunikationsstil)", 그리고 "개인주의(Individualismus)"이다. 필자는 거기다 한 가지 항목을 더 추가하고 싶다. 그것은 위 그래프에서 독일인들과 다른 나라사람들의 의견이 가장 근접한 것으로 나타난 속성인 "훌륭한 조직적 준비성 (Gut-organisiert-sein)"이다.

이제 이 여덟 가지의 문화표준들에 대해서 하나씩 살펴보도록 하자. 미리 유념할 것은, 이 문화표준들이 외견상으로는 각각 다른 메커니즘으로 분류될 수 있겠지만 많은 경우 서로 관련되어 유기적으로 작동하기도 한다는 점이다. 예를 들어 보자. 시간 계획의 철저함, 사적인 영역과 공적인 영역의 구분 등은 개인주의라는 표준과 함께 엮여 있다. 또한 일 중심의 사고 역시 공과 사의 구별이라는 표준과 함께 작동하는 메커니즘이라야 더 효과적인 의미를 지닌다. 여러분은 독립적이면서도 서로 연관되어 있는 이러한 독일인들의 문화표준들을 살펴보는 과정에서 한 가지 중요한 사실을 깨닫게 될 것이다. 이 문화표준들이 따로, 혹은 복합적으로 작용하면서 하나의 공통적인 지향점을 추구하고 있다는 사실이다. 독일인들은 결국 모든 분야에 있어서 스스로 전문가가 되기를 추구하며, 다른 사람들에게도 그러하기를 요구하고 있다는 것을 확인하게 될 것이라는 말이다.

8 Sylvia Schroll-Machl, Die Deutschen – Wir Deutsche. Fremdwahrnehmung und Selbstsicht im Berufsleben, Göttingen 2013.

### VI.2.1. 훌륭한 조직적 준비성

1990년대 세계적인 수퍼모델로 꼽혔던 클라우디아 쉬퍼(Claudia Schiffer)는 이런 말을 남겼다. "잘 조직화되어있고, 질서를 지키고 행동을 올바르게 하는 것, 그것이 독일적인 것이라면 나는 기꺼이 독일인이고자 한다."[9] 관청이든, 대학이든 독일의 사무실에 들어가면 여러분의 시선을 가장 먼저 사로잡는 것은 책장에 가지런히 꽂혀있는 서류철들일 것이다. 우리가 외래어로 파일 폴더라고 부르기도 하는 서류철은 독일어로 "Ordner"라고 부른다. "(특정한 순서나 방식으로 어떤 것을) 정리하다", "(특정한 관점에 따라) 체계화하다", "(혼란스럽게 뒤섞여 있는 것이 질서를 갖추도록) 정돈하다" 혹은 "(일정한 순서에 맞춰) 정렬하다" 등의 의미를 가진 "ordnen"이라는 동사에서 온 명사이다. "Ordner"의 의미는 "정돈, 정리, 체계화, 정렬하도록 하는 도구"쯤 될 것이다. 독일인들은 어렸을 때부터 모든 일을 체계적으로 정돈하고 정리하는 습관을 들이도록 교육받는다고 해도 과언이 아니다. "질서"의 의미를 가진 "Ordnung"이란 말 역시 같은 동사에서 유래된 것임을 알고 나면 왜 독일인들이 일상생활에서 "알겠어", "좋아", "동의해", 또는 "오케이"의 의미로 "In Ordnung"이라는 표현을 애용하는지도 이해하게 될 것이다. 이 표현은 직역하면 "질서 속에 (있어)"라고 옮길 수 있겠는데, 어떤 것을 질서 속에 집어넣어서 제 자리를 잡았으니 모든 것이 안정되고 평안한 상태가 됐다는 의미로 해석할 수 있다. 여기에는 모든 것이 질서 속에 제 자리를 잡은 상태가 되어야 일의 능률도 오를 수 있고, 바람직한 결과가 나올 수도 있을 것이며, 개인, 가족, 사회, 국가 모두 평안해질 수 있다는 독일인들의 사고가 그 바탕을 이루고 있다고 봐도 무리는 없을 것이다.

9 Gordon Lueckel & Johannes Thiele, Deutschland. Das Buch. Erleben, was es bedeutet, München/ Wien 2009, 19쪽에서 인용.

그렇다면 이 질서 있는 안정 상태를 이루기 위해 필요한 것은 무엇일까? 그렇다. 미리 모든 것을 완벽하고 조직적으로 준비하는 것이다. 한 가지 사례를 들어보도록 하자. 2017년 3월 18일 독일연방공화국의 11대 대통령 요아힘 가욱(Joachim Gauck)은 임기가 끝나 퇴임했다. 그와 함께 독일 최초로 대통령의 법적배우자가 아니라 동거인으로서 퍼스트레이디 역을 수행했던 다니엘라 샤트(Daniela Schadt)도 퍼스트레이디의 역할과 임무로부터 자유로워지게 되었다. 시사주간지 슈피겔(Spiegel)과 가진 한 인터뷰에서 그녀는 퍼스트레이디로 살면서 어떤 것을 느끼고 배웠는지 질문을 받는다. 자신이 "세상을 바라보는 눈길이 예전보다 더 완전하게 되었다"[10]고 답하면서 그녀는 이유를 설명하기 위해 자신이 겪은 한 가지 경험에 대해 이야기 한다. 2013년 독일 남부 바이에언(Bayern) 지역에 도나우 강이 범람해서 주변도시들이 심각한 피해를 입었을 당시 데겐도어프(Deggendorf)를 방문했을 때의 일이었다. 당시 재난 상황을 총지휘하던 연방 기술지원 기구 "테하붸(THW: Bundesanstalt Technisches Hilfswerk)"의 책임자가 있었는데, 평생 동안 그 일만 해 온 사람처럼 뛰어난 능력을 발휘해서 모든 사람들이 감탄했다. 나중에 그에게 실제 생업이 무엇인지 물어보았더니 미용사라는 것이었다. 그녀는 이 일이 있고나서 사람들을 다른 눈으로 보게 되었다고 한다. 지하철 안에 앉아 있는 평범한 사람들을 보면서 저 사람들도 대단한 일을 해낼 수 있는 이들일 거라는 생각을 하게 되었다는 것이었다. 미용사가 재난상황을 지휘 통제하는 것을, 그것도 뛰어나게 지휘 통제하는 일을 할 수 있다는 것을 상상할 수 있을까? 샤트가 언급한 연방 기술지원 기구 "테하붸(THW)"는 현재 독일 연방내무부에 소속되어있으며, 1950년 8월 주민보호와 재난상황 대처기구로 설립되었다. 이 기구의 본부는 본(Bonn)에 있으며, 8개의 주 차원의 상부 연맹이 있고, 그 산하에 668개의 지역별 연맹이 있다. 주목할 점은 모든 지역연맹의 장은 명예직이라는 사실이다. 2015년 기준 전체 81,332명의 조직 구성원 중 1,000명 정도의 공무원을 제외한

10 "Ich bin "kompletter" geworden. Mein Blick auf die Welt ist vollständiger als vorher." 2017년 2월 16일 Spiegel Online과의 인터뷰 참조.
http://www.spiegel.de/politik/deutschland/daniela-schadt-blickt-auf-zeit-als-first-lady-zurueck-da-habe-ich-geweint-a-1134365.html

80,000여 명은 모두 명예직, 즉 자원봉사자들이다. 이들은 단순한 자원봉사자들이 아니라 선발과정을 거치고 몇 년간에 걸친 총 3단계의 교육훈련을 이수해야 출동할 수 있는 대원이 될 수 있다. 전체 인원 중 청소년이 14,731명, 여성이 10,576명으로서 2015년 1년 동안 38,986회 출동하여 1,121,323 시간 동안 구호 지원활동을 펼쳤다.[11] 정치, 행정 능력부터 국민의 의식수준에 이르기까지 현재 우리나라가 어느 수준에 있는지 여실히 보여준 세월호 사건이 독일에서 일어난다는 것이 가능할지, 혹은 만의 하나 일어났다면 어떻게 수습되었을지 우리 상황과 비교하여 한번 생각해 볼 일이다. 천재지변부터 인재에 이르기까지 왜 우리는 거듭 무방비상황에 내몰렸고, 앞으로도 그럴 것이며, 또한 그런 비극적인 일들을 겪고 나서도 과연 무엇이 달라졌는지 가슴을 치며 반성해야 하지 않을까? 우리에게 과연 가장 부족한 것은 무엇일까? 필자는 "테하붸(THW)" 외에도 우리와는 달리 교육수준과 무관하게 두터운 "교양시민" 계층의 자발적인 참여로 구성되는 다양한 재난 대응조직을 보유하고 있는 독일인들이 보여주는 이 뛰어난 조직화된 준비능력이 아닐까 생각한다.

위의 사례는 독일인들의 조직적인 준비성이 사회적인 큰 맥락에서 드러난 경우인데, 이제 개별적인 영역에서는 이 문화표준이 어떻게 나타나고 어떻게 그것이 유지되는지 살펴보도록 하자. 독일인들은 자신들의 활동을 관찰하면서 무엇이 잘 갖춰져 있으며, 어떤 능력이 부족하고, 어떤 면에서는 우수한지 체크한다. 예를 들면, 거기에는 자신의 생체리듬을 파악하는 것도 포함된다. 자신이 언제 가장 창의적인 능력을 발휘할 수 있는지 살피는 것이다. 이렇게 자신에 대해서 잘 알게 되고나면 개인적인 영역에서든 공적인 영역에서든 처리할 일의 우선순위를 정하고 중요한 일부터 먼저 해결하려고 노력한다. 독일인들의 삶의 리듬은 우리보다는 확실히 느리고 길다고 할 수 있는데, 그건 정확성과 철저함을 추구하는 데는 시간이 필요하다고 믿기 때문이다. "시간 기획"이라는 문화표준과 연동되는 것이지만, 그들은 모든 것을 "테어민(Termin)"이라 불리는 시간약속을 정해 놓고 거기에 따라 사람도 만나고, 시장도 보고, 비즈니스를 하거나 프로젝트를 진행시킨다.

병원에 갈 때는 물론이고 친구와 영화 보러 갈 때도 이 "테어민"은 필수적이다. 그에

11 https://de.wikipedia.org/wiki/Technisches_Hilfswerk#THW-Leitung 참조.

따라 오늘 처리할 일을 내일로 미루게 되면 당연히 탈이 나게 되므로 일을 미루지 않으려 노력한다. 위에서 "정리", "정돈", "정렬" 행위가 독일인들에게 어떤 의미를 갖는지 이야기 했지만, 어떤 일을 할 때 우선 이 "정리" 작업을 대단히 중요하게 여긴다. 그럼으로써 자신의 일의 진행과정을 통제하고 결과를 예측할 수 있게 된다고 믿기 때문이다. 물론 개인적인 삶과 가족, 일과 직장 같은 영역을 엄격히 구분하는 독일인들이기에 모든 일을 위와 같은 방식으로 조직화하려고 시도하지는 않는다. 가족과 함께 시간을 보내거나 휴식이 필요한 경우에는 예외도 허용한다. 독일인들도 기계는 아니다.

## VI.2.2. 일 중심의 사고

독일인들이 어떤 사람과 무슨 일을 같이 추진할 때 가장 중요하게 따지는 사항은 인간관계의 친소나 인맥, 혈연, 지연 등의 일 외적의 요건이 아니라 협업 상대의 자질과 능력이다. 따라서 다음과 같은 사항들이 최우선적인 가치를 가진다. 첫째, 누가 어떤 역할을 맡을 것인가? 둘째, 내 협업 파트너는 자기가 맡을 일에 대한 전문적 능력을 갖추었는가? 그것을 따지는 이유는 간단하다. 독일인 자신들이 그것을 지향하기 때문이다. 그들이 기꺼이 같이 일하고자 하는 최고의 후보자는 그 분야의 전문적인 지식과 능력을 갖춘 사람이지, 외모가 뛰어나거나 인간성이 좋은 사람이 아니다. 일 중심주의와 인간관계 중심주의는 서로 상충되지만 이따금 서로 보완할 필요가 있는 부분을 드러내기도 한다. 비즈니스에서 독일인들처럼 일의 처리 능력만 중시한다고 해서 반드시 최고의 성과를 이끌어낼 수 있는 것은 아니다. 인간관계를 중요하게 생각하는 관점에서 보면 일 중심주의는 인간미가 부족하기 때문에 무례하게 느껴질 수 있을 뿐 아니라 상대에 대한 배려와 존중이 부족한 것으로 비쳐질 수 있다. 반면 일 중심주의적인 관점에서 인간관계 중심주의는 전문성이 떨어지고 비능률적으로 여겨진다. 일을 중요하게 생각하는 사람이 업무의 전문성에 우수할 것은 당연하지만 인간관계를 중시하는 구성원에 비해 소통능력이 뒤떨어질 수 있다. 그러기에 독일에서도 두 방향을 조화시키려는 움직임은 당연히 존재한다. 특히 다른 문화권에서 온 사람들과 협업을 할 때는 두 가지 측면을 모두 고려해야 한다는 것을 알고 있다.

그럼에도 불구하고 독일인들을 규정하는 대표적인 문화표준의 하나가 일 중심주의라는 사실은 분명하다. 그들이 누구와 어떤 일을 같이 하고자 할 때 상대방에게 요구하는 자질은 첫째, 일을 할 때 목적의식이 투철해야 하며, 둘째, 분명하고 설득력 있는 사실 근거를 제시할 수 있어야 한다. 셋째, 철저한 준비가 되어 있어야 하며, 넷째, 세밀한 계획을 세우고 있어야 한다. 다섯째, 그 계획을 실행에 옮길 실천력을 보여주어야 한다. 이와 같은 자질을 갖춘 이상적인 인재를 독일인들은 전문가라고 부른다.

### V.2.3. 구조와 규정의 존중

아래의 도표에는 독일의 다양하게 세분화된 교통표지들이 수록되어 있다. 우리나라에서 볼 수 있는 것들보다 종류가 더 많은 것 같은데, 실제 도로에서는 이보다 더 다양한 종류의 표지를 볼 수 있다. 글씨가 들어간 것도 있지만 거의 대부분은 이해하기 쉽게 그림들로만 구성되어 있는 것이 특징이다.

다른 나라 사람들이 독일인들을 보편적으로 판단할 때, 가장 흔하게 들을 수 있는 이야기는 그들이 질서를 중요하게 생각하고, 어디서든 법을 준수하는 것을 강조하며, 실제

독일의 다양한 교통표지판들

로 그렇게 한다는 것이다. 사실 우리나라 사람들의 견해도 비슷한데, 독일인들이 지나치게 질서나 규정, 법을 강조해서 딱딱하고 재미없다는 의견이 많은 편이다. 위에서 살펴보았던 "어떤 것이 독일적인가"라는 설문 그래프를 다시 한 번 자세히 들여다보면, 독일인들의 호응도가 높았던 항목 중 압도적인 1위는 "부지런함"과 "의무감이 강함"이 차지한 반면 나머지 네 항목의 자체 호응도는 큰 차이가 없었다. 그중 외국인들의 호응도도 비교적 높은 항목이 "Ordnungsliebend"와 "sauber"[12]였다. 이 중 "Ordnungsliebend"는 일견

12 "sauber"란 단어는 "깨끗한", "청결한"이라는 뜻이다.

"질서를 사랑하는"이란 의미로 새길 수 있지만, 사실 다른 의미로도 읽힌다. 즉, "규정을 사랑하는"이란 의미로 해석이 가능한 것이다. "Ordnung"은 질서뿐 아니라 규정을 의미할 수도 있기 때문이다. 교통법규를 "Verkehrsordnung"으로 부르는 것이 그 한 예이다. 어렸을 때부터 받은 철저한 교육 덕분이겠지만 독일인들이 행동하는 것을 보면 때로는 규정을 단순히 지키는 것이 아니라 그 행위를 사랑하는 것이 아닌가하는 착각이 들 때도 있다. 하지 말라면 해도 되는 것으로 해석하는 우리와는 달리 해서는 안 된다고 하면 고지식하게 하지 않는 것을 달리 어떻게 설명할 수 있을까? 물론 고발정신이 투철한 주위사람들 때문에 그러는 게 아닐까 생각할 수도 있겠지만 말이다.

독일의 공용화폐가 아직 유로화로 바뀌기 이전에 있었던 일이다. 독일에는 시내 곳곳에 강이나 호수가 있어서 오리나 백조 같은 다양한 새들을 볼 수 있는데, 해치는 사람이 없어서인지 사람을 두려워하지 않는다. 30여 년 전 어느 한국인 유학생이 가을철 날이 거의 어두워진 호숫가에서 사람을 무서워 않고 오히려 다가오는 오리 한 마리를 몰래 거두어 공부로 허약해진 몸을 보신하느라 잡아먹었다고 한다. 저녁 무렵이었고, 주위에는 인적이 끊어진 때였기 때문에 난데없이 그런 만용을 실천에 옮겼던 지도 모르겠다. 그런데 2주 후에 경찰로부터 통지문 한 장이 도착했다. 거기에는 당신이 행한 범법행위에 대해 수 천 마르크의 벌금을 납부하지 않으면 강제 추방당할 수 있다는 충격적인 내용이 적혀있었다. 그 벌금액은 당시 대략 1년 치 생활비에 해당하던 거금이었다. 엄청나게 비싼 오리고기를 먹었던 셈이다. 도대체 누가, 그 저녁에, 그 '사소한' 범법행위를 목격했단 말인가? 누군가가 목격을 했으니 경찰에 신고를 했을 텐데, 누구인지 알 길은 없었지만 그 투철한 신고정신은 경이로울 뿐이었다.

인간사회를 포함한 자연생태계의 어떤 집단이나 조직에도 내적인 체계를 이루는 구조가 존재하고, 이 구조가 유지되기 위한 조치로서 규정이 있지만, 특히 독일인들의 각종 사회조직체는 다음과 같은 특징들을 보여준다. 첫째, 사회 조직체의 구조가 쉽게 변하지 않는다. 둘째, 구조가 유지되기 위해 지켜져야 할 무수한 규칙, 규정, 명령과 법규가 존재한다. 셋째, 이것들은 고지식하게 해석된다. 넷째, 이것들은 엄격하게 준수된다. 다섯째, 이것들을 어겼을 때 엄하게 책임을 묻고, 예외 없이 처벌까지 감수해야 한다.

조크인지 실제 있었던 일인지 분명하지 않지만, 어떤 독일 사람이 12개의 거리가 합치고 갈라지는 파리의 개선문 로터리에 들어갔다가 빠져나오지 못하고 몇 시간동안을 빙빙 돌았다는 이야기는 독일인들을 놀리기 위해서 지어낸 이야기만은 아닌 것으로 보인다. 교통신호나 질서를 정리하는 경찰도 없는 이곳은 우리나라 언론에는 '양보의 상징'으로 보도되기도 했는데[13], 그곳에 들어가 본 사람으로서 분명히 말 할 수 있는 것은 잘못하면 거의 혼돈의 지옥을 경험하게 된다는 것이다. 필자는 신호나 규정이 없으면 어려움을 겪는 독일인들의 당혹감을 절감할 수 있는 사례라고 생각한다.

독일에는 헌법에 해당하는 "기본법(Grundgesetz)"부터 교통법규, 공동주택의 "입주민 주거규약(Hausordnung)", "주거공동체(WG: Wohngemeinschaft)"의 준수사항에 이르기까지 우리보다 훨씬 더 다양한 종류의 규정이 있다. 주목할 것은, 이 규정들은 이해하기 쉬워야하며, 강제보다는 자율성에 기반을 둔 준수를 중요하게 생각한다는 사실이다. 규정의 종류를 구체적으로 살펴보면 다음과 같은 것들을 들 수 있다. 첫째, 암묵적인 규칙이 있다. 독일인들의 철저한 시간 준수가 여기에 해당한다. 둘째, 국한된 범위에 통용되는 규정이 있는데, 그 예로는 공동주택, 혹은 기물이나 기계의 사용규정 등이 해당된다. 셋째, 공적인 영역에 적용되는 명령이 있는데, 여기에는 쓰레기처리 지침, 교통법규 등이 해당된다. 넷째, 직장 등에서 사용되는 규범으로서, 근무규정, 표준화 지침, 각종 상황 시 조치방법 등이 그 예가 되겠다. 다섯째, 정신적인 영역에 적용되는 규칙이 있는데, 예를 들면 분류화나 체계화의 기준 등이 이에 해당한다.

### VI.2.4. 규정 지향적이며 그 규정의 내면화를 통한 자기통제

위에서 든 이 모든 규정이나 규칙들은 반복되는 학습과 교육을 통해 몸에 배여야 한다. 규정을 지킨다는 것은 성문화된, 즉 법전이나 규정집에 명시되어 있는 규정만 의미하는 것이 아니다. 관습법, 즉 특정한 어느 집단이나 사회 안에서 중요시되는 가치관이나

13 http://imnews.imbc.com/20dbnews/history/1990/1839935_19370.html

지켜야 할 예절 같은 것도 당연히 포함된다. 이 같은 규정을 내면화한다는 것은, 다른 말로 하면 그 규정이 한 개인의 무의식 속에 각인되어 있어서 필요한 경우에는 즉각 행동으로 나타난다는 것을 의미한다. 규정의 내면화가 이루어지기 위해서는 어릴 적부터 기회 있을 때마다, 가정과 학교, 크고 작은 사회 속에서 반복적이고 지속적으로 학습이 이루어져야 할 것이다. 한 가지 사례를 들어보자. 여러분도 그랬겠지만, 어린이들은 가만히 있는 것보다는 움직이는 것을, 움직일 때는 걷는 것보다는 뛰어다니는 것을 더 좋아한다. 독일의 어린이들도 예외는 아니다. 특히 밖에 뛰어다닐 안전한 공간이 많으니 움직이는 일이 더 많다. 독일의 유치원에서는 독일어를 가르치거나, 심지어 우리처럼 영어를 가르치는 일은 절대로 없다. 어린이들이 서로 잘 어울려서 놀도록 이끌어주고, 스스로 질서를 지키고, 가족보다 규모가 큰 공동체에서 다른 사람을 배려하는 습관을 들이도록 하는 데 초점이 맞춰진다. 피부색, 머리색이 달라도, 말이 달라도 약간의 적응시간만 주어지면 아무것도 차별하거나 따지지 않고 어울려 노는 아이들에게 주변에 있는 사람은 물론 동물, 식물까지 존중하도록 습관을 들이는 것은 어렵지 않다. 독일의 유치원에 가보면, 어떤 아이가 뛰어가다가 옆에 놓인 탁자에 살짝 부딪치면 얼른 "미안해(Entschuldigung)"라고 말하고는 다시 뛰어가는 것을 흔히 볼 수 있다. 사람에게 부딪친 게 아닌데도 사과를 하는 것이다. '내 책임이야'라는 생각이 어린 그 아이의 무의식에 들어있기 때문으로 보인다. 독일에서 놀라는 경우 중의 하나가, 우리 한국인의 눈에는 아주 사소한 잘못을 저질렀는데도 어린아이를 엄하게 혼을 내는 것을 볼 때이다. 예를 들면, 아이가 다른 아이와 어울려 평소에 다뤄보지 않은 맥가이버 칼을 가지고 노는 것을 보면서 부모는 그걸 뺏는 대신에 조심하라는 경고의 말을 한다. 그런데 아이가 실제로 손을 베이는 일이 일어났을 경우에 부모는 상처를 치료해준 다음에는 따끔하게 꾸짖는다. 놀라운 것은 야단칠 때 사용하는 어휘의 선택이다. "이성적이 돼야지(Sei doch vernünftig)!"라는 말을 아이에게 하는 것이다. 어린아이 때부터 "이성"이라는 말을 듣고 자란 사람은 나중에 어떤 사고를 하고, 어떤 행동을 하며 살아가게 될 것인가 한번 생각해 볼 가치가 있지 않을까?

"이성적이 돼라"는 말은 아주 단순하게 이해하면, 우리 인간이 행동하기 전에 먼저 생각하라는 의미로 볼 수 있다. 무엇을 생각하란 것일까? 내가 지켜야할 것을 지켰는지, 다

다른 사람에 대한 배려와 개인정보 보호라는 암묵적인 규정이 내면화되어 일상에 나타나는 모습

른 사람에게 폐를 끼치지는 않았는지 등이 그 핵심 내용이 된다고 말할 수 있을 것이다. 지켜야 할 것에는 위에서 이야기한 한 사회의 가치관이나 윤리적인 규칙부터 법적인 규정까지 모든 것이 포함된다. 가정의 배경이 다르고, 부모의 교육수준이나 생활수준이 다름에도 불구하고 어릴 때부터 아이들에게 지켜야 할 것을 지키고, 주위의 모든 것을 배려하도록 교육시킨다는 것은 한 아이가 성장한 후의 삶에도 영향을 미치게 될 것은 분명하다. 소수의 예외는 물론 있겠지만, 이렇게 자라난 아이들은 나중에 "교양시민"이 될 가능성이 아주 크다. 우리 사회에서 가장 우려스러운 측면은, 우리 아이들이 "교양시민"으로 성장할 기회를 가지지 못하고 자라난다는 것이다. 그 원인은 무엇일까? '아이의 기를 죽이지 않아야 해'에서 시작하여 '공부만 잘 하면 너는 아무것도 안 해도 돼'와 같은 주문이 한 아이의 미래를 규정하고 있기 때문이다. 여기서 확실해 지는 것이 책임의 소재이다. 일차적으로 부모의 책임이 가장 크다. 가정교육이 이루어지지 않는데, 학교교육이 제대로 이루어질 수 있을까? 우리와 독일의 드러나지 않는 가장 큰 차이점이 여기에 있다고 필

자는 생각한다. 독일을 독일답게 만드는 진정한 힘의 원천은 알고 보니 아주 단순한 데에 있었다. 지켜야 할 것을 지키는 교육에서 출발하여, 나중에는 그 지켜야 할 것을 지키는 것이 몸에 익어서 자신의 삶을 스스로 통제하는 윤리가 되는데서 그 힘이 나오는 것이라니 좀 허탈하지 않은가? 기본을 지키는 습관을 가르치는 데는 오랜 과정이 필요하고 긴 시간이 걸리는 작업이라는 사실을 깨닫는 것이, 난장판이 된 우리 사회에 가장 시급한 일이라는 것이 필자의 결론이다. 그런데 모든 것을 빨리 해치워야 직성이 풀리는 우리가 과연 이것을 해낼 수 있을까?

## VI.2.5. 철저한 시간 기획과 시간의 정확성 엄수

독일인들이 어떤 일을 추진할 때 중요하게 생각하는 것은 성공적인 결과 뿐 아니라 완벽한 준비과정이다. 이 준비과정에는 철저한 사전 조사와 준비, 그리고 그 일을 추진하기 위한 소위 로드맵의 구성이 포함된다. 로드맵에서 가장 중요한 기준의 하나는 시간 기획이다. 독일이라고 모든 일이 다 계획한 일정대로 추진되거나 정해진 시점에 결과가 도출되는 것은 아니다. 하지만 시간 계획을 워낙 철저하게 세우고 일정을 무리 없이 여유 있게 잡기 때문에 대부분 특별한 사유가 없는 한 원활한 진행이 이루어지고, 예상한 일정 내에 완성된다. 내용의 쉽고 어려움은 상관없이 무리한 일정 안에 어떤 가시적인 결과를 만들어 내라는 요구가 다반사인 우리와는 크게 대비되는 부분이다. 사례를 들어보자. 필자가 위에서 제시했던 거리 사진 두 장에 담긴 내용을 다시 한 번 살펴보자. 사람이 다니는 거리 바닥에 깔려있는 보도블록이 보인다. 독일의 거리 풍경을 잘 보자. 위로 튀어나오거나 비뚤어진 블록이 보이는가? 오죽하면 어떤 미국인이 독일에서 블록을 깔 때 하나하나 번호를 매기느냐는 질문을 했을까? 독일에서 보도블록을 까는 과정을 보면 두 가지 측면에서 우리나라의 경우와 대비된다. 첫째, 작업이 답답할 정도로 천천히 이루어진다. 정말 호흡이 길다고 해야 할지 모르겠지만 빨리빨리 문화에 익숙한 우리 눈에는 작업하는 사람이 게으름을 부리는 것 아닌가하는 생각을 지울 수 없을 정도다. 둘째, 보도블록 까는 일을 우리나라와는 달리 전문가가 작업한다. 우리나라의 경우를 한번 생각해 보라. 지자체에서 배정 받은 예산을 반납하지 않기 위해서 연말이 가까워지면 어떤 거리 구간의 멀쩡한 보도블록을 걷어내고 다시 까는 작업을 한다는 소문이 들린다. 그 작업을 하는 사람들을 보라. 그 작업을 감독하는 사람이 전문가인지는 알 수 없으나 전문성 없어 보이는 주로 나이든 노인들이 일을 하고 있다. 생계가 어려운 유휴노동력을 활용함으로써 예산도 쓰고 지원대상자들에게 무상이 아니라 노동의 대가로 지원금을 쓸 수 있어서 명분도 그럴듯하게 갖춰지니 해당 지자체는 소위 일거양득이라 생각할지 모르겠다. 하지만 얼마 후면 다시 들어내고 깔 것을 염두에 두고 비전문가들이 그 작업을 한 결과는 어떨 것인지 예상할 수 있지 않은가? 독일에서는 보도블록을 까는데도 완공 가능한 일정에 따라 정확한 시간 계획을 세우고, 전문가들이 그 작업을 하다 보니 작업이 끝난 후에 나타나는 결과는 확실히 다를 수밖에 없다. 아주 사소한 작업에도 전력을 다하게 되면 문제가 생길 소지 자체가 차단되니 이후 보수할 일이 거의 드물 수밖에 없는 것이다. 한 구간의 거리에 보도블록을 까는 공사가 아니라 대규모 아파트를 건설할 때도 완공 후 지속적으로 하자 보수를 할 것을 예상하는 것이 우리나라의 실정 아닌가?

시간의 기획은 공적인 영역에서만 필요한 것이 아니다. 독일 친구들에게 언제 시간 있느냐고 물어보라. 잠시 기다리라고 한 후에 먼저 자신의 "테어민 달력(Terminkalender)"을 확인해 볼 것이다. "테어민"은 시간 약속, 혹은 약속된 시간 일정을 의미하는데, 이 단어는 우리말로 정확한 번역이 불가능하다. 같은 서양문화권에도 이 용어는 존재하지 않는다. 영어의 "appointment"와는 다른 개념이다. 거기에는 시간 차원의 비중이 크게 함유되어 있지 않다. 이 "테어민"은 공적인 영역뿐 아니라 사적인 영역에도, 즉 모든 영역에 다 적용된다. 교수와의 상담도 사전에 "테어민"을 얻지 못하면 불가능하다. 연구실 문에는 상담 가능한 시간이 단위별로 세분화되어 게시되는데, 학기 중에는 한 달에 한번 정도가 일반적이지만, 방학 때는 당연히 그 빈도수가 적어지게 된다. 따라서 자신이 원하는 시간에 상담하려면 다른 사람보다 부지런히 움직이는 수밖에 없다.

미장원을 가거나 병원에 갈 때도 당연히 사전에 전화해서 "테어민"을 받는 것이 필수적이다. 그래서 독일의 가정에는 대부분 전화기 옆에 메모지와 "테어민 달력"이 놓여 있는 것이 보통이다. 독일인들도 요즈음은 스마트폰을 많이 쓰니까 젊은 사람들의 경우에는 "테어민 달력"이 없어지지 않았을까? 짐작컨대 디지털화 된 "테어민 달력"이 여전히 사용되고 있을 것이다.

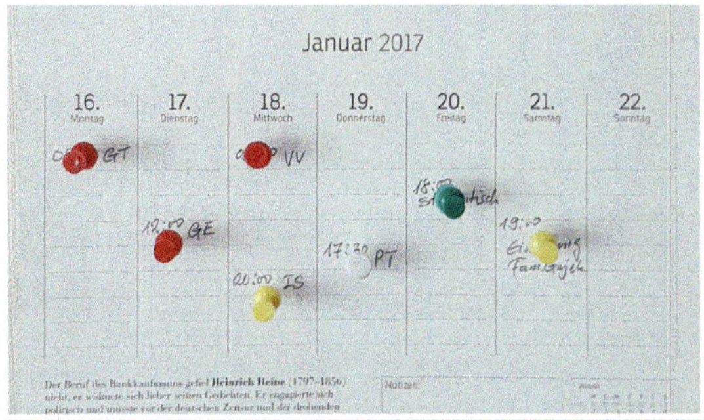

테어민 달력

"시간의 정확성(Pünktlichkeit)"은 가장 독일적인 미덕 중의 하나이다. 어떤 사람의 신뢰를 얻느냐, 그렇지 못하느냐의 척도가 될 수도 있다. 아주 고전적인 사례 하나를 살펴보기로 한다. 베이비부머 세대의 국어 교과서에 실리기도 했던 유명한 이야기인데, 기원전 4세기 당시 그리이스, 오늘날 이탈리아 시라쿠사 (Siracusa)를 배경으로 전개되는 우정과 신의에 관한 고대소설을 원전으로 하고 있다. 이 이야기는 1798년 프리드리히 쉴러(Friedrich Schiller)가 "보증(Bürgschaft)"이라는 제목의 "담시(Ballade)"로 재창작함으로써 유명해진 것이다. 폭군 디오니스를 암살하기 위해 비수를 품고 잠입했던 다몬은 체포되어 십자가에 매달려 처형될 위기에 처한다. 그때 다몬은 디오니스에게 한 가지를 간청한다. 누이동생을 결혼시키고 돌아올 때까지 사흘의 말미를 달라는 것이었다. 친구 핀티아스가 자기를 대신하여 잡혀있겠다는 조건을 건다. 폭군은 그가 약속한 기한 내에 돌아오지 않으면 대신 친구를 처형하겠다고 위협하며 그를 보내준다. 다몬은 누이동생의 혼례를 치르자마자 약속을 지키기 위해 귀로에 오르지만 돌아가는 길은 어렵기 짝이 없다. 홍수에 물이 불어난 강을 헤엄쳐 건너자 강도떼의 습격을 받기도 하고, 간신히 그들을 물리치고 나자 탈진해서 쓰러지기도 하지만 돌아가는 길을 재촉한다. 날이 저물어갈 무렵 도시 근처에 다가가자 친구가 이미 십자가에 매달렸다는 소식과 함께 이미 늦었으니 자기 목숨이나 구하라는 유혹을 받기도 한다. 하지만 그는 그럴 경우 자기도 같이 죽어야 한다며 발길을 멈추지 않는다. 마침내 처형장에 도착한 그는 자신이 돌아왔으니 친구를 풀어주고 자기를 처형하라고 소리친다. 모든 사람들이 감동의 눈물을 흘리고, 폭군의 마음조차 움직여 두 사람은 사면을 받는다.

이 이야기는 친구를 위해 목숨도 내놓을 수 있는 우정이 한 축을 이루고, 신의를 지킬 가치가 없는 상대방과의 약속이라도 반드시 지켜야 한다는 교훈이 또 다른 축을 이루고 있다. 우리가 주목해야 할 측면은, 이 약속에서 중요한 내용은 단순한 귀환이 아니라 정해진 기한을 지켜 귀환하는 것이라는 사실이다. 다몬이 시간 내에 귀환하지 못했다하더라도 약속대로 돌아왔다면 그의 행위는 아름다운 것으로 평가받았을 것이지만, 친구 핀티아스의 목숨을 구할 수는 없었을 것이다. 필자는 쉴러가 재창작한 이 담시를 읽으면서 시간의 정확성을 지킨다는 독일적인 문화표준이 오늘날은 물론 이미 18세기 말의 독일인들에게도 중요한 가치를 가지고 있었다고 해석하고 싶다.

이번에는 개인적인 사례 한 가지를 들어보기로 보자. 필자는 운 좋게도 지도교수님과 관계가 아주 좋았다. 한국에서는 옛날과 다르게 집에 손님을 초대하는 일이 드물지만, 독일에서는 아직도 손님을 초대하는 일이 빈번한데, 물론 서로 친하거나 호감이 가는 사람들만이 초대의 대상이 된다. 필자는 가족과 함께 그 댁에 자주 초대받기도 하였으며, 답례로 우리 집에도 자주 초대를 하곤 했다. 우리 집에 초대를 받으면 지도교수님 부부는 한 번의 예외도 없이 최소한 10분전에 우리 집 앞에 도착하신 다음 차 안에서 정시가 될 때 까지 기다리시다가 정시가 되면 초인종을 누르셨다. 물론 연배가 높은 구세대이고, 전공도 보수적인 인문학 분야인 분을 보면서 독일인 모두가 그렇다고 일반화시키기는 어렵지 않을까하는 의구심을 가질 수 있다. 하지만 결코 일반화시킨 것이 아니다. 독일에서 독일인과의 약속 시간에 늦었다면 심할 경우 그 사람과의 관계를 포기해야 할 수도 있다. 물론 한번, 혹은 더 이상의 기회를 줄 수도 있겠지만, 거기서도 비슷한 일이 반복될 경우 여러분은 그 상대방의 신뢰를 잃게 될 것이다. 한국의 사례와 비교해 보자. 2015년 모 일간지에서 특집으로 다루었던 주제 중의 하나가 음식점, 호텔, 항공사 등 우리나라 접객 서비스업 부문에서 일어나는 "예약부도(No-show)" 현상이었다. 여러분은 우리나라의 예약부도율이 무려 30%를 넘는다는 조사결과가 나왔다는 보도[14]를 접한 적이 있는지, 있다면 그 현상에 대해 어떻게 생각하는지 모르겠다. 서비스 업종에서의

14 http://news.chosun.com/site/data/html_dir/2015/10/15/2015101500338.html

예약이란 시간약속을 가리키는데, 정해진 시간에 예약한 손님이 나타나지 않게 되면 거기서 발생하는 손해는 고스란히 업소가 떠맡게 된다. 사회적인 신뢰의 부재로 인해 생기는 현상이 경제적인 손해로 연결된다는 것이다. 독일 계몽주의를 대표하는 문학가 레씽(Gotthold Ephraim Lessing)은 다음과 같은 말을 남겼다. "좋은 교육을 받았는지 알 수 있는 최고의 증거는 시간을 정확하게 지키는 것이다(Bester Beweis einer guten Erziehung ist die Pünktlichkeit)." 이 말이 결국 우리 교육에 문제가 있다는 이야기로 들려 가슴이 아프다. 위에서 장황하게 말했듯이 교육은 특히 아주 장기적인 투자인데, 우리에게 그럴 시간이 남아 있기는 한 걸까?

### VI.2.6. 공적인 영역과 사적인 영역의 구분

먼저 한 가지 사례를 살펴보면서 이야기를 시작하겠다. 주식회사 한독의 김영진 회장이 1980년대 독일 훽스트(Hoechst)사에서 근무할 당시에 겪었던 일화 한 가지를 인용한다.

> 독일에서 근무하던 어느 날 외근을 나갔다 와보니 자리에 한 달 동안의 통화목록 명세서가 놓여있었다. 동료에게 이것이 뭐냐고 물어보니 명세서에서 개인적으로 사용한 통화내역은 별도로 표시해서 제출하라는 것이었다. 회사전화를 개인용도로 사용했다면 그 비용은 개인이 지불해야 한다는 것이다.[15]

이 사례가 보여주는 것은 독일에서 공과 사의 구별이 얼마나 엄격한가 하는 측면이다. 우리가 당연시하고 넘어가는 일 중에 놀랍게도 독일 직장에서는 법적으로 금지되어 있는 것들이 있다. 규정이 아니라 법에 의해 제한을 받기 때문에 그것을 위반한 경우에는 인사상의 불이익을 당할 수 있으며, 그럴 경우 법정으로 가서 판단을 받아야 할 수도 있다. 예를 들면, 사무실에서 핸드폰을 충전할 경우 법적인 문제가 생길 수 있다. 그것은 전기 도용이기 때문이다. 그러므로 핸드폰을 충전할 경우 반드시 사무실의 책임자, 그보다

15 독일을 이야기하다. 2 권, 한독경제인회 편, 파주 2016, 138쪽.

높은 사장에게 허락을 구해야 한다. 독일의 경우 사장은 직장에서 핸드폰이 켜져 있는 것을 금지할 수도 있다고 한다. 인터넷을 사용할 때도 개인적인 메일을 읽고 쓰는 것은 물론 뉴스 사이트나 SNS를 들여다보는 것도 마찬가지다. 일과시간 외에 SNS를 사용하는 것은 물론 가능하지만, 자신의 직장이나 업무와 관련된 언급은 주의해야 한다. 예를 들어 자기 회사 사장을 모욕하는 글을 올렸다면, 그것은 해고 사유에 해당된다. 독일에서는 고용주가 허락하지 않는 것은 금지된 것이라고 생각하면 된다. 합의가 필요한 사항은 고용계약에 명시를 하는 경우도 있는데, 인터넷의 개인적인 사용이나 흡연에 관한 사항도 여기에 포함될 수 있다. 그러나 중요한 것은, 인터넷을 개인적인 용도로 사용하거나 흡연을 하는데 소요되는 시간은 근무시간으로 산정하지 않는다는 사실이다. 독일이 어떤 나라인가? 고용주가 피고용인에게 업무와 관련해 부당하게 무엇을 강요하거나 그의 동의 없이 업무 이외의 일을 시킬 수 없는 나라 아니던가? 그런데 직장, 업무와 같은 공적인 영역에서는 모든 것이 규정과 법에 의해 사전에 정해진 대로 행동해야 하는 것이다.[16]

이제 독일인들이 공적인 영역과 사적인 영역을 어떻게 구분하고 이해하는지 구체적으로 살펴보도록 하자. 독일인들에게 공적인 영역이란 무엇보다 일, 혹은 직업과 관련된 영역이다. 여기서 가장 중요한 것은 내가 어떤 인간이냐가 아니라 내가 어떤 자질을 갖추고, 어떤 역할을 맡고 있는가 하는 것이다. 반면 사적인 영역에서는 자연인으로서의 나의 개별적인 자아가 중요하며, 나의 개인적인 관심사가 무엇인가가 의미를 지닌다. 공적인 영역에서는 이성적인 판단에 따라 행동하는 것이 요구되는 반면, 사적인 영역에서는 당연히 감정적인 측면이 중요하게 생각된다. 독일인들은 직장에서는 일이 다른 모든 것보다 우선 하며, 일을 할 때는 일에만 몰두해야 한다. 반면 일과가 끝나면 일을 연장하거나 사적인 영역인 집으로 가져가지 않는다. 업무 외의 시간과 주말, 휴가는 존중되어야 하며, 온전히 자신의 삶을 즐기는데 활용한다.

따라서 사적인 영역에서는 인간관계, 가족, 친구, 개인적인 기호나 관심 같은 것들이 의미를 지닌다. 직장에서는 업무와 관련해서 자신에게 부과된 과제의 내용 등에 몰두하

16 Wie Deustchland funktioniert. Das ist im Büro verboten. In: Deutsch perfekt, 12/2016 36쪽 참조.

사적인 영역: 가족과 함께 하는 휴가

고, 정해진 목표에 집중해야 하지만, 사적인 영역에서는 긴장을 풀고 편안하게 지내고자 원하며, 또한 그렇게 해야 한다고 생각한다. 이 때문에 휴가는 거의 신성한 것으로 간주되고, 휴가를 가지 못하면 심리적인 열등감까지 느낀다고 한다. 독일에서 여름, 특히 8월은 소위 "한여름 비수기 (Sauregurkenzeit)"라 불린다. 직역하면 "신 오이의 계절" 쯤에 해당하는 이 시기는, 언론에서는 "여름 공반기 (Sommerloch)"라고 불리기도 한다. 대부분의 사람들이 휴가를 떠나고 없기 때문에 가게들은 영업활동이 저조하고, 미디어나 정치가에서도 특별한 이슈가 없어 한산한 시기를 의미한다. 이 시기에는 관광객들만 남아서 도시에 약간의 활기를 부여한다고 보면 된다.

독일에서 직장생활을 하는 외국인들이 가장 낯설어하고 당황하는 경우가, 직장에서는 그렇게 매사를 잘 도와주는 친절한 사람이 업무가 끝나면 마치 딴 사람처럼 변한 모습을 보일 때라고 한다. 직장에서의 동료는 업무상 동료일 뿐 잠재적인 친구는 아니라는 사실을 특히 다른 문화권에서 온 사람들의 경우에는 받아들이기 힘들다고 한다. 우리나라 사람들처럼 즉흥적으로 기분에 따라 행동하는 데 익숙한 사람들 경우에 다음과 같은 상황을 당하게 되면 마음의 상처를 입을 수도 있을 것이다. 여러분이 만약 프로젝트를 같이 하면서 특별히 친해졌다고 생각한 어느 동성 동료에게 하루는 연극표를 내밀면서 같이 공연을 보러가지 않겠느냐고 물어보면 십중팔구 그 동료는 거절할 것이다. 얼마나 표를 어렵게 구했는데, 동료는 그건 생각해보지도 않고 딱 잘라 안 된다고 한다면 여러분은 어떤 심정일까? 결혼한 동료의 경우에는 가족과 시간을 보내야 하니까 이해해 줄 수도 있겠는데, 선약이 있는 것 같지도 않으면서 거절을 하다니 당혹감을 넘어 배신감까지 느낄지 모르겠다. 물론 시간이 지나 사적인 영역에서 새로운 인간관계가 형성될 수도 있겠지만, 독일인들에게 직장 동료는 동료이지 친구가 아니라는 사실을 받아들여야 할 것이다. 여기에 익숙해지면 독일의 직장문화에 우리나라와 다른 큰 장점 한 가지가 분명 존재한다는 것을 깨닫는 때가 올 것이다. 앞서 일 중심주의 항목에서 이야기 했지만, 독일인들은 특정인에 대한 개인적인 호감·비호감을 그 사람의 업무적인 능력을 판단할 때 뒤

공적인 영역: 직장에서의 일상

섞지 않는다. 자신의 공적인 삶에서의 역할 뒤에 감춰진 주관적이고 감정적인 측면, 예를 들어 인간적인 호감, 비호감 같은 것을 다른 사람의 직업상 객관적인 능력을 판단할 때 개입시키지 않고 엄격히 분리한다는 것이다. 따라서 직장에서 평소 친절한 사람이 일이나 직업과 관련해서는 엄격하게 대하고, 냉정하다 싶을 정도로 많은 것을 요구하더라도 그건 여러분에 대해 부정적인 감정을 갖고 있어서 그런 것이 아니라는 사실을 알아둘 필요가 있다.

독일인들은 의식적으로 자신의 주관적인 감정과 객관적인 팩트를 구분하고자 애쓴다. 앞서 말했듯이 직업과 관련해서는 무엇보다 이성적인 측면을 중시하고, 관계가 아니라 일 중심으로 판단하고 행동하는 것이 전문가적인 자질이라고 믿기 때문이다. 이 경우 감정적인 반응을 보이는 것은 전문가 혹은 전문가를 지향하는 사람에게는 약점으로 간주된다. 하지만 사적인 영역에서는 감정적, 정서적인 표현에 인색하지 않은 경우가 많다. 따라서 사적인 영역에서는 인간적인 관계를 맺고 있는 사람에게 공감을 표현하거나 이해심을 보이는 것이 중요하다고 생각한다.

독일인들은 공식적인 영역과 비공식적인 영역과 상황을 확실히 구분하기 때문에 업무와 관련된 중요한 일은 모두 공식적인 채널과 공식적인 회의 등을 통해 논의되고 결정이 내려진다. 우리나라에서처럼 공식적인 자리가 끝나고 '편안한' 분위기에서 술을 한잔 하면서 업무에 관해 이야기하는 일은 없다고 단정할 수 있다. 사례 한 가지를 들어보자. 한국에서 독일로 출장 온 대기업의 모 과장은 거래처 회사에 대화가 가능한 파트너와 식사 약속을 잡아두었다. 자신이 추진하는 이 중요한 업무 건에 대해서 상대편 회사에서 적극적인 반응을 보이지 않았기 때문에 좋은 일식집에 그 파트너를 초대한 것이다. 그 사람이 좋아하는 음식 취향 같은 것을 미리 파악해 두었기 때문에 그와 인간적으로 솔직하게 이야기를 나누면서 부탁을 해 볼 계획이다. 마침내 약속한 장소에서 만난 두 사람은 반갑게 인사를 나눈 다음, 훌륭한 와인도 곁들여 즐겁게 식사를 시작했다. 와인을 한잔 마시고 나니 분위기가 더욱 부드러워진 것 같아서 모 과장은 은근하게 업무 건에 대해 말을 꺼냈다. 과연 독일인 파트너는 어떤 반응을 보였을지 한번 상상해 보기 바란다.

### VI.2.7. 직설적인 소통방식

여러분이 만약 텔레비전에서 방송되는 독일 정치인들의 토론장면을 한번 보게 된다면 지금까지 여러분이 가지고 있었던 친절하고 배려심 많은 독일인의 이미지가 여지없이 무너지는 경험을 하게 될지도 모르겠다. 다른 사람이 말하는 중에 "헛소리 (Quatsch)" 같은 추임새를 넣지 않나, 상대방의 의견 개진이 채 끝나기도 전에 정면으로 반박하지를 않나 하다 보니 토론 분위기가 치열하다 못해 살벌하게 비칠 수도 있기 때문이다. 물론 말하는 내용의 충실함이나 통계자료까지 정확하게 제시하는 논리 전개 방식 등은 감탄을 자아낼 수도 있겠지만 말이다.

우리처럼 변죽을 울리는 법이 없는 독일인들의 화법이 어쩌면 세계에서 가장 의미의 맥락을 중시하는 언어를 모국어로 사용하는 우리들에게는 더 큰 충격으로 다가올지 모르겠다. 독일인들은 말 속에 감춰진 맥락을 중요하게 생각하지 않는 직설적 소통방식을 선호한다. 그들은 자신들이 중요하다고 생각하는 것을 직설적인 언어로 표현하며, 전달하고자 하는 사실관계나 맥락을 확실하고 명확하게 지적한다. 그래서 독일인들의 화법의 특징은 "직접성"과 "명징성"에 있다고 볼 수 있다. 이 같은 화법은 "예"인지 "아니오"인지 명확하게 밝히지 않는 것이 바람직하다고 생각하는 우리의 소통방식과는 정반대라고 보면 되겠다. 독일인들이 가장 중요하게 생각하는 정신적 가치 중의 하나인 "정직성"이 화법에 투영되었기 때문이라면, 반대로 우리 한국인이 거짓말에 능한 것이 핵심을 말하지 않고 변죽만 울리는 우리말 화법과 연동되어 나타난다고 볼 수도 있지 않을까 싶다. 어쨌든 아시아의 중국인들뿐 아니라 이웃 체코인들까지 독일인들이 말하는 것을 들으면 무엇을 생각하는지 예측 가능하고 투명하다고 보는 것은 흥미롭다.

독일인들의 화법의 구체적인 특성들을 살펴보면 다음과 같다. 첫째, 말을 할 때 가장 핵심이 되는 것은 내용이며, 표현방식은 부차적인 것이다. 그래서 정직하고 솔직하게 메시지를 말한다. 둘째, 그래서 독일인들은 외교적인 화법을 선호하지 않는다. 셋째, 말로 표현된 것 뒤에 다른 감춰진 의미는 없다. 넷째, 대화 상대방이 감정적으로 민감하게 느낄 수도 있다는 사실을 고려하지 않고 말한다. 그로 인해 본의 아니게 상대방의 감정을 상하게 할 수도 있다. 다섯째, 독일인들은 정직함을 모든 인간관계의 기본으로 생각하기 때문에 정직한 화법을 사용하지만, 실제 현실에서 부정적인 결과를 초래할 수도 있다. 우리식의 선의의 거짓말이 가진 순기능을 활용 못하는 경우가 되겠다. 여섯째, 독일인들은 자신들이 말한 내용에 다른 해석의 여지를 남기는 것을 싫어한다. 그래서 최대한 정확하고 분명하게, 오해의 소지가 없도록 표현하고자 노력한다. 일곱째, 그들은 자신들이 의도하고 있는 것만을 말로 표현한다. 말로 표현하는 것은 항상 의도하고 있는 것과 일치한다는 말이다. 여덟째, 그들은 상대방이 말하는 내용도 곧이곧대로 이해한다. 말로 분명히 표현된 것만 듣고, 그것이 대화의 내용의 전체라고 믿는다. 아홉째, 독일인들은 상대방이 비공식적인 장소에서 정해진 시간이 아닌 때 하는 이야기에는 의미를 두지 않으며, 인정하지 않는다. 바로 위에서 살펴본 "공적인 것과 사적인 것의 엄격한 구분"이라는 문화표준이 화법은 아니지만 의사소통방식에 적용된 것이다.

### VI.2.8. 개인주의

한 가지 사례로 이야기를 시작해보자. 직장에서 오전 회의가 끝나자 공지사항이 전달되었다. 같이 점심식사를 하러가기로 했으니 회의 참석자들은 특별한 일이 없는 한 모두 참석하라는 내용이었다. 그래서 사장님 이하 대부분의 직원들이 함께 음식점으로 이동하여 넓은 방에 자리를 잡고 앉았다. 음식을 주문할 순서가 되자 모두 사장님이 어떤 음식을 선택하는지 기다리고 있다. 내가 먹고 싶은 것이 아니라 사장님이 드시는 것과 같은 것, 혹은 가격이 더 비싸지 않은 음식으로 선택의 폭이 정해지는 것이 당연하기 때문이다. 나이든 세대들에게는 아주 익숙한 풍경일 것이다. 이 한국적인 풍경이 보여주는 것은 무엇일까? 집단 속에서 소위 튀지 않는 것이 바람직한 행동윤리로 신봉되는 이 같은 상황은 우리나라 남자들의 경우에는 이미 20대에 대부분 원하지 않아도 겪게 되어 있다. '줄을 잘 서야 한다', '잘 할 필요 없이 남이 하는 만큼만 하면 돼' 같은 진리가 30년 전이나 지금이나 변함없이 통용되는 집단에서 청춘의 한 시기를 보내는 것이 운명처럼 돼

있기 때문이다. 여러분이 군대는 물론이고 졸업 후 사회생활을 하면서 소위 "튀는" 행동을 했다가 어떤 일을 당하게 될지 상상하는 것은 어렵지 않을 것이다.

물론 우리나라의 집단주의는 단점만 가진 것은 아니다. 회식자리에서 최소한 누군가 내가 먹은 음식 값을 지불해주지 않는가 말이다. 인간적인 관계, 갖가지 인연, 끈끈한 정 같은 것을 미덕으로 생각할 뿐 아니라 그것을 실천하는 것이 보편화되어 있는 우리사회에서 집단주의는 불가피한 측면이 있을 수도 있다. 하지만 여러분이 원하지 않는 것을 억지로 해야 한다는 것은 뭔가 불편하지 않은가? 여러분은 어렸을 때부터 최소한 가정에서는 개인으로서 존중받으면서 하고 싶은 것 하고, 먹고 싶은 것 먹으면서 성장한 사람들이니 하는 말이다. 여러분은 이미 개인주의 문화에 익숙해져 있다고 해도 잘못 된 표현은 아니다. 단지 그것을 의식하지 못하고 있을 가능성이 크다. 지나친 해석일지 모르겠지만 요즘 유행하는 "혼밥", "혼술"의 경향은 이 같은 집단주의와 개인주의 문화의 모순적인 혼재상황에서 한 가지 해결책으로 생겨난 게 아닌가 싶다.

여러분은 다른 사람과 같이 식사하러 가더라도 내가 먹고 싶은 것 선택해서 먹고, 내가 먹은 음식 값은 내가 치르는 데 대해서 어떻게 생각하는가? 독일인들은 친구와 같이 커피 한잔을 마시더라도 각자 돈을 내는 게 당연하다고 생각한다는 것은 잘 알고 있을 것이다.[17] 그들이라고 인정이 없을까? 커피든 음식이든 내가 사주고 싶으면 "초대한다(einladen)"고 말하면 된다. 그러면 상대방은 다음번에는 여러분을 "초대"할 것이다. 필자가 유학시절 초기에 아주 이상하게 생각했던 일 중의 하나가 동거하고 있는 두 남녀 친구가 음식을 먹고 나서는 각자 계산을 하는 것이었다. 나중에 봤더니 음식 값만 각자 계산하는 게 아니었다. 두 사람 역시 필요한 경우에는 서로 초대한다고 말하는 것이었다. 이 일을 통해 필자는 개인주의가 독일인들에게 어떤 의미를 가지는지 깨닫게 되었다. 그래서 아이의 유치원 소풍 때 다음과 같은 일을 겪고도 그리 당황하지 않을 수 있었다. 어느 화창한 봄날 아이들과 부모들이 함께 야외로 소풍을 나갔다. 다들 차를 도로 가까운 곳에 세워두고는 숲과 유채밭을 지나 한참을 걸어가니 아이들이 뛰어놀 수 있는 넓은 풀밭이 나왔고, 근처에는 맑은 냇물도 있어서 소풍장소로는 이상적이었다. 아이들은 자기들끼리 뛰어놀고, 부모들은 안면 있는 사람들끼리 담소를 하다 보니 점심시간이 되었다. 우리나라처럼 도시락이 아니라 가족별로 소시지나 스테이크용 고기, 야채와 과일 등을 준비해오라는 것이 미리 공지된 내용이었다. 몇 군데에 불을 피운 그릴이 마련되었고, 사람들은 준비해온 소시지와 고기를 굽기 시작했다. 그런데 누구 한사람 다른 사람과 음식을 나눠먹는 사람이 없었다. 소시지 한 개, 과일 한 쪽을 다른 사람에게 먹어보라고 권하지도 않는 것이었다. 아주 다른 장면도 물론 있다. 학생들이 주말 같은 때 파티를 할 경우가 있는데, 미리 정해진 대로 각자 자신 있는 음식 등을 한 가지씩 준비해 와서 같이 음식을 나눠먹으면서 즐기는 것이 일상화되어 있다. 가난한 학생들이 서로 협업 내지는 분업을 하는 셈인데, 다양한 음식을 한 자리에서 맛볼 수 있으니 파티 분위기는 우리에게 재미없어도 즐거운 자리가 되곤 하였다.

독일인들을 물론 대부분의 서양인들에게 개인주의는 그들의 일상적인 삶의 사고와 행동의 기본 틀을 이룬다고 할 수 있다. 개인주의는 집단주의와 달리 모든 사람이 자신의

17 각자 자기 몫을 지불한다는 의미의 "덧치 페이 dutch pay"라는 표현에서 "dutch"는 미국에서 "독일적인"이라는 형용사 "deutsch"라는 말에서 변형되어 생겨났다는 사실은 흥미롭다.

삶을 어떻게 살지 스스로 결정하는 것을 가장 가치 있는 일로 여긴다. 모든 사람은 자신의 고유한 삶을 살 권리가 있으며, 거기서 발생하는 책임 역시 스스로 감당해야 한다. 부모나 사회나 국가가 아니라 자신이 자기 삶의 중심이라고 믿기 때문이다. 개인주의는 개인의 자유를 최우선으로 생각하며, 모든 사람을 개별 인격체로서 대하는 것을 지향한다. 따라서 개별 자아를 존중할 뿐 아니라 자신과 다른 사람의 고유한 정체성을 인정하는 것을 중요하게 여긴다. 이 같은 개인주의의 바탕이 되는 사고는 다음과 같이 정리할 수 있다. 첫째, 이 사고의 핵심은 "나는 나다"라는 원칙이다. 다른 사람이 요구하거나 기대하는 대로 사는 것은 나의 삶이 아니라는 말이다. 둘째, 나는 나의 고유한 목표와 계획, 나만의 역사와 경험을 가지고 있는 존재라고 믿는다. 셋째, 따라서 나는 다른 모든 인간들로부터 구별된다. 즉, 나는 다른 누구와도 같을 필요가 없다는 것이다. 넷째, 나는 내 삶을 어떻게 살 것인지 스스로 결정한다. 다섯째, 나는 나의 고유한 목표와 관심사를 추구한다. 여섯째, 나는 내가 원하고 옳다고 생각하는 것을 실행한다. 일곱째, 나는 내 결정이 잘못되었을 때 초래되는 결과에 대해 책임을 진다.

개인주의에 대해 구체적으로 살펴 본 결과 여러분은 우리가 이미 대단히 개인주의적인 삶을 살고 있다는 사실을 깨달았을 것이다. 그런데 왜 우리 사회에서는 아직도 개인주의를 부정적으로 보는 시각이 남아 있는 것일까? 예를 들면, '우리 사회에 개인주의가 만연해 있어서 사회의 질서와 가치관이 무너지고, 사회구성원들이 서로 소외되는 현상이 나타나고 있다'고 비판하는 식이다. 과연 사회질서의 붕괴와 가치관의 혼란이 개인주의 때문일까? 아니다. 그 현상은 개인주의가 아니라 이기주의의 만연에서 비롯된 것이다. 우리는 흔히 두 가지를 혼동하든지, 아니면 의식적, 무의식적으로 이기주의를 개인주의와 뒤섞고 있다. 그것이 문제인 것이다.

그는 우리나라 축구가 지금까지 이룩한 최고의 성과였던 2002년 월드컵 4강 이후 오랫동안 국가대표팀 최고 수비수의 한 사람으로 활약하였다. 현재는 축구 해설위원으로 활동하고 있는데, 경기결과를 예측하는 능력이 뛰어나서 "갓영표"라는 별명을 얻었다. 이 사람 이 영표가 어느 인터뷰에서 관심을 끄는 말을 남겼다. "엄격한 지도자가 될 것 같다"는 기자의 말에 그는 이렇게 응답했다. "나는 자유는 반드시 질서 안에서 이뤄져야

한다고 믿는다. 진짜 자유란 내 맘대로 하는 것이 아니라 '할 수 있지만 하지 않는 것'이다."[18] 그의 이 말은 팀워크를 소중하게 여기는 축구와 관련지어 한 것이겠지만, "자유"의 의미보다 현재 우리 사회에 만연해 있는 이기주의에 대한 완곡한 경고로 받아들여도 될 것 같아서 인용해 본 것이다. 우리는 자유가 넘치는 시대에 살고 있다. 작은 거짓말부터 나라를 뒤엎을 만큼 강력한 헛소문을 만들 자유에 이르기까지 우리는 제한 없는 자유를 누리고 있다. 그러나 내가 하고 싶은 것 다하면 나로 인해 다른 누구는 하고 싶은 것 못하게 되지 않을까 염려하는 사람은 보이지 않는다. 나의 자유를 주장하면서 결과적으로 남의 자유를 무시하게 되는 것에 우리는 아주 둔감하다. 얼핏 자신의 자유가 너무 과한 것 아닌가하는 느낌이 들 때면 '내가 좋아서 하는데 남이 무슨 상관이야. 현대는 개인주의의 시대잖아'라고 스스로 합리화하면 그만이다. 이 같은 자유가 개인주의가 아니라 바로 지극한 이기주의에서 나온 것이라는 사실에 대해 아무도 신경 쓰지 않는다. 우리 사회가 알지 못하는 사이에 이기주의에 완전히 잠식당했기 때문이다. 우리사회의 이기주의가 가장 적나라하게 드러나는 때가 있다. 비난받기는커녕 오히려 응원을 받는다. 바로 입시철이 되면 나타나는 현상이다. 절은 물론이고 영험 있다는 불상을 찾아서 기도하는 "간절한" 모성애에 대한 보도를 어디서나 접할 수 있다. 어찌 절에 가서만 "간절하게" 기도를 하겠는가? 새벽기도에 나서는 어머니, 할머니들로 교회도 성황을 이룰 것이 틀림없다. 그들의 기도 내용은 무엇일까? 짐작컨대, '내 자식만은 수능시험에서 꼭 좋은 성적 얻어서 좋은 대학에 합격하고, 좋은 직장에 취업해서 남부럽지 않게 잘 살게 해주십시오, 부처님, 하나님, 하느님.' 정도 될 것이다. 남이야 어떻게 되든 내 자식만 잘 되게 해달라는 이 이기주의적인 기도를 어떤 부처님이, 어떤 하나님, 어떤 하느님이 들어주실까? 한번 생각해 볼 일이다.

---

18 2017년 1월 24일 프리미엄 조선 김윤덕 기자와의 인터뷰.
http://premium.chosun.com/site/data/html_dir/2017/01/24/2017012400979.html?pmlette 참조.

## 독일 문화표준 확인 퀴즈

01 당신은 새로 사귄 독일 친구에게 저녁 초대를 받았다. 좋은 인상을 주기 위해 어떻게 해야 할까요?

A. 집주인에게 준비할 시간을 충분히 주기 위해 15분에서 20분 정도 늦게 도착한다.

B. 집주인에게 인사한 다음 곧바로 다른 손님들이 있는 거실로 들어가서 그들에게 직접 자신을 소개하기 시작한다.

C. 정확한 시간에 도착해서 주인에게 초대해준 데 대한 감사 인사를 한 다음 준비해온 선물을 건넨다. 안주인에게는 적절한 규모의 꽃다발을, 주인에게는 지나치게 비싸지 않은 포도주 1병을 선물한다. 주인의 안내를 받고 들어가 다른 손님들에게 당신을 소개시켜줄 때까지 기다린다.

D. 당신이 멋진 유럽인들과 다르지 않다는 것을 보이기 위해 모든 여성들의 손을 잡고 입술을 가까이에 대며 인사한다.

02 당신은 독일에 있는 회사에서 근무를 시작하게 되었다. 독일어실력은 문제가 없는 편인데 직장문화에는 익숙하지 못하다. 당신은 친밀함을 드러내기 위해 직장동료의 이름을 부르면서 반말로 인사했는데, 그 동료는 당신의 성을 부르면서 높임말인 “Sie”를 사용해서 대화를 한다. 당신은 어떻게 해야 할까요?

A. 당신 나라의 방식을 설명하고 계속 직장동료의 이름을 부르면서 반말을 하자고 한다.

B. 동료에게 너무 딱딱하게 지내지 말고 편하게 생각하자고 말한다.

C. 이제까지의 말투를 즉시 정정하고, 그 동료의 성을 물어 본 다음 나중에 특별한 계기가 있기 전까지는 높임말을 써서 대화한다.

D. 다른 직장을 구한다.

03 당신은 특별한 생일파티를 계획하고 토요일 밤에 친구들을 집에 초대하였다. 맛있는 음식과 와인, 음악을 준비했고, 파티는 대성황이었다. 당신이 생각하기에 많은 사람들이 모인 것치고는 그리 소란스럽지도 않았다. 그런데 10시가 넘자 벨이 울려서 문을 여니 경찰이 서있다. 이웃에서 소음 때문에 신고를 했으니 조용히 해주어야겠다고 말한다. 너무나 놀랐을 당신은 어떻게 행동할 것인가요?

A. 일단 경찰에게 공손하게 그렇게 하겠다고 말한 다음 문을 닫고 파티를 다시 시작한다.

B. 경찰에게 뇌물을 주면서 잘 봐달라고 한 다음 파티를 계속한다.

C. 다음에는 모든 이웃들을 초대해서 그들이 집에서 소음으로 괴로워하지 않고 같이 놀 수 있게 자리를 마련한다.

D. 경찰에게 사과한 후 음악소리를 줄이고 목소리를 낮추려고 노력한다. 아니면 친구들에게 양해를 구하고 일찍 파티를 끝낸다.

# VII.
# 독일의 음식문화:
## "소시지, 맥주? 빵이 핵심이야."

퀴즈 문제 하나로 이야기를 시작해 보자. 우리나라에서는 새로 이사한 친구나 친척집을 방문할 때 세제나 휴지를 선물로 들고 간다. 독일에서는 무엇을 선물로 가지고 갈까? 옆의 그림을 자세히 본 사람들은 금방 답을 알아차렸을 것이다. 그렇다. 빵과 소금이다. 빵과 소금은 독일이 속한 문화권에서는 예로부터 인간이 생존하는데 필수적인 식품으로 여겨졌다. 아무리 가난한 집에도 빵과 소금은 빠질 수 없는 식품이었기 때문이다. 소금의 경우 힘든 제조 과정을 거쳐 생산되는 비싼 물품으로 중세 때부터 중요한 무역 품목이었다. 독일 남서부에서 발원하여 무려 10개의 유럽 국가들을 거쳐 흑해로 흘러들어가는 도나우(Donau) 강은 유럽 내의 주요한 내륙무역의 경로였다. 이 내륙무역에서 가장 가치 있는 물품 중의 하나가 소금이었던 것이다. 도나우 강이 흘러가는 길의 가장 북쪽에 자리 잡은 바이에언(Bayern)주의 고도 레겐스부억(Regensburg)은 이 소금무역으로 부유해진 도시였다.

## VII.1. 독일의 빵 문화

독일인들에게 빵은 무엇일까? 종파를 막론하고 기독교의 대표적인 기도문인 "주기도문 (Pater noster /Vater unser)"에는 "오늘날 우리에게 일용할 양식을 주옵시고."라는 구절이 나온다. 독일어 버전에서 이 구절에 해당하는 부분은 "Unser tägliches Brot gib uns heute."이다.[1] 빵은 이들에게 "일용할 양식", 즉 우리로 치면 매일 먹는 밥인 것이다. 새로

1 영어 주기도문에도 역시 "빵"이 나온다. 즉, "Give us today our daily bread."이다.

이사한 집에 빵을 선물하는 것은 우리가 다 먹고 난 밥그릇에 물을 부어놓는 것과 같은 의미를 가진다고 볼 수 있지 않을까? 빈 밥그릇에 물을 붓는 것은 설거지할 때 편하라는 배려가 아니라 벼를 심을 논에 물이 마르지 않기를 기원하는 의미가 감춰져 있다. 집에 먹을 양식이 떨어지지 않기를 비는 마음이 담겨있다는 맥락에서 서로 통한다고 볼 수 있지 않을까? 비록 우리나라에서는 아직 밥이 만들어지기 훨씬 전 단계에 바치는 소망이긴 하지만 말이다.

빵이 독일인들의 삶과 얼마나 밀접한 관련이 있는지는 일상생활에서 사용하는 어휘 속에서도 드러난다. 독일에서 저녁식사에 해당하는 말은 "Abendessen"이지만, 아직도 많은 사람들이 "Abendbrot"이라는 말을 사용한다. 직역하면 "저녁빵"이란 말인데, 하루 세 끼 따뜻한 밥을 먹는 우리와 달리 대부분의 독일 가정에서는 저녁에도 빵이 식탁의 중심이 되기 때문에 붙여진 이름으로 생각할 수 있을 것 같다. 물론 손님을 초대한 경우나 젊은 세대들은 저녁에도 조리한 따뜻한 음식으로 이루어진 정찬을 먹기는 한다. 이 외에도 빵이 들어간 단어나 표현은 다양하다.

독일에는 모두 몇 가지의 빵이 있는지 혹시 생각해 본적이 있는가? 인터넷에 검색해 보면 다양한 의견이 있지만, 일반적으로 300여 가지 정도 된다는 의견이 우세하다. 과

다양한 빵들

연 그럴까? 정확하게 말하면, 1년에 1인당 약 53kg의 빵을 소비하는 독일 사람들 자신도 정확히 모를 정도로 종류가 다양하다. 그래서 "독일의 빵 문화(Deutsche Brotkultur)"가 2014년 12월 유네스코 문화유산으로 등재된 이래 매일 새로운 빵 종류를 확인하고 있는 중이다. 믿지 못하겠으면 "독일 제빵업 중앙협회(Zentralverband des Deustchen Bäckerhandwerks)"라는 곳에서 운영하는 "독일 빵 문화(Deutsche Brotkultur)"라는 인터넷 사이트에 들어가 보시기 바란다. 홈페이지 주소는 https://www.brotinstitut.de/brotkultur/인데, 이곳에서는 매일 새롭게 공인받은 빵 종류의 숫자가 업데이트 되고 있다. 2018년 2월 5일 현재 공인받은 빵 종류는 3,197가지로 확인된다.

이제 이 다양한 종류의 빵은 무슨 재료로, 어떻게 만들어지고 구체적으로 어떤 종류가 있는지 살펴보기로 하자. 독일인들은 빵을 만들 수 있는 곡물을 통칭해서 "빵 제조용 곡물(Brotgetreide)"이라 부른다. 주로 밀(Weizen), 호밀(Roggen), 스펠트 밀(Dinkel) 등이 빵의 재료로 쓰이는데, 서로 혼합해서 쓰는 경우도 흔하다. 독일인들은 우리가 선호하는 하얀 빵보다 통곡물의 함유량이 높아서 색깔이 짙은 빵을 확실히 더 선호한다. 그 중 대표적인 것이 검은 빵 "슈봐어쯔브롯(Schwarzbrot)"인데, 통곡물의 함유량이 90% 이상인 빵을 통칭하기 때문에 "통 곡물 빵(폴코언브롯: Vollkornbrot)"이 여기에 해당된다. 통 곡물 빵의 경우 밀과 호밀의 비율이 9:1인 경우에는 "밀 통 곡물 빵", 호밀과 밀의 비율이 9:1인 경우에는 "호밀 통 곡물 빵"으로 부른다. 통 곡물 빵은 약간 신맛이 나고, 곡물 알갱이가 들어 있어서 겉면이 딱딱하고 식감은 거칠지만 건강에 좋다. 특히 장기간 보관할 수 있는 것이 특징이라 군용식량으로 지급되기도 했다. 몇 년 전 독일 언론에 검은 빵과 관련하여 흥미로운 보도가 있었다. 제2차 세계대전 당시 전선에 있는 군인들에게 양철케이스에 든 검은 빵이 식량으로 지급되었는데, 어느 집 차고에서 당시 군용으로 지급된 빵이 발견되었다는 내용이었다. 종전 된지 60년이 지났는데도 불구하고 그 빵은 바싹 마르기는 했지만 변질되지는 않은 상태였다고 한다. 식품첨가물 사용에 지극히 예민하고 엄격한 독일인들이 전시라고 해서 방부제를 사용했으리라고 생각할 수 없다는 점을 감안하면 놀라운 일이 아닐 수 없다.

독일인들이 가장 많이 소비하는 빵의 순위를 매겨보면, 1위는 "혼합 빵(미쉬브롯:

Mischbrot)"이다. 밀과 호밀 가루를 혼합해서 만드는데, 함유량 50%를 기준으로 해서 호밀가루의 함유량이 더 높으면 호밀 혼합 빵, 밀가루의 함유량이 더 높으면 밀 혼합 빵이라 부른다. 호밀가루나 밀가루 어느 한 쪽의 함유량이 90%를 넘으면 "혼합"이란 명칭을 쓰지 않고 각각 "호밀빵(Roggenbrot)", "밀빵(Weizenbrot)"이라 부른다. 하지만 독일어권인 오스트리아와 스위스에서는 이 "혼합 빵"에도 "검은 빵"이란 명칭을 사용하기도 한다. 필자 경험상으로는 믿기 어렵지만, 통계상 소비량 2위는 토스트 빵이며, 3위에는 단독으로는 빵을 만들기 어려운 곡물을 보통의 빵에 최소 5% 이상 첨가한 "다곡물 빵(메어코언브롯: Mehrkornbrot)"이 이름을 올리고 있다. 귀리나 보리, 옥수수, 조, 쌀 등의 곡물을 첨가한 빵들이 여기에 해당된다. 참고로 해당 곡물을 빵 이름에 넣으려면 그 함유량이 최소한 20%를 넘어야 한다. 4위가 "통 곡물빵", 즉 "폴코언브롯"인데, 단맛이 전혀 없고 식감이 거칠기 때문에 다른 문화권에서 온 사람들은 먹기 힘들어 한다. 특히 거칠게 빻은 호밀과 소금, 물로만 만들어진 "품퍼니켈(Pumpernickel)"은 그 미끈거리는 듯한 식감 때문에도 하나의 도전이 될 것이다. 다른 나라에서 전형적인 독일 빵으로 꼽히는 "품퍼니켈"을 맛있게 먹게 된다면 독일의 빵 문화를 제대로 이해한 것으로 인정받을 수 있다고 장담한다. 5위가 우리의 입맛에는 맞을 수도 있는, 하지만 단맛은 전혀 없는 "밀빵(봐이쪤브롯: Weizenbrot)"이다.

외국에 나와 있는 독일인들에게 가장 그리운 음식이 무엇이냐고 물어보면 단연 첫째로 꼽는 것은 그러나 빵이 아니라 "브룃헨(Brötchen)"이다. "작은 빵"이란 의미의 "브룃헨"은 대부분의 경우 단맛이 나지 않는 작은 빵 종류를 통칭하는 개념으로, 옆의 사진으로 보듯 형태도 다양하다. 재료로는 밝거나 어두운 빛이 도는 밀가루 혹은 호밀가루가 사용되는데, 경우에 따라서는 밀가루와 호밀가루를 혼합해서 쓰기도 한다.

다양한 브룃헨들

"브룃헨"은 원래는 중부와 북부 독일 지역에서 주로 사용되는 명칭이고, 다른 지역에는 다양한 호칭이 존재한다. 예를 들면 동 · 남부 독일 지역에서는 "제멜(Semmel)"이라는 호칭을 많이 쓰고, "벡 (Weck)", "룬트슈튁(Rundstück)", "슈리페(Schrippe)" 등으로 불리기도 한다. 그러나 "브룃헨"과 "제멜"이란 호칭이 대표적으로 독일 전 지역에서 동의어처럼 사용된다. 위의 사진에서 보듯이 이 빵들은 보통 둥글거나 사각 모양을 한 것이 많지만, 길쭉한 것도 있다. 그 중 전형적인 둥근 모양에 윗부분에 별 모양, 우리 눈에는 바람개비 모양의 골이 얕게 파인 작은 빵을 "카이저제멜 (Kaisersemmel)"이라 부른다.

이 빵이 원래 오스트리아에서 왔다는 데는 이견이 없지만, "카이저제멜"이란 이름이 어디서 비롯되었는지에 대해서는 여러 가지 설이 있다. 그 중 한 가지가 신성로마제국의 황제였던 합스부르크가 출신의 프리드리히 3세(Friedrich III.)가 자신의 초상을 넣어서 빵을 굽게 했다는 것인데, 그 때가 1487년이었다고 한다. 일반적으로 손바닥 크기인 것이 많고, 반죽할 때, 혹은 이후에 첨가하는 재료에 따라 이름이 달라지기도 해서 그 종류가 수십 가지에 이른다. 위의 사진을 자세히 보면, 빵 표면에 개양귀비 씨, 해바라기 씨, 참깨 등이 붙어 있는 것을 볼 수 있다. 브룃헨은 기름과 설탕이 전혀 들어가지 않아 맛이 담백하고, 바깥은 단단하지만 속은 부드럽다. 바싹바싹하고 고소한 갓 구운 브룃헨의 맛은 어디 비할 데가 없다. 독일의 제빵사는 새벽 3시에 빵 굽는 준비를 시작한다고 하니 어쩌면 우리나라 스님들을 제외하고는 세상에서 가장 빨리 일어나는 사람들인지도 모르겠다. 빵집이 아침 일찍 문을 열기 때문에 특별한 손님이 오거나 하면 일어나자마자 빵집에 가서 갓 구운 브룃헨을 사오기도 한다. 브룃헨은 아침식사 때 주로 먹지만, 우리가 밥을 다른 음식과 같이 먹듯이 어느 때든 다른 요리와 같이 먹을 수 있다. 아침식사 때에는 보통 브룃헨을 손으로 잡고 칼로 반으로 자른 다음 버터와 잼을 바르거나 햄, 치즈 등을 얹어서 손으로 쥐고 먹는다. 다른 음식과 같이 먹을 때는 아무것도 바르거나 첨가하지 않고 손으로 잡고 뜯어 먹어도 된다. 다른 음식과 달리 브룃헨을 먹는 데는 포크를 사용하지 않는다.

독일에는 특정 도시나 지방별로 유명한 빵의 종류가 무수히 많지만, 브룃헨처럼 독일

베얼리너

전역에서 보편적으로 먹는 빵 두 가지만 소개하기로 한다. 독일에서 2월은 사육제[2]시즌이다. 이 사육제 시즌에는 갖가지 직종을 대표하는 가장 행렬들이 시가를 행진하고, 온갖 이상하거나 해괴하거나 끔찍하거나 우스꽝스러운 분장을 한 사람들이 거리로 쏟아져 나와서 춤추고, 소리 지르고, 먹고 마신다. 부활절을 준비하는 금식 기간이 시작되기 직전 말 그대로 세속적인 모든 쾌락이 다 허용되는 이 시기에 독일인들이 즐겨먹는 빵이 있다. 거리 이곳 저곳에서 열리는 소규모 사육제 공연에 가면 구경하려고 모여든 사람들끼리 서로 먹으라고 거저 주기도 한다. 이 빵은 원래는 사육제 기간에 먹었지만 요즈음은 일 년 내내 빵집에서 살 수 있다. 1756년 베얼린(Berlin)에서 최초로 개발되었다고 해서 베얼린(Berlin)이 아닌 다른 지역에서는 베얼리너(Berliner)라고 부르지만, 크랖펜(Krapfen)이라는 다른 이름도 있다. 재미있는 것은 정작 베얼린(Berlin)에서는 부침개, 즉 "팬케익(Pfannkuchen)"이라 부른다는 사실이다. 이 빵은 둥근 모양으로 기름에 튀겨낸 뒤 흰 가루설탕을 입혀서 부드럽고 달콤한데, 특히 속에는 과일 잼이 들어 있어서 한 입 베어 물 때마다 흘러내리지만 손가락을 빨면서 먹는 맛은 우리나라의 어떤 달콤한 빵맛과도 비교할 수 없다.

다음으로는 매년 9월말 뮌헨에서 열리는 세계 최대 규모의 맥주 축제이자 민속 축제이기도 한 "옥토버풰스트(Oktoberfest)"를 통해 우리나라에도 유명해진 빵이 있다. "브레첼(Brezel)", 옥토버풰스트가 열리는 바이에언(Bayern) 지방에서는 "브레쩨(Breze)" 또는 "브레첸(Brezen)"이라고도 불리는 이 빵은 사실 옥토버풰스트에서 볼 수 있는 것처럼 맥

2 지역에 따라 "카르네발(Karneval)", "퐈슁(Fasching)", 혹은 "퐈스트나흐트(Fastnacht)"라 부른다.

브레첼

주 마실 때 안주로만 먹는 빵이 아니다. 독일에서는 남녀노소 누구나, 어느 때나 배가 출출할 때면 즐겨 찾는 빵이다. 아침식사 때는 물론 따뜻한 음식을 먹는 점심식사 때도 브룃헨처럼 다른 음식에 곁들여 먹기도 한다. 물론 간식으로도 먹는데, 거리에서는 유모차에 앉아서 이 빵을 빨다시피 먹고 있는 어린아이도 볼 수 있다. 아마도 이가 나기 전부터 이 빵을 먹다보니 성인이 되어서도 즐겨 먹는지도 모르겠다. 팔짱을 낀 팔 모양이 가장 전형적인 형태인데, 이 독특한 형태 때문에 한번 본 사람들은 쉽게 기억하는 듯하다. "브레첼"이라는 이름의 어원이 이 빵의 형태와 연관이 있다는 것이 흥미롭다. 즉, 원래 라틴어 "brachium"에서 이름이 유래된 것으로 알려져 있는데, 이 말의 뜻은 "팔"이다. 최근에는 우리나라에서도 건강한 빵으로 알려져서 설탕과 기름을 전혀 쓰지 않는 이 빵에 대한 관심이 높아지고 있다고 한다.

## VII.2. 소시지

이제 OX 퀴즈 문제 하나로 독일의 다른 음식 이야기를 시작해 보자. 독일에는 한 해 동안 무려 8억 개가 소비되는 음식이 있는데, 이 음식을 테마로 한 박물관이 존재할 뿐 아니라 이 음식을 예찬하는 대중가요까지 있다. 진실일까, 거짓일까? 물론 진실이니까 질문을 했다. 그렇다면 독일인들뿐 아니라 관광객들이 즐겨먹는 이 음식의 이름은 무엇일까? 바로 "커리부어스트(Currywurst)"다.

커리부어스트

커리부어스트 거리 판매점

독일은 물론 유럽에서 생산되지 않는 향신료가 반드시 들어가야 하는 이 음식에 헌정된 영화도 있다. 영화 『커리부어스트의 발견(Die Entdeckung der Currywurst)』[3]에서는 2차 세계대전 후 베얼린(Berlin)에서 처음 개발되었다고 알려진 이 음식의 베얼린(Berlin) 원조론에 반론을 제기하며, 전쟁 전후 함부엌(Hamburg)을 배경으로 벌어지는 애틋한 사랑의 이야기를 이 음식의 우연한 탄생과 허구적으로 결합시키고 있다. 독일 수도 베얼린(Berlin)에는 독일의 “문화자산(Kulturgut)”으로 인정받는 이 음식에 헌정된 “커리부어스트 박물관 (Deutsches Currywurst Museum)”도 있다. 이 박물관에 가면 앞서 언급한 영화의 예에서 보듯이 원조 논쟁이 마무리되지 않은 이 음식의 역사적인 유래에 대한 설명과 식재료 전시, 이 음식이 영화나 텔레비전 등의 미디어에 등장하는 장면들이 상영되는 것을 볼 수 있을 뿐 아니라 그 조리법까지 체험할 수 있다.[4] 익숙한 음식은 물론 최근 유행하는 새로운 음식, 낯설고, 진기한 음식을 조사, 시식, 평가한 결과를 발표하는 독일 인터

---

3 2008년에 개봉된 이 영화는 우붸 팀(Uwe Timm)의 동명소설을 영화화한 것이다. 감독은 울라 봐그너(Ulla Wagner), 주연으로는 바바라 주코바(Barbara Sukowa)와 알렉산더 쿠온(Alexander Khuon)이 출연했다.

4 https://de.wikipedia.org/wiki/Deutsches_Currywurst_Museum_Berlin

넷 블로그인 "에쓰파피어 운트 질버슈트로이젤(ESSPAPIER & SILBERSTREUSEL)"[5]은 2015년 1월 29일자 칼럼에 커리부어스트에 대해 다음과 같은 몇 가지 중요한 사실을 정리해놓고 있다. 첫째, 라인란트 팔쯔(Rheinland-Pfalz) 주에 있는 노이뷔트(Neuwied) 시에서 해당 주말인 2015년 1월 31일에 "커리부어스트 축제"가 열리는데, 약 60,000명이 이 축제를 찾을 것으로 예상된다는 것이다. 둘째, 커리부어스트 자동판매기가 존재하고 있다는 것이다. 자아르브뤼켄(Saarbrücken) 출신의 대학생이 발명한 이 기계의 이름은 "커리맥스(Currymax)"인데, 소시지를 뜨거운 바람으로 익혀 자른 다음 그 위에 소스를 뿌려서 내놓는데 7분이 소요된다고 한다. 셋째, 독일 최대의 자동차 기업 폭스봐겐(Volkswagen)은 2014년 자동차보다 더 많은 커리부어스트를 생산 판매했다고 한다. 자체 생산한 커리부어스트 제품에는 "폭스봐겐 순정부품(Volkswagen Originalteil)"이라는 스티커가 부착되어 있다. 2차 세계대전이 끝난 후 폭스봐겐(Volkswagen)은 자신들의 공장부지 안에 양돈 농장을 경영했는데, 이것이 자체 소시지 생산의 시초가 되었다고 한다. 넷째, 1998년 10월부터 2005년 11월까지 제7대 독일 연방 총리를 역임한 게어하어트 슈뢰더(Gerhard Schröder)는 커리부어스트를 사랑하는 것으로 유명했는데, 재임 중에는 공식일정을 커리부어스트를 먹으면서 진행한 적도 있다고 한다. 대표적인 경우가 2002년 당시 미국대통령 조지 부쉬(George W. Bush)가 독일을 순방했을 때라고 한다. 다섯째, 앞서 이야기했듯이 독일인들은 매년 8억 개의 커리부어스트를 먹어치운다는 사실이다. 흥미로운 것은 베얼린(Berlin)에서만 7천만 개가 소비된다는 사실이다.[6]

커리부어스트의 맛을 내는데 중요한 역할을 하는 것은 노란색 수입 향신료 커리지만 이 음식의 본체를 이루는 것은 "부어스트(Wurst)", 즉 소시지라는 것은 부정할 수 없는 사실이다. 인간이 고기를 오래 보존할 목적으로 가공한 음식의 한 형태인 이 소시지의 최초 발명자는 유럽대륙에서는 독일인이 아니라 그리이스인들이었을[7] 확률이 가장 높지만

5 홈페이지: https://esspapiersilberstreusel.wordpress.com/about/ 참조.

6 https://esspapiersilberstreusel.wordpress.com/2015/01/29/heiss-und-fettig-funf-uberraschende-currywurstfakten/ 참조.

7 기원전 8세기 호머의 『오딧세이』에 이미 "피소시지(Blutwurst)" 이야기가 나온다는 사실에 근거한 이론이

현재 약 1,500종의 소시지 종류를 자랑하는 독일이 이것을 유네스코 문화유산에 등재 신청할 계획을 세우고 있는데 반론을 제기할 나라는 별로 없어 보인다. 독일인들은 2014년 기준 한 해에 약 2백4십만 톤의 고기 가공제품을 소비하는데, 여기에는 소시지와 햄, 베이컨 등이 포함된다. 연간 1인당 소비량은 29.5kg, 하루 소비량은 81g에 이를 정도로 부어스트는 독일인들이 즐겨먹는 음식이다.[8] 2015년 세계보건기구 WHO가 고기 가공제품의 섭취로 인한 장암 발병 가능성 증가에 관한 연구결과를 발표했을 때 이에 대한 독일인들의 반응이 흥미롭다. 단순히 이 주장에 대해 감정적으로 반응한 것이 아니라 실제로 얼마나 암 발병 위험이 높아지는지 치밀한 연구결과로 여기에 대응했다. WHO는 매일 부어스트와 같은 고기 가공제품 50g을 먹었을 때 암 발병 위험은 18% 증가한다고 발표했다. 그런데 "로베어트 코흐-연구소 (Robert Koch-Institut)"의 연구에 의하면, 인간이 살아가면서 장암에 걸릴 가능성은 여자의 경우 5.6%, 남자의 경우 7.1% 정도라고 한다. 매일 50g의 부어스트를 섭취했을 때 암 발병 위험은 여자의 경우 6.6%, 남자의 경우 약 8.4%로 증가한다고 한다. 따라서 발병률에 차이는 있지만, 그 위험성이 현저히 증가한다고 볼 수는 없다는 것이다. 철저하게 사실을 중시하는 독일인들답게 부어스트를 섭취할 때 어디서, 어떤 인자가 건강을 위협하는지 분석한 결과도 제시하고 있다는 점이 이채롭다. 고기 자체의 섭취보다는 가공을 위해 훈제하는 과정이나 뜨거운 불로 조리하는 과정에서 건강에 유해한 물질이 발생한다는 사실을 밝혀내고 있다.[9]

독일인들에게 부어스트가 단순한 음식이 아니라 문화적인 의미를 가진다는 증거는 이 단어가 특정한 사람을 가리키는 말에 부가되어 쓰이거나 일상생활에서 특별한 의미맥락에서 사용되는 것을 보면 쉽게 확인할 수 있다. 독일에서는 예전부터 특정인을 모욕하는 부정적인 의미로 "한스 부어스트(Hans Wurst)"라는 호칭을 사용하기도 했다. "한스 부

---

다. Walter Krämer, typisch deutsch. Was uns von anderen unterscheidt, Berlin 2013, 83쪽과 84쪽 참조.

8 온라인판 Süddeutsche Zeitung의 2015년 10월 27일 기사 "So viel Wurst essen die Deutschen" 참조. http://www.sueddeutsche.de/wirtschaft/fleischindustrie-so-viel-wurst-essen-die-deutschen-1.2710373

9 독일 제1공영방송 ARD의 프로그램 "Planetwissen. Lebensmittel. Wurst" 참조. http://www.planet-wissen.de/gesellschaft/lebensmittel/wurst/index.html

어스트"는 16세기부터 독일어권 지역에서 성행했던 유랑극단 등이 상연하던 즉석희극의 주인공 이름이기도 했는데, 멍청하거나 조롱의 대상이 되는 인물을 가리킬 때 사용되었다. 1541년 종교개혁가 마틴 루터(Martin Luther)가 하인리히 폰 브라운슈바이크 쭈 볼펜뷔텔(Heinrich von Braunschweig zu Wolfenbüttel) 공작과 서면으로 논쟁을 벌일 때 "한스 부어스트"라는 호칭이 등장한다. 공작은 루터에게 그가 사는 지역의 영주인 요한 프리드리히 1세 폰 작센(Johann Friedrich I. von Sachsen) 공을 루터가 "한스 부어스트"라고 부름으로써 모욕했다고 주장했다. 그와 신학적인 견해가 크게 다르던 루터가 이에 대해 반박한 논문의 제목이 "한스 보어스트에 대해 반박하며(Wider Hans Worst)"였던 것이다.[10] 정확하게 그 출전을 밝히려면 확인 작업이 필요하지만, 루터는 또 다른 글에서도 이 호칭을 사용하고 있다. 알다시피 루터는 종교개혁 외에 세계 역사에 지대한 영향을 끼친 또 하나의 업적을 남겼는데, 그것은 그리이스, 라틴어 등의 고전어로 되어있던 성서를 쉬운 독일어로 번역한 일이다. 그는 어느 편지에서 자신이 성서를 번역할 때 어떤 콘셉트를 가지고 작업했는지를 밝히고 있는데, 그에 따르면 루터는 시장에서 장사하는 아저씨, 아줌마들이 쓰는 어휘, 지나가는 멍청한 사람도 알 수 있고, 골목에서 뛰어노는 개구쟁이 아이들도 이해할 수 있는 그런 독일어로 성서를 번역하고자 했다고 한다. 그가 "멍청한 인물"을 가리킬 때 바로 이 "Hans Wurst"라는 호칭을 사용하였던 것이다.

또 한 가지 부어스트가 독일인들의 삶에 깊숙이 들어와 있다는 증거가 있다. 우리가 일상생활에서 자주 쓰는 표현에 "됐단 말이야", "상관없어" 같은 말이 있다. 여기에 상응하는 구어적인 독일어 표현이 "Es ist mir Wurst/ Wurscht"이다. 직역하면, "내게는 소시지야"라는 뜻인데, 그만큼 일상의 삶에서 소시지가 중요한 비중을 가지고 있다는 것으로 해석해도 무방할 것이다. 다음의 사진[11]을 한번 보시라. 워낙 직접 무엇을 만들거나 수리하는 것을 좋아하는 독일인들은 집에 망치, 펜치, 드라이버부터 수 십 가지 부품이 갖춰진 공구 상자 하나씩은 집에 가지고 있는데, 그걸 빗댄 사진이다. 사실 공구 종류보다 부어스트 종류가 수 십 배는 더 많으니 공구상자 안에 다 들어갈 자리도 부족할 것이다.

---

10 https://de.wikipedia.org/wiki/Wider_Hans_Worst 참조.

11 http://www.titanic-magazin.de/postkarten/karte/wurstkoffer-7427에서 사진 차용.

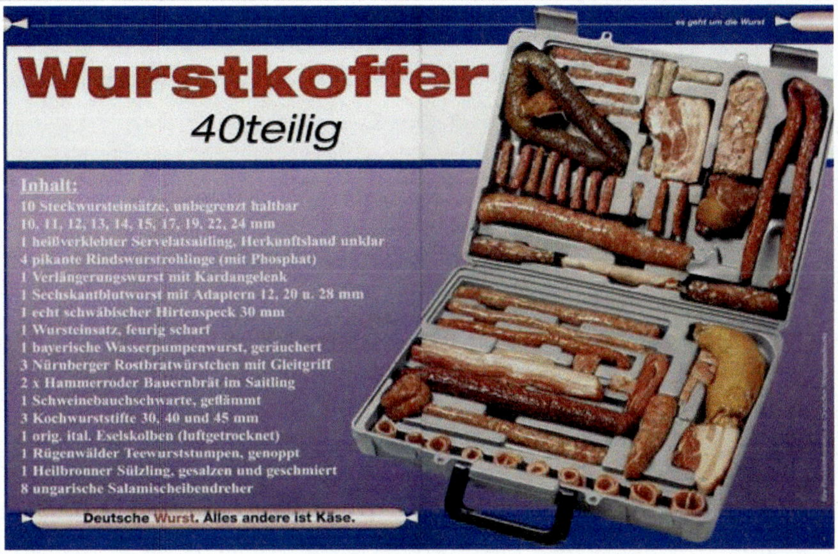


이제 그 수많은 소시지 중에서 한 가지만 더 살펴보기로 하자. 독일은 겨울이 긴 나라다. 변덕스러운 사월이 끝나고 오월이 되어야 일 년 중 가장 화창한 날씨를 맞을 수 있다. 독일인들이 짧은 봄이 가고, 역시 짧은 여름을 목이 빠져라 기다리는 이유가 몇 가지 있다. 100% 검증된 것은 아니지만, 그 중에 하나가 햇볕이 넘치는 맑은 날 야외에서 맥주를 마실 수 있는 "비어가어텐(Biergarten)"에서 가족이나 친구들과 함께 즐거운 시간을 보낼 수 있기 때문이다. 아이들은 잔디밭에서 뛰어놀고, 어른들은 햇볕을 쬐거나 시원한 나무그늘 아래에 놓인 큰 탁자에서 맥주를 마시는 장면은 독일인들의 가장 전형적인 일상의 한 모습이라 불러도 과언이 아니다. 이때 빠질 수 없는 술안주가 구운 소시지와 브레첼이라는 것은 놓칠 수 없는 사실이다. 독일인들이 여름을 기다리는 또 다른 한 가지 이유는, 역시 가족이나 친구들과 함께 야외에서 소시지를 구워먹을 수 있는 계절이 바로 그때이기 때문이다. 좀 과장하면, 날씨가 좋은 주말에는 동네 안 여기저기서 소시지를 굽는 냄새가 공기 중에 진동을 한다. 우리 옆집에 살던 아저씨는 자기네 정원에서 인디언이 연기 신호하듯 소시지 굽는 연기와 냄새가 올라오거든 언제든 와서 구운 소시지에 같이 맥주 한 잔하자는 제안을 하곤 했다. 이 계절이 오면 가난한 유학생들도 회비를 모아 소시지와 맥주를 준비해서 강가로 야유회를 가기도 했다.

이 구워먹는 소시지는 이름 자체가 "구워먹는 소시지", 즉 독일어로 "Bratwurst"이다. 그러나 어원적으로 보면, 이 소시지의 이름은 "구워먹는"의 의미가 아니라 "잘게 다져진 돼지고기"를 뜻하는 "brät"에서 왔다고 한다. 다시 말해 소시지를 조리하는 방법이 아니라 만드는 재료에서 이름이 유래되었다는 것이다.[12] 그렇다고는 해도 "브랕부어스트(Bratwurst)"는 실제로는 구워먹는 소시지로 이해되고 있다. 이 소시지는 중세시대 어느 고문헌에 지상낙원을 묘사하는 글에 이미 등장하는데, 다음과 같이 표현되어 있다. "그곳의 집들은 굽는 소시지로 울타리가 만들어져 있는데, 꿀이 흐르고, 식탁 위에는 큰 빵이 차려져 있다(Wo die heußer mit bratwürsten gezeunet und mit honig bekleibt, und mit fladen gedeckt seyn)."[13] 구워먹는 소시지 "브랕부어스트(Bratwurst)"에 대한 독일인들의 사랑이 얼마나 오래되었는지 이 기록에서 드러나는데, 중요한 것은 이 사랑이 아직도 식지 않았다는 사실이다. 이 구워먹는 소시지의 종류는 무척 다양한데, 다른 종류의 독일 소시지와 마찬가지로 대부분 지역이름을 앞에 표기하고 있다. 가장 유명한 것은 튀링엔 지방에서 나오는 "튀링어 브랕부어스트(Thüringer Bratwurst)"이다. 우리나라에서도 코스트코에 가면 독일 제품은 아니지만 튀링엔 식으로 만든 소시지를 살 수 있다. 튀링엔 주의 수도인 에어푸어트(Erfurt) 근처에는 "독일 브랕부어스트 박물관(Deutsches Bratwurstmuseum)"이 있는데, 여기에 가면 15세기 초반부터 공식적인 문서에 언급되기 시작한 이 소시지의 역사는 물론 이 소시지를 만드는 데 들어가는 주재료를 제공하는 돼지 품종, 돼지고기를 가공해서 소시지로 만드는 과정과 그 과정에서 사용되는 도구 등에 대한 상세한 정보를 얻을 수 있다. "튀링어 브랕부어스트" 외에 "코부어거 브랕부어스트(Coburger Bratwurst)", "프랭키쉐 브랕부어스트(Fränkische Bratwurst)", "함부어거 브랕부어스트(Hamburger Bratwurst)", "쿨름바허 브랕부어스트(Kulmbacher Bratwurst)", "뉜

12 Walter Krämer, Typisch deutsch. Was uns von anderen unterscheidet, Berlin 2013, 81쪽과 82쪽 참조.

13 Walter Krämer, 같은 책, 80쪽.

히너 브랕부어스트(Münchner Bratwurst)", "뉘른베어거 로스트브랕부어스트(Nürnberger Rostbratwurst)", "레겐스부어거 브랕부어스트(Regensburger Bratwurst)," "라이니쉐 브랕부어스트(Rheinische Bratwurst)", "슈봐인푸어터 브랕부어스트(Schweinfurter Bratwurst)", "슈툿가어터 브랕부어스트(Stuttgarter Bratwurst)", "뷔어쯔부어거 브랕부어스트(Würzburger Bratwurst)" 등 다양한 종류의 구워먹는 소시지 들이 있다.[14] 명칭에서 알 수 있듯이 그 소시지가 나오는 지방이나 도시의 이름을 같이 쓰고 있다. 이 다양한 소시지들은 사용되는 재료와 제조법, 크기나 굵기 등 여러 가지 면에서 서로 조금씩 차이가 있다.

이 구워먹는 소시지 "브랕부어스트"와 궁합이 잘 맞는 음식 한 가지만 소개하기로 한다. 우선 한 가지 아주 쉬운 퀴즈를 내 보겠다. 여러분은 영어권 사람들, 예를 들면 2차 세계대전 중 미군들이 독일인들을 부를 때 "크라우츠(krauts)"라는 호칭을 사용했다는 사실을 들어본 적이 있는지 모르겠다. 사실 이 호칭은 그보다 훨씬 오래전인 18세기 독일 선원들이 오랜 항해 중에 이 음식을 즐겨먹는 것을 본 영국 선원들에 의해 만들어진 독일인에 대한 고정관념의 산물로 알려져 있다. 영국 선원들은 긴 항해 중에 비타민 C 부족으로 인해 발생하는 괴혈병 등과 같은 질병을 예방하기 위해 레몬즙을 마셨다. 독일 선원들은 레몬즙을 복용하지 않고도 멀쩡했는데, 알고 보니 다른 것을 항상 먹었던 덕분이란 것이었다. 독일인들은 지금도 이 음식을 구운 소시지 먹을 때 즐겨 곁들여 먹는다. 이 비타민 C가 풍부한 독일음식은 무엇일까? 그렇다. 바로 "자우어크라웉(Sauerkraut)"이다. 직역하면 "신 풀"인데, 발효과정을 거치기 때문에 신 맛이 나는데서 비롯된 이름이다. 만드는 방법에서는 차이가 나지만 우리나라의 김치와 비슷한 음식이라고 생각하면 크게 틀리지 않는다. "자우어크라웉(Sauerkraut)"은 원래 비타민이 부족한 겨울에 오래두고 먹기 위해서 발효를 시킨 음식의 한가지이다. 특히 추운 겨울 독일에서 김치찌개가 먹고 싶을 때 돼지고기를 숭숭 크게 썰어 넣고 같이 끓이면 비슷한 맛이 난다. 제조법은 김치보다 훨씬 간단해 보이는데, 간략하게 만드는 과정을 살펴보면 다음과 같다. 우선 푸른 겉잎을 제거하고 반으로 자른 다음 심을 제거하고 채칼로 썬 양배추를 넓은 대야 같은데

---

14 Walter Krämer, 같은 책, 81쪽 및 https://de.wikipedia.org/wiki/Bratwurst 참조.

넣고 적당한 량의 소금을 넣어 섞는다. 이것을 액즙이 나올 때 까지 손으로 누르거나 주먹으로 쳐서 으깨준다. 그런 다음 옹기 항아리에 넣는데, 3/4 정도 될 때까지 채우고 양배추 내용물 위로 약 2cm 정도 액즙이 올라올 때까지 세게 눌러준다. 그리고 그 위에는 양배추 잎을 펴서 덮고 주먹 크기의 돌이나 자갈 등을 올려둔다. 자우어크라웉 발효를 위한 이 옹기 항아리의 넓은 주둥이 주위에 있는 홈에 물을 채워서 잡균이 들어가지 못하도록 한 다음 뚜껑을 덮는다. 항아리를 2~3주 정도 따뜻한 장소에 둬서 발효가 진행이 되도록 한 다음 서늘한 지하실로 옮겨서 1~2주 후에 적당히 익었는지 맛을 보면 된다.[15] 자우어크라웉은 주로 흰 양배추를 사용해서 만들지만, 다른 색, 예를 들면 독일인들이 "붉은 배추(Rotkohl)"라 부르는 보라색 양배추도 사용한다. 맛이 신 발효야채라 기름지고 짠 음식과 같이 먹으면 맛을 돋워줄 뿐 아니라 소화 작용에도 도움이 된다. 다른 지역보다 겨울에 날씨가 더 추운 남부 독일에서 많이 먹지만, 독일을 대표하는 음식으로서 손색이 없다. 당연히 독일 남부 최대의 도시 뮌헨에서 열리는 옥토버풰스트에도 "자우어크라웉"이 빠질 리 없다.

15 https://www.kochbar.de/rezept/265348/Beilage-Sauerkraut-selbermachen.html 참고.

## VII.3. 맥주

뮌헨 이야기가 나온 김에 이제 맥주 이야기를 해 보기로 하겠다. 잘 알려져 있다시피 독일맥주는 세계적인 명성을 누리고 있어서 맥주는 독일의 이미지를 구성하는 한 가지 고유요소라고 해도 과언이 아니다. 독일 맥주가 전 세계적으로 명성을 누리는 데에는 독일만이 보유한 세계 유일의 엄격한 맥주 제조와 관련한 규정 때문이다. 바이에른의 공작 빌헬름 4세(Wilhelm IV.)와 룻뷔히 10세(Ludwig X.)가 1516년 맥주의 품질 향상을 위해 맥주를 양조할 때 맥아(Malz)와 홉(Hopfen), 효모(Hefe)와 물(Wasser) 외의 원료를 사용하지 못하도록 법령을 공표했다. "맥주 순수령(Reinheitsgebot)"이라 불리는 이 법령은 500년이 지난 오늘날에도 독일의 모든 양조회사들이 특별한 예외의 경우를 제외하고 반드시 지켜야 하며, 지켜지고 있다. 음식이나 음료를 막론하고 첨가해서는 안 되는 유해물질을 넣는다거나 양을 늘리기 위해 갖은 수단을 동원하는 일이 끊이지 않는 우리나라의 현실에서는 참으로 부러운 일이 아닐 수 없다.

이제 두 가지 퀴즈를 통해 독일인들의 삶과 맥주의 관계에 대해서 생각해 보기로 하자. 첫째, 독일에는 현재 몇 개의 맥주양조회사가 있을까? 둘째, 그렇다면 독일의 맥주 종류는 얼마나 되는가? 독일에는 2016년 기준 모두 1,388개의 양조회사가 "독일 양조자 연맹(Deutscher Brauer-Bund e.V.)"에 등록되어 있다. 2005년 1,281개에서 약 10년 동안 100개 이상 증가했다.[16] 이 중 뮌헨 (München)을 수도로 하는 바이에언(Bayern) 주에 있는 양조회사가 절반 이상을 차지하고 있다. 우리나라에도 꽤 알려진 파울라너(Paulaner), 뢰벤브로이(Löwenbräu), 봐이엔슈테퐌(Weihenstephan), 프란치스카너(Franziskaner), 호프브로이(Hofbräu)같은 양조회사들이 모두 바이에언(Bayern)에 있다. 그 중 봐이엔슈테퐌(Weihenstephan)은 1040년에 맥주 양조를 시작해서 현재 세계에서 가장 오래된 양조회

16 http://www.brauer-bund.de/download/Textdatenbank/2016/160308%20DBB-PM%20Zahl-%20deutscher%20Brauereien%20w%C3%A4chst%20weiter.pdf 참조.

사이다. 사실 독일에는 수 백 년의 양조전통을 자랑하는 양조회사들이 많지만, 1,000년이 다 된 회사는 봐이엔슈테퐌(Weihenstephan)이 유일하다. 한 가지 기억해 둘만한 것은, 봐이엔슈테퐌(Weihenstephan)이 뮌헨공과대학(Technische Universität München)의 양조학 연구 및 교육도 담당하고 있다는 사실이다. 정식명칭은 "봐이엔슈테퐌 영양, 농지활용 및 환경 연구를 위한 학문센터(Wissenschaftszentrum Weihenstephan für Ernährung, Landnutzung und Umwelt)"인데, 양조 및 음료공학(Brauwesen und Getränketechnologie)을 비롯하여 농학, 생물학, 생명공학, 영양학, 임학 등의 학문분야에 걸쳐 학사과정부터 박사과정까지 개설되어 있다.[17] 필자 주위에도 양조학을 공부하러 봐이엔슈테퐌(Weihenstephan)에 갔다가 과정이 너무 힘들었는지 포기하고 전공을 바꾼 사람이 있긴하다.

여러분 중 친구들과 함께 호프집에 한번 쯤 맥주 마시러 가보지 않은 사람은 아마 없을 것이다. 그렇다면 이 "호프"라는 이름의 유래에 대해 생각해본 적이 있는가? 정확한 정보를 얻기는 불가능하지만, 가장 유력한 이론은 "호프"라는 이름이 뮌헨에 있는 전통 깊은 또 다른 양조회사 호프브로이(Hofbräu)에서 비롯되었다는 설이다. 원래 "Hof"란 독일어 단어는 두 가지 의미가 있다. 큰 건물이나 여러 채의 건물 가운데 있는 넓은 "마당"을 가리키기도 하지만, 귀족 가문의 "궁정"이란 의미도 가지고 있다. 호프브로이(Hofbräu)가 옛 바이에언(Bayern) 왕실에 부속된 양조장이었다는 사실은 이 회사의 로고를 보면 드러난다. 왕관 모양 안쪽에 알파벳 H와 B가 그려져 있는 로고 말이다. 이 양조장은 수 백 명이 한꺼번에 맥주를 마실 수 있는 공간을 보유하고 있는 대형 술집인 "호프브로이하우스(Hofbräuhaus)"를 운영하고 있다. 국적을 불문하고 뮌헨에 간 관광객들이라면 반드시 찾는 유명한 장소로 꼽힌다. 바로 이 "호프브로이하우스(Hofbräuhaus)"에서 우리나라의 맥주집 호칭 "호프"가 유래했다는 설이 유력하다.

이제 두 번째 퀴즈의 답에 대해 생각해 보자. 독일에는 과연 현재 모두 몇 가지나 되는 맥주가 있을까? 우리가 상상한 것보다 더 많다. 앞서 살펴 본 소시지의 종류, 빵의 종류

---

17 봐이엔슈테판 학문센터의 홈페이지 http://www.wzw.tum.de/index.php?id=2 참조.

보다 압도적으로 많다. 옛날에는 우리나라에도 지역마다 규모가 다른 수많은 양조장이 있었을 테지만, 시간이 흐르면서 작은 양조장들은 살아남지 못했다. 하지만 독일에는 아직도 수 없이 많은 소규모 양조장들이 존재한다. 그 소규모 양조장에서 다시 수많은 종류의 맥주를 생산하는데, 모두 합하면 2017년 2월 기준 7,763가지에 이른다.[18] 우리가 매일 다른 종류의 맥주를 마셔본다고 할 때 20년이 걸려도 다 마셔보지 못할 만큼 종류가 많다는 이야기다. 그 많은 종류에 대해 일일이 다 살펴볼 수는 없으므로 "독일 양조자연맹"의 맥주 분류법에 따라 맥주의 종류에 대해 개관해 보자. 이 분류법에 따르면 제조방식에 따라 크게 두 가지로 구분될 수 있는데, "상면 발효(Obergärung)" 맥주와 "하면 발효(Untergärung)" 맥주가 그것이다. "상면 발효"와 "하면 발효"라는 우리말 번역은 맥주의 제조과정에서 가장 중요한 효모의 발효 위치가 발효용기의 아래와 위라는 차이를 부각시키는 측면이 있다. 그러나 독일어 개념에서 보이듯 "상(ober)"과 "하(unter)"라는 수식어는 효모의 발효 위치뿐 아니라 발효 시 온도의 차이도 암시하고 있다. 즉, 냉각기술이 발달하기 전에는 맥주를 제조할 때 비교적 높은 온도인 20도 정도의 상온에서 효모가 발효하게 되었는데, 효모가 발효하는 위치가 용기의 상단이었기 때문에 "Obergärung"이라 부른 반면, 냉각기술이 발달한 19세기 이후 효모를 10도 이하의 낮은 온도에서 발효시키면 발효 위치 또한 용기의 아래에서 이루어졌기 때문에 "Untergärung"이라 불렀던 것이다. 상대적으로 높은 온도에서 발효되기 때문에 숙성 기간이 짧은 "상면발효"로 제조된 대표적인 맥주는 영국의 "에일(Ale)" 맥주인데, "에일"은 이미 8세기경부터 영국에서 제조되기 시작했다. 물론 영국 이외의 지역, 예를 들면 독일 뉘른베엌(Nürnberg)에서도 1541년 "상면발효" 방식으로 "밀 맥주(Weißbier)"가 만들어졌다. 숙성기간이 긴 반면 제조 후 변질이 잘 되지 않는 장점을 가지고 있는 "하면 발효" 방식의 맥주는 독일과 체코 등지에서 제조되었다. 특히 이 방식으로 제조된 맥주는 빛깔이 밝은 황금색이어서 영국에서는 "흰 맥주(white beer)"라 불렀다고 한다. "하면 발효" 방식으로, 제조과정에 들어가는 재료의 함유량이 12% 이하이며, "홉(Hopfen)"이 강하게 들어간 "필스(Pils/ Pilsener)"

18 http://www.biermap24.de/bierliste.php 참조.

타잎이 아닌 맥주를 지칭한다.[19] 부드럽고 가벼우며, 깔끔한 맛이 나는 "하면 발효" 방식의 맥주를 모두 "라거 맥주"로 분류하는 우리나라의 관점과는 차이가 난다. 참고로 우리나라에 알려져 있는 "하면 발효" 방식의 맥주에는 다음과 같은 것들이 있다. 7% 이상의 알코올을 함유하고 있는 "복비어(Bockbier)", 맥아향이 강하고 색이 진한 "둔클레스 비어(Dunkles Bier)", 색이 밝고 맥아향이 강하며, 약 5.5%의 알코올 함유량이 특징이고, 원래 도어트문트(Dortmund) 지역이 원산지지만 수출이 많이 이루어진데서 이름이 유래된 "엑스포트(Export)", "하면 발효" 방식으로 제조되는 세계적으로 보편적인 라거 타입의 맥주인 "헬레스(Helles)", 홉의 쌉쌀한 맛과 향이 강하며, 거품이 많고 뒷맛이 깔끔한 "필스/필스너(Pils/ Pilsener)", 그리고 볶은 맥아를 사용해서 색이 검으며, 캐러멜 향이 나는 "슈바어쯔비어(Schwarzbier)"가 있다. 우리나라에서 주로 마시는 맥주는 보편적인 라거 타입이며, 알코올 함유량이 4.5에서 5.5% 정도에 홉의 쌉쌀한 맛보다 맥아 향이 강조된 "헬레스" 맥주라 보면 된다. "상면 발효" 방식의 맥주에는 다음과 같은 것들이 있다. 독일 중부 뒤셀도어프 지역이 원산이며, 역사가 오래된 독일의 대표적인 상면발효 맥주인 "알트비어(Altbier)", 베얼린과 그 주변 지역에서 주로 소비되며, 약간 탁한 색에 신 맛이 나지만, 뒷맛은 상쾌한 "베얼리너 봐이쎄(Berliner Weisse)", 발효 방식은 "상면 발효"이면서도 "헬레스(Helles)"와 비슷한 성격의 깔끔한 맛이 특징이고, 작고 날씬한 잔에 마시며, 원산지 쾰른에서 이름을 따온 "쾰쉬(Kölsch)", 바이에언(Bayern)을 중심으로 한 독일 남부지방에서 많이 마시며, 밀 맥아를 많이 사용하는데서 이름이 유래된 "봐이쩬/ 봐이쓰비어(Weizen/ Weißbier)" 등이 있다. "봐이쩬(Weizen)"은 밀의 부드러움과 상면발효 방식으로 만들어진 맥주 고유의 향을 잘 표현하고 있는 맥주라 할 수 있다. 효모 맛이 상당히 강한 편인데, 마실 때 "마쓰(Maß)"라고 불리는 1리터 잔 바닥에 쌀알을 하나 넣어서 마시기도 하는데, 지속적으로 올라오는 거품으로 인한 시각적인 효과가 맛을 돋우는 듯한 느낌이 난다. "봐이쩬 Weizen"은 맥주로는 특이하게 우리 막걸리 비슷한 맛이 난다고들 하는데,

---

19 "독일 양조자 연맹(Deutscher Brauer-Bund)" 홈페이지 참조: http://www.brauer-bund.de/index.php?id=130&ageverify=16&PHPSESSID=d89ee20d8e3068b5ae1d73fb77f7f992

그 이유는 효모 때문인 듯하다. "바이쩬(Weizen)"은 "헤풰트륍(hefetrüb)", "둔클(dunkel)", "크리스탈(kristall)" 세 종류로 분류하는데, 색과 여과의 정도에 따른 분류라 볼 수 있다.[20]

앞에서 이야기했던 "비어가어텐(Biergarten)"이 맥주 음주와 관련하여 독일인의 긍정적인 이미지를 제공한다면, 독일의 공원 등에서 드물지 않게 마주치는 맥주병을 든 노숙자의 모습은 정 반대의 독일인 상을 떠올리게 한다. 30여 년 전 유학시절 필자는 선진국 독일의 이미지와 전혀 들어맞지 않는 그 장면을 대하고 당황해 했던 기억을 아직도 가지고 있다. 군사정권의 서슬이 퍼렇던 당시 우리나라에서는 전혀 볼 수 없었던 풍경이었기 때문에 더 충격적이었는지도 모르겠다. 이런 이야기를 하면 독일에 맥주 음주로 인해 알코올중독에 걸린 사람이 많다거나 독일인들이 엄청난 양의 맥주를 소비하는 것으로 오해할 소지가 있어서 우선 그 점부터 해명해야겠다. 세계는 물론 유럽에서 가장 많이 맥주를 소비하는 나라는 독일이 아니다. 2013년 기준 1인당 맥주 소비량 1위 국가는 체코로, 일 년에 한 사람이 147,1 리터를 마셨다. 그 뒤를 이어 아프리카의 나미비아 108,6 리터, 오스트리아 105,9 리터 순인데[21], 2015년에는 1인당 105리터를 기록한 3위 오스트리아보다 독일의 1인당 맥주소비량이 1리터 더 많아서 체코 다음 순위를 기록하긴 했다.[22] 그러나 현지에서 살아보면 우리나라처럼 멀쩡한 젊은 남녀들이 술 마시고 술을 이기지 못해 길거리를 헤매는 경우를 독일에서 찾아보기란 단언컨대 불가능하다. 어쩌면 독일인들이 체질적으로 알코올을 분해시키는 능력이 뛰어나거나, 평소 단련이 되어서 주량이 세거나, 아니면 마시는 사람들만 특히 많이 마시는지는 모르겠다. 하지만 독일인들이 술을 마시는 것을 가만히 관찰해 보면 정상적인 사람들이 과음하는 것을 보기는 어렵다. 대학 학생식당 "멘자(Mensa)"에서 식사를 하려면 식판에 샐러드와 주 메뉴, 후식 등 음식을 올린 다음 마지막으로 음료를 선택하고 계산을 하게 되어 있다. 물 값이나 맥주 값이 같은 것을

20 우리나라 최초의 하우스맥주 제조 판매업소인 가스트하우스 브라우어라이 "옥토버풰스트"의 홈페이지 참조. http://www.oktoberfest.co.kr/beer_culture/german.html#b

21 https://de.statista.com/statistik/daten/studie/462044/umfrage/pro-kopf-konsum-von-bier-weltweit-nach-laendern/ 참조.

22 https://de.statista.com/statistik/daten/studie/29727/umfrage/pro-kopf-verbrauch-an-bier-in-europa/ 참조.

보면 놀랄 것이다. 이것은 일반 음식점에서도 마찬가지다. 중요한 것은, 물 값과 맥주 값이 같다고 해서 안 마실 맥주를 일부러 선택하는 사람은 없다는 사실이다. 화학적으로 증류된 주정에 물을 섞어서 희석하여 제조한 소주를 마시고 취한 다음 소위 입가심으로 맥주를 마시거나, 소주와 맥주를 섞은 폭탄주를 마시고 취해야 직성이 풀리는 듯한 우리의 술 문화와 비교하면 독일의 술 문화는 큰 차이가 난다. 술은 취하기 위해서가 아니라 다른 사람들과의 대화를 위한 자리에서 즐기는 음료라는 관념은 맥주를 마시든, 알코올 도수 30도가 넘는 "코언(Korn)" 같은 독한 술을 마시든 변함이 없다. 우리에게도 알려져 있듯이 독일에서는 술을 마시러 가더라도 일행 중 한 사람은 거의 마시지 않고 있다가 일행을 집에 데려다 주는 경우를 실제 볼 수 있다. 음주를 하고 자전거를 타고 집에 가다가 음주단속에 적발되면 운전면허를 취소당할 수도 있기 때문에 그런 것만은 아닐 것이다.

# VIII.
# "Made in Germany"의 신화와 독일 기업

## VIII.1. “Made in Germany” 신화

2018년 기준으로 도입된 지 131년을 맞는 “Made in Germany” 상품 원산지 표시는 세계시장에서 최고의 품질을 보증한다는 의미를 갖고 있을 뿐 아니라 독일이라는 나라의 가치를 상징하는 브랜드가 되었다. 앞에서 말했듯이 “Made in Germany”의 브랜드 가치가 2013년 3조8천3백60억 유로로 평가[1]되었으니 4년이 지난 현재는 더 상승했을 것으로 추정할 수 있다. “Made in Germany”라는 원산지 표시를 최초로 도입한 것은 영국정부였다. 1887년 8월 23일 “영국 상표법 규정(Merchandise Marks Act)”을 시행하기로 결정하였는데, 이 규정에 따라 모든 독일제품은 “Made in Germany” 표시를 부착하는 것이 의무화되었다. 그러한 규정을 도입하게 된 결정적인 원인은, 영국 국내 및 영국의 주요 시장이었던 영국의 식민지에 칼이나 가위, 면도날, 줄 등 우수한 영국의 철제품을 모조한 조악한 독일 제품들이 유통되고 있었기 때문이다. 원산지 표시까지 도용하던 독일 제품들을 규제하기 위해 영국정부는 관세 부과보다 영국제품이 아니라는 것을 표시하는 뜻으로 “Made in Germany” 표시를 부착하도록 한 것이었다. 이 표시는 ‘이 제품은 저렴하기는 하지만 독일산이며, 그 때문에 품질이 떨어진다’는 일종의 경고의 의미를 담고 있는 셈이었다.[2]그러나 19세기말에 이르면 독일 제품의 품질이 극적이라 할 만큼 개선된다. 이 같

---

1 GMI(Global Market Insite Inc.) 자료에 따르면 2013년 기준 세계 3위를 기록했다. 2017년 발표된 “Made-in-Country-Index(MICI)” 랭킹에 따르면 “Made in Germany”가 브랜드가치 1위를 차지했다. 이에 관해서는 https://www.forbes.com/sites/niallmccarthy/2017/03/27/the-world-loves- made-in-germany-infographic/#28db7db3e32c 참고.

시장 및 여론조사기관들의 데이터, 경제와 공공기관들의 자료들을 독일어와 영어 두 언어로 제공하는 독일의 세계적인 온라인 통계 포털인 “슈타티스타(Statista)”가 Dalia Research와 함께 전 세계 52개 국 43,000명 이상의 소비자들을 상대로 조사한 결과를 “Made-in-Country-Index(MICI)” 랭킹으로 발표한 자료에 따른 것이다.

2 「Qualitätssiegel “Made in Germany”」, in: BR Wissen. http://www.br.de/themen/wissen/made-in-germany-100.html 참조.

은 품질 개선에 결정적인 계기가 된 것은 영국의 원산지 표시 의무화 조치 1년 전인 1876년 필라델피아에서 열렸던 세계무역박람회에서 독일을 절치부심하게 만든 충격적인 실패의 경험이었다. 전문가들은 출품된 독일제품들을 보고 예외 없이 값싸고 품질이 조악한 것으로 평가했기 때문이다. 피나는 노력을 기울인 결과 몇 년이 지나지 않아 "Made in Germany" 제품에 대한 인식은 긍정적인 방향으로 대반전을 이루게 된다. 이제 칼이나 가위 뿐 아니라 의류, 가구, 장난감, 작업공구, 연필 등 이 원산지 표시가 부착된 모든 제품이 독일에서 생산되었음에도 불구하고 결코 품질이 떨어지지 않는다는 것을 누구나 알게 된 것이다. 독일산 제품의 우수한 품질을 믿게 된 국내외의 소비자들이 "Made in Germany" 표시가 된 상품을 주저하지 않고 구입하게 됨으로써 19세기말, 20세기 초 독일 경제는 폭발적인 성장을 이루게 된다. 독일 제품은 이후 "내구성"과 "정밀함", "신뢰도"에서 어느 나라 제품과의 경쟁에서도 뒤떨어지지 않는다는 확고한 명성을 누리게 되었다. 구체적인 사례 한 가지를 인용해 보도록 하자. 이스라엘에서 개별소비자들을 대상으로 가정에서 자주 사용하는 전자제품 중 일본산 전자렌지 제품을 구입할 의향이 있는지 설문조사를 시행하면서 한 가지 부가 질문을 추가하였다. 그 질문은 "당신이 일본산 전자렌지를 구매할 의향이 있다면, 그 제품의 가격을 기준으로 했을 때 1) 한국산 전자렌지를 구매하는 경우 2) 독일산 전자렌지를 구매하는 경우 어떤 제품을 구입하는데 더 많이 지출을 할 용의가 있으며, 어떤 제품 구입에 덜 지출하겠느냐"는 내용이었다. 그 결과, 알다시피 많은 이스라엘인들이 제2차 세계대전 중 독일 나치정권에 의해 참혹한 박해를 당한 피해자들임에도 불구하고 "Made in Germany" 제품에 가장 많은 지출을 할 용의가 있다는 대답이 나온 것은 놀라운 일이 아니다.[3] 2004년 유럽연합 집행위원회가 "Made in Germany" 대신 "Made in EU" 원산지 표시 도입을 고려한 적이 있는데, 독일의 반대로 무산되었다. 현재 세계시장에 나와 있는 제품 중에 "Made in EU" 표시가 있는 것은 독일 제품이 아니라는 해석이 가능하다. 이 표시에 대한 일종의 상표권 분쟁은 독일이 서독과 동독으로 분단되어 있던 시절에 이미 일어난 적이 있다. "Made in Germany" 표시가 서독

3 Walter Krämer, Typisch deutsch. Was uns von anderen unterscheidet, Berlin 2013, 27쪽 참조.

제품의 뛰어난 품질을 보증하는 상징으로 사용되자 동독이 자기들 제품에도 이 표시를 부착할 수 있도록 요구한 적이 있었는데, 거절당하자 무단으로 이 표시를 사용하는 경우가 발생하였고, 이에 대한 대응으로 "Made in W.- Germany" 표시가 병행 사용되기도 하였다. "Made in Germany"라는 원산지 표기가 어떤 특정한 기구에 의해서 관리되지 않고 분쟁이 발생할 경우 법원의 판결에 의해서 결정됨으로써 빚어진 일이었다. 현재 "Made in Germany" 표시와 관련하여 가장 유효한 판결은 1995년 슈툿가어트(Stuttgart) 고등법원의 판례이다. 이에 따르면, "Made in Germany" 표시는 해당 제품의 대부분이 실제로 독일산 원료로 만들어졌거나 독일에서 생산되어야 한다고 규정하고 있다.

## VIII.2. 독일의 중소 · 중견기업

선진 기술과 체계적인 생산과정을 통해 구현된 탁월한 품질과 동의어로 간주되는 이 "Made in Germany"의 브랜드 가치는 말할 것도 없이 우수한 독일기업들이 실제로 그 브랜드 가치에 맞는 제품을 생산해내기 때문에 유지될 수 있는 것이다. 중요한 것은, 이 같은 독일기업들의 99.5% 이상이 중소 · 중견 기업으로 이루어져 있다는 사실이다. 규모가 크지 않으면서도 세계시장에서 강력한 경쟁력을 갖춘 이런 독일 기업들의 힘은 아래와 같은 세 가지 독특한 구조적 강점 및 특성 덕분이라고 할 수 있다.

### VIII.2.1. 우수한 직업교육제도

독일기업이 가진 경쟁력의 원천을 이루는 요소 중에서 첫 번째로 꼽을 수 있는 것은 독일이 보유하고 있는 우수한 직업교육제도이다. 독일에는 오랜 전통에 기반을 두고 있는 직업교육제도가 있어서 개인은 물론 기업과 국가 모두 그 혜택을 누리고 있다. 유치원을 제외하고 초등학교부터 대학교까지 무상교육이 이루어지고 있는 독일의 일반 교육제도는 아주 독특하다고 할 수 있다. 즉, 초등학교 과정이 끝나면 이미 한 사람의 진로가 결정된다고 해도 과언이 아니기 때문이다. 초등학교를 마치게 되는 4학년이 끝나면 가장 우수한 자질을 가졌다고 판단되는 학생들은 인문계 중 · 고 통합학교인 "귐나지움(Gymnasium)"으로, 그 보다 자질이 떨어지는 학생들은 "실업학교(Realschule)"로, 그리고 가장 자질이 부족한 학생들은 "기본학교(Hauptschule)"로 진학하게 된다. 또 다른 형태의 학교로 진학할 수도 있는데, 학생들의 진로가 너무 일찍 결정되는데서 발생할 수 있는 위험을 완화시키기 위해 10학년까지 세 가지 형태의 학교로 분류하지 않는 "종합학교(Gesamtschule)"가 그것이다. 이 "종합학교"는 그러나 독일의 모든 연방주에 있는 것은 아니다. 2015/16 학년도의 경우 귐나지움에 5학년으로 진학한 학생들이 전체의 43.4 %인데, 이것은 전년 대비 약 0.5% 감소한 것이라 한다.[4] 이 수치는 물론 16개에 달하는 연방주마다 상이한 인문계학교 진학률을 평균한 결과인데, 2000년대 초반의 30%대 진학률에 비해서는 많이 상승한 것으로 볼 수 있다. 독일에서 대학교에 진학하지 않는 실업계학교 학생들은 바로 기업에서 직업교육을 받거나 2~3년제의 "직업학교(Berufsschule)"나 "직업아카데미(Berufsakademie)"에서 소위 "이원교육제도(duales Ausbildungssystem)"에 따라 기업에서 받는 실무교육과 병행하여 이론학습 교육을 받은 후 취업할 수 있다. 물론 공학 분야를 전공할 수 있는 "응용과학대학 (Fachhochschule)"이나 "대학(Hochschule/Universität)"에서 학업을 마친 후 취업하거나 재학 중에 이원교육제도에 의거한 이론과 실습 교육을 마치고 취업할 수도 있다.[5] 우리나라에서도 적용하고자 노력하고 있는 이 이원교육제도의 장점은 두 가지이다. 교육생의 입장에서는 급여를 받으면서 과정을 마칠 수 있는데다 과정을 이수한 후 약 90%가 정규 직원으로 취업할 수 있다는 것이며, 기업

4 http://www.pz-news.de/baden-wuerttemberg_artikel,-Immer-weniger-Schueler-gehen-aufs-Gymnasium-_arid,1074211.html 참조.

5 https://www.siemens.de/jobs/schulabsolventen/information-parents/documents/texteltern_de pdf 자료 2쪽 참조.

또한 맞춤형 교육을 통해 숙련된 인재를 미리 확보할 수 있다는 것이다.[6] 이미 잘 알려져 있는 것처럼 독일에는 전공이나 직종에 따른 소득 격차가 존재할 수는 있지만 학력에 따른 소득의 차이는 크지 않다. 독일에 있는 약 350개의 직종에 종사하고 있는 대부분의 인력들은 기업에 근무하면서 직종의 숙련도를 향상시키고 추가 교육을 받은 후 시험을 거쳐 "마이스터(Meister)"가 될 수 있다. 누구든 마이스터가 되면 그 분야의 전문가로 인정받으며 최고 대우를 누릴 수 있다.

### Ⅷ.2.2. 연구 개발을 위한 집중적 투자

대부분 전통적 제조업에 기반을 두고 있는 독일기업들이 단순히 강력한 생산능력만 보유하거나 유지하는 것이 아니라 세계시장의 역동적인 변화에 뒤처지지 않고 선도하는 또 다른 이유는 연구 분야에 대한 집중적인 투자가 이루어지고 있기 때문이다. 연간 약 840억 유로에 이르는 기업들의 연구 개발(FuE: Forschung und Entwicklung; 영어: R&D)에 대한 투자는 세계 최고수준을 자랑한다. 독일의 4개 연구협회 산하 87개의 연구소와 각 기업의 부설연구소 등이 보유한 연구 인력은 약 36만 명에 달한다. 고부가가치 첨단 산업분야를 선점하기 위한 독일의 노력은 기업과 대학이 협력하여 최첨단 연구를 통해 신기술을 개발하고 신제품을 생산해내기 위한 투자의 가장 확실한 방안으로서 약 500개에 이르는 산학연 클러스터를 조성한데서도 확인할 수 있다. 대표적인 산업클러스터로는 베얼린(Berlin) 소재 IT 클러스터, 함부엌(Hamburg)의 해양산업 클러스터, 구동독지역의 할레(Halle), 라이프찌히(Leipzig), 예나(Jena)의 바이오 클러스터, 서남부 카알스루에(Karlsruhe)의 기계 · 자동차산업 클러스터, 이외에 우리나라에서 독일의 친환경수도로 알려진 프라이부엌(Freiburg)의 태양광산업 클러스터 등이 있다.[7]

6 독일을 이야기하다. 1권, 한독경제인회 편, 파주 2016, 272쪽 참조.

7 독일을 이야기하다. 1권, 한독경제인회 편, 파주 2016, 272쪽 및 112쪽 참조.

### Ⅷ.2.3. 중소·중견기업 중심의 경제구조

독일 기업들이 강력한 경쟁력을 보유할 수 있는 또 하나의 요인은 특이한 경제구조에 있다. 독일의 경제를 지탱하는 것은 우리나라와 달리 독일어로 "mittelständische Unternehmen", 직역하면 "중간(층)기업"으로 불리는 중소·중견기업들 덕분이라 해도 과언이 아니다. 이 같은 기업들의 숫자는 약 362만개로, 매출에 근거한 세금을 납부해야 하는 전체 독일기업의 99.6%를 차지한다는 사실은 놀랍기 그지없다. 독일 상법(Handelsgesetz)에 따르면 중소·중견기업은 연매출액이 1,200만 ~ 4,000만 유로이어야 하며, 종업원 수는 50~500명인 기업이 보통 여기에 해당되지만, 엄격한 기준은 아니며, 독일 기업들은 이 기준을 초과해도 스스로는 중소·중견기업으로 인식되기를 바라는 것이 특이하다. 본(Bonn)에 있는 "중소기업연구소(Institut für Mittelstandsforschung)"의 정의에 따르면, 중소·중견기업을 정의할 때는 소유와 경영의 일치라는 것이 또 다른 중요 기준이 된다. 다음의 두 가지 요건을 충족할 경우에 그 기업은 중소·중견기업으로 인정받는다. 첫째, 두 사람 또는 그의 가족 일원이 직접 또는 간접적으로 해당 기업의 주식을 최소한 50%까지 보유하고 있어야 한다. 둘째, 여기에 해당하는 사람이 이 사회의 구성원이어야 한다. 독일 중소기업연구소에 따르면, 독일에서는 "중소·중견기업(mittelständische Unternehmen)"과 "소유주 경영 기업(Eigentümerunternehmen)", "가족 기업(Familienunternehmen)"과 "가족 경영 기업(familiengeführte Unternehmen)" 등이 모두 비슷한 개념으로 사용된다. 이러한 추가 기준에 따르면, 종업원 수가 500명을 초과하거나 매출액이 5,000만유로 이상이 되는 기업도 "중소·중견기업"으로 분류될 수 있다.[8]

이런 "중소·중견기업"들이 독일 경제의 52%, 전체 생산량으로는 약 37%를 담당하고 있다. 독일 전체 노동시장에서 차지하는 비율이 59%를 웃돌며, 82% 정도의 직업교육생을 양성하고 있다. 이들 덕분에 독일은 세계에서 가장 낮은 8% 미만의 청년 실업률, 이와 연동되어 장기적으로 높은 취업률과 높은 생산성뿐만 아니라 지속적으로 첨단 기술

8 김경아, [독일, 오스트리아, 스위스 중소·중견기업 가업승계 현황 및 예측치 통계자료] 1쪽 참조. http://www.heri.re.kr/aFiles/2016/stats_data_1471850454.pdf

개발을 이룰 수 있다. 또한 중소·중견기업의 대부분이 수출기업이기 때문에 해외에서 올리는 매출이 매년 성장하고 있다. 이 같은 중소·중견기업의 특징을 살펴보면 다음과 같다. 대부분의 기업들이 가족기업으로서, 장기적으로 일관된 기업 철학을 가지고 한 분야에 집중한다. 규모가 비대하지 않기 때문에 업계의 변화에 신속하게 대처하고 끊임없이 개혁을 추구한다. 재무구조가 견실하고, 유사시에도 쉽게 금융지원을 받을 수 있다. 대부분 역사가 오랜 기업이다 보니 장기간의 거래를 통해 금융기관들과 깊은 신뢰가 형성되어 있기 때문이다. 자금력을 보유하고 있는데다 신중하면서도 신속한 전략 판단 및 결정이 가능하고, 장기적으로 한 분야에 집중함으로써 세계적인 경쟁력을 갖추고 있다. 따라서 경제위기 상황에서도 꾸준한 성장을 이루고 있다. 앞서도 이야기 했듯이 우수한 인력양성제도에 힘입어 미래에 필요한 인재를 자체 교육을 통해 양성한 후 직원으로 고용한다. 여기에다 필요한 경우 연구와 개발, 전문가 알선, 해외투자 정책, 또는 기업 설립이나 투자와 관련하여 정부의 정책적인 협조와 지원을 받을 수 있다.[9] 이러한 특성들이 시너지 효과를 냄으로써 수많은 독일 중소·중견기업이 국내나 유럽의 내수시장뿐 아니라 세계시장에서 해당 전문 분야를 지배하고 있다. 이처럼 세계시장을 선도하고 있는 기업들을 "히든 챔피언(Hidden Champion)"이라 부른다. 아래에서는 이 같은 독일의 "히든 챔피언(Hidden Champion)" 기업들에 대해 상세히 살펴보기로 하자.

## VIII.3. 독일의 "히든 챔피언(Hidden Champion)"

"히든 챔피언", 독일어로 "감춰진 선두주자(heimliche Spitzenreiter)"라는 명칭은 독일의 경영학자 헤어만 지몬(Hermann Simon)이 정립한 개념이다. 그에 따르면, "히든 챔피언" 기업이란 규모가 작거나 중간 규모에 해당되는 기업으로서, 일반 소비자들에게 잘 알려

9 박동수 블로그 "독일경제 III. 중소기업들" 참조. http://blog.daum.net/dspark4

져 있지 않지만 내수시장이나 세계시장에서 경쟁력이 강한 선도적 기업을 가리킨다. 즉, "히든 챔피언"은 유명하지는 않지만 각 분야에서 자신만의 특화된 경쟁력을 바탕으로 세계 시장을 지배하는 작지만 강한 우량 중소·중견 기업을 지칭하는 것이다. 헤어만 지몬의 정의에 따르면, 어떤 기업이 "히든 챔피언"이 되기 위해서는 세 가지의 구체적인 요건을 갖추어야 한다. 첫째, 일반인에게 비교적 덜 알려진 기업이어야 하고, 둘째, 그 분야에서 세계시장 점유율이 1위에서 3위 안에 들거나 혹은 그 기업이 있는 대륙에서 1위를 기록해야 하며, 셋째, 연 매출액은 30억 유로(40억 달러) 이하여야 한다. 매출액 기준은 약간의 융통성이 있지만, 일반적으로 "히든 챔피언" 기업들의 매출액은 많아도 50억 유로를 넘지는 않는 것이 보통이다. 히든 챔피언은 독일 기업의 경우에서 보듯 가족기업인 경우가 많으며, 역사가 오래된 기업들이 많다. 창업한지 100년이 넘은 기업이 전체의 1/3을 넘는 약 38%를 차지하며, 40년 이상의 역사를 가진 기업의 비율은 무려 75%에 이른다.

### VIII.3.1. "히든 챔피언"의 경영전략

"히든 챔피언" 기업들의 가장 중요한 성공 비결은 오랫동안 한 분야에 집중하고, 고객의 수요와 요구를 파악하여 고객에 가까이 다가가려는 친화성과 성실한 경영원칙을 꼽을 수 있다. 이 기업들의 경영전략 상의 특징은 다섯 가지 정도로 요약할 수 있다. 첫째, "틈새시장(Nischenmarkt)"에 집중한다. 장기간 안정적으로 비즈니스를 할 수 있는 영역이면서도 대기업이 뛰어들기에는 규모가 작고 특수한 분야에 전력을 기울인다는 것이다. 둘째, 지속적인 "연구와 개발(Forschung und Entwicklung, 영어: R&D)"을 통해 끊임없이 혁신을 추구한다. 변화하는 시장에 적응하기 위해 연구 개발을 통한 기술력 확보와 새로운 제품 개발뿐 아니라 프로세스, 시스템, 마케팅 및 서비스 등 경영전반에서 혁신을 추구한다는 것이다.[10] 셋째, 철저하게 고객 중심주의를 지향한다. 약 83%가 고객과 직접 거래하며, 고객의 요구와 불만사항 등에 민첩하게 대응한다. 고객과의 접점을 놓치지 않기

---

10 독일을 이야기하다. 1권, 한독경제인회 편, 파주 2016, 155쪽.

위해 주요 고객의 소재지 인근에 생산기지나 서비스 거점을 확보하고 있다. 그 결과 고객의 약 66%가 고정고객일 정도로 충성도가 높다. 넷째, "히든 챔피언" 기업은 세계경영을 추구한다. 해외에 있는 고객들이 중요하기 때문에 이들을 지원하기 위해 지속적으로 노력하며, 새로운 시장을 해외에서 개척하려고 시도하기 때문이다. 헤르만 지몬에 따르면, 히든 챔피언 기업은 평균 8개의 생산 법인과 16개의 판매 법인을 합쳐 해외에 24개의 지사를 보유하고 있다.[11] 다섯째, "히든 챔피언"들은 철저한 인력관리를 위해 전력을 기울인다. 이 기업들이 지속적으로 성장할 수 있는 가장 중요한 원동력을 우수한 인력 확보에서 찾고 있기 때문이다. "히든 챔피언" 기업 최고경영자의 평균 재임기간이 20년으로 다른 기업들에 비해 훨씬 긴데, 이는 많은 "히든 챔피언" 기업들이 가족기업이기 때문에 그렇다. 가족이 기업의 소유권을 가진 비율이 약 66%에 이르며, 점차 전문경영인 체제로 변해가고 있기는 하지만 소유권과 경영권을 한 사람이 가지고 있는 경우도 55%에 달한다.[12] 이뿐 아니라 직원들의 근속 기간도 길고 충성도도 높다. 많은 직원들의 경우 세대가 바뀌어도 대를 이어 같은 기업에서 근무하는 것도 볼 수 있다. 이는 "히든 챔피언" 기업들이 오랫동안 한 지역에 근거를 두고 경영을 해옴으로써 그 지역 주민과의 유대가 돈독하고 지역 경제 발전에 중요한 역할을 하고 있는 덕분이기도 하다. 헤르만 지몬이 "히든 챔피언" 기업이 보유하고 있는 경쟁력을 분석한 결과 직원들의 회사에 대한 충성도 지수가 79.5%에 이르며, 직원의 자질이 72.9%, 직원의 근무의욕이 72.7%에 이른다고 한다.[13] 이처럼 우수한 자질을 갖추고, 회사에 대한 강한 신뢰에서 비롯된 강한 충성도를 보유한 지역의 인재를 육성하고 고용하는 것이 대부분 "히든 챔피언" 기업들의 중요한 경영전략이다. 잘 알려져 있다시피 독일은 전통적으로 제조업 분야에서 세계 최고의 경쟁력을 보유하고 있는데, 중소 · 중견 기업들이 제조업 분야 경쟁력의 중추적 역할을 담당한다. 수많은 독일 중소 · 중견 기업이 특화된 높은 기술력, 자질이 뛰어나고 충성도가 높은 인력, 일관된 경영철학을 토대로 세계 시장에서 점유율 최고의 자리를 다투는 "히든 챔피언"으

11 독일을 이야기하다. 1권, 한독경제인회 편, 파주 2016, 156쪽

12 같은 책 157쪽.

13 같은 책 158쪽에서 재인용.

로 분류된다. 2014년 기준 전 세계 히든 챔피언은 2,734개인데 그 중 독일 기업이 1,307개로 약 48%를 차지하고 있다.

## VIII.3.2. "히든 챔피언" 톱 10

이제 1,300개가 넘는 독일의 "히든 챔피언"들 중 Top 10 기업을 간략하게 소개해 보기로 하자. 10위를 차지한 기업은 "아비라 홀딩 유한회사(Avira Holding GmbH)"로서, IT 보안업계의 강자이다. 이 기업은 IT-보안업체로서, avast, avg와 함께 세계 3대 무료 백신 프로그램 업체로 유명하다. 전 세계에서 약 2억 4000만 명이 사용하는 "안티비르(AntiVir)"라는 배신프로그램을 개발했으며, 무료버전, 프로버전, 인터넷 시큐리티 제품이 있다. 한글을 지원하며, 여러 공신력 있는 테스트에서 상위권을 유지하고 있다. 2000년대에 들어와 이 메일 사용이 일상화되면서 이 메일 보호기능을 포함한 제품을 개발하였고, PDA, 스마트폰용 안티비르(AntiVir) 모바일 앱도 제작했다. 30억 개가 넘는 컴퓨터바이러스에 대처하고, 30개가 넘는 국가에 프로그램을 수출하고 있다. 2006년 창업된 유한회사인데, 1986년 전기엔지니어 탸크 아우어바흐(Tjark Auerbach)가 동료와 함께 IT회사 "H+BEDV Datentechnik"을 설립한 것이 모태가 되었다. 본사는 바덴-뷔어템베억(Baden-Württemberg) 주의 테트낭(Tettnang)에 있으며, 2013년 기준 종업원 수는 532명이다. 연매출액은 6,718만 유로를 기록하였다.

9위에 오른 기업은 꽃 재배를 통해서 세계시장을 지배하게 된 "하크 난초(Hark Orchideen)"이다. 1904년 동네의 조경업체로 창업하여 100년 만에 글로벌 난초 재배 전문기업으로 성장했으며, 본사는 노어트라인-붸스트퐐렌(Nordrhein-Westfalen) 주에 있는 인구 60,000명의 중소도시 립슈타트(Lippstadt)에 있다. 난초 대량 재배 부문의 선구자로 간주되는데, 안전 시스템으로 종자 컵마다 바코드를 붙여 개별 관리하는 방식을 채택함으로써 신뢰를 얻었다. 이를 기반으로 양질의 배양 난을 전 세계 고객에게 공급하고 판매하는데 성공하였다. 고객을 위한 맞춤서비스를 통해 고객이 원하는 양만큼 판매하며, 난의 성장 데이터 등을 지원하고, 이 같은 모니터링 공정을 통해 회사의 투명성을 제고하고 있다. 웹사이트 등을 통해 온라인으로 난초를 재배할 때의 주의사항이나 병, 해충 등에 관한 정보를 서비스하고 있다.

8위는 "브리타 유한회사(Brita GmbH)"로서 정수 여과 필터 제조부문에서 최강자이다. 물에 석회성분이 많은 독일에서는 가정마다 브리타 정수기를 사용하지 않는 가정이 없다고 해도 과언이 아니다. 실제로 브리타 정수기로 정수한 물과 수돗물을 사용해서 커피를 끓이면 확연한 차이가 난다. 정수하지 않은 수돗물로 끓인 커피에는 기름띠처럼 뿌연 석회성분이 뜨는 반면 브리타 정수기로 여과한 물로 끓인 커피는 원래의 깨끗한 빛깔이 유지되고 있는 것을 육안으로 확인할 수 있다. 현재 우리나라에도 진출해 있지만 이미 가정용 렌탈 정수기를 판매하는 여러 기업들이 시장을 선점하고 있어서 성공을 거두고 있지는 못하고 있는 것으로 보인다. "브리타 유한회사"는 1966년 하인쯔 한카머(Heinz Hankammer)가 자신의 딸 이름을 사명으로 하여 창업한 가족기업이다. 1970년에는 가정용 음용수 정수필터 부문에서 특허를 출원하였으며, 독일 헤센(Hessen) 주의 타우누스슈타인-노이호프(Taunusstein-Neuhof)에 본사가 있다. 스위스, 영국, 이탈리아에 생산 기반을 보유하고 있으며, 우리나라를 포함하여 60개 이상의 국가에 진출하여 휴대용, 가정용 음용수 여과기를 판매하고 있다. 기업의 사회적 책임을 강조하고, 사회적 후원에 적극적인 기업으로 유명하다. 2014년 기준 종업원 수는 1,430명이며, 연 매출액 3억 6,200만 유로를 기록하였다.

독일 내에서 7위를 차지하고 있는 히든 챔피언 기업은 "메네케스(Mennekes)"로 공업용 플러그 생산 부문에서 세계를 지배하고 있다. 1935년 창업하였으며, 본사는 키르히훈뎀(Kirchhundem)에 있다. 규격화된 공업용 플러그는 전기차용 충전설비에 필수적으로 사용되는데, 독일에서만 2020년까지 약 백만 대의 전기차가 운행될 예정이며, 2030년까지는 기존 화석연료로 운행하는 차량이 전면 운행중단 될 계획이므로 "메네케스"의 성장가능성은 대단히 긍정적이라 볼 수 있다. 키르히훈뎀(Kirchhundem)과 에어쯔산맥(Erzgebirge) 지역에 있는 노이도어프(Neudorf) 등에서 제품을 생산하여 세계시장에 판매하고 있으며, 중국의 난징에서도 생산과 판매가 이루어지고 있다. 중국을 비롯한 8개국에 자회사를 두고 있는데, 종업원 수는 약 1,000명에 이르고, 연매출액은 1억 3,000만 유로를 기록하고 있다. 2014년 직업교육제도가 잘 갖추어진 독일 내에서도 특히 직업교육과정이 뛰어난 기업으로 선정되었다.

독일 내 "히든 챔피언" 랭킹에서 6위를 차지한 기업은 반도체 실리콘 웨이퍼 세계챔피언인 "질트로닉(Siltronic)"이다. 전문가가 아니면 들어본 적이 없을 만큼 낯선 이 기업은 나노기술에 기반하여 반도체 "실리콘 웨이퍼"를 생산 판매하는 세계 선도기업이다. 1968에 창업하였으며, 현재 "봐커 화학 주식회사 (Wacker Chemie AG)"의 자회사이고, 본사는 뮌헨에 있다. 유럽에서는 독일, 미국과 아시아의 싱가포르를 기반으로 삼성과 같은 세계적인 컴퓨터칩 제조회사들과 협업하며, 전 세계에 자사의 제품을 수출하고 있다. 주목할 점은, 유연하고 재능 있는 인재를 양성, 발굴하기 위해 세계 각지에 있는 대학들과 제휴연구를 하고 있다는 사실이다. 2014년 기준 종업원 수는 4,200명, 연매출액은 8억 5,300만 유로를 기록하였다.

5위를 차지한 기업은 어린이용 그림책들을 출판하는 기업으로 유명한 "라벤스부어거 주식회사 (Ravensburger AG)"로 책 출판뿐 아니라 남녀노소가 즐기는 보드게임과 퍼즐 전문회사이다. 독일인들은 이 "라벤스부어거"라는 이름과 함께 자라난다고 해도 과언이 아닐 정도로 이 회사의 동화책이나 퍼즐게임과 보드게임을 즐긴다. 유학시절 태어난 필자의 큰 아이 역시 "라벤스부어거" 그림책 읽어주는 것을 들으며 잠들곤 했다. 이 기업은 1883년에 창업했는데, 창업 1년 후에 "80일간의 세계일주"를 모티브로 만든 "지구 일주 여행(Reise um die Erde)"이라는 보드게임을 출시한 이후 850개 이상의 자체 프로그램을 보유하고 있다. 1900년 로고상품들을 특허 신청했으며, 대표적인 게임은 카드를 가지고 하는 "메모리(Memory)" 게임이다. 1980년대부터 전자게임을 개발하기 시작했고, 현재는 보드게임, 책, 테블릿 게임, 퍼즐, E-Book, "플레이랜드" 같은 레저게임 등 8,000개 이상의 상품을 생산하고 있다. 종업원 수는 2014년 기준 약 1,800명이며, 연매출액은 3억 7,320만 유로에 달한다.

랭킹 4위 "히든 챔피언"은 이제는 우리나라에서도 모르는 사람이 없는 "황금곰(Goldbären)" 젤리를 생산하는 "하리보 유한 합자회사(Haribo GmbH & Co KG)"이다. 독일에서 "하리보"를 모르는 사람은 없다고 해도 과언이 아닐 정도로 이 과자는 모든 계층에서 사랑받고 있다. 슬로건이자 로고송인 "하리보는 애들을 즐겁게 해, 그리고 어른도 마찬가지야(Haribo macht Kinder froh und Erwachsene ebenso)"에서 앞부분은 1935년에, "그리고"로 시작되는 뒷 부분은 약 30년 후에 만들어져서 지금도 누구나 기억하는 유명한 광고가 되었다. 1920년 12월 13일 본(Bonn)에서 요한 한스 리이겔(Johann Hans Riegel)이 창업하였다. "하리보"라는 제품 이름이 창업자인 그의 이름 중 "Ha"와 "Ri"에다 본사가 있는 "Bonn"의 앞 두 글자를 조합해서 만들어졌다는 것은 널리 알려진 사실이다. 2차 대전이 끝난 후에는 두 아들 중 한스 리이겔 주니어(Hans Riegel jr.)가 경영을 맡고, 파울 리이겔(Paul Riegel)이 연구개발을 맡아서 획기적인 발전과 성장을 이루었다. 이후 파울 리이겔의 아들에 의해 경영되고 있는 가족기업으로서, 독일 내에 4개의 공장이 있고, 다른 유럽지역에 10개의 공장이 있으며, 세계 100개국 이상의 나라에 진출해 있다. 이슬람권 국가 소비자들을 위해서는 원료로 식물성 젤라틴을 사용하며, 터키에 있는 공장에서 제품을 생산하고 있다. 종업원 수는 2014년 기준 7,000명이며, 연매출액은 17억에서 20억 유로에 이른다.

독일의 "히든 챔피언" 3위 기업은 역시 가족기업인 "젠하이저(Sennheiser)"이다. 유럽대륙에서 음향기기, 특히 헤드폰 부문 1위를 차지하고 있는 기업으로서, 본사는 니더작센(Niedersachsen) 주 수도인 하노붜(Hannover)에 있다. 1945년 제2차 세계대전 종전 후 프리쯔 젠하이저(Fritz Sennheiser)와 하노붜(Hannover) 대학의 엔지니어들이 창립하였다. 헤드폰과 마이크 제품을 주로 생산하며, 세계 90개 이상의 국가에 진출해 2,600명 이상의 종업원을 고용하고 있다. 연매출액은 2014년 기준 6억 3,480만 유로이며, "오래된 역사와 혁신적인 문화, 최고를 향한 열정"이 이 기업의 모토이다. 스마트폰의 발달과 유행이 "젠하이저"의 성공에 큰 기여를 했으며, 현재 경쟁자로는 미국의 "비츠 전자(Beats Electronics)" 정도가 있다.

독일 "히든 챔피언" 2위를 차지한 기업은 "캐르혀(Kärcher)"로서, 우리나라의 "한경희 스팀세척기"와는 규모나 성능 면에서 비교가 불가능한 고압세척기 시장의 세계챔피언이다. 정식 회사이름은 "알프레드 캐르혀 판매 유한회사(Alfred Kärcher Vertriebs-GmbH)"

로서 역시 가족기업이다. 1950년 유럽에서 최초로 고압세척기를 개발하였으며, 2012년 기준 190개국에 57개의 자회사를 보유하고 있다. 전 세계에서 "캐르혀(Kärcher)"를 위해 일하고 있는 종업원 수는 10,000명이 넘으며, 연간 매출액은 20억 유로에 이른다. 이 기업의 고압세척기는 세계문화유산을 세척할 정도로 높은 기술력을 인정받고 있다. 예를 들면 2016년 올림픽이 열렸던 브라질 히우 데 자네이로(Rio de Janeiro)의 예수상이나 미국 뉴욕의 자유의 여신상, 러시모어 산의 대통령 조각상을 세척했으며, 독일 국내에서는 브란덴부르크 문(Brandenburger Tor) 등을 세척하는데 사용되었다.

1,300여 개가 넘는 독일의 "히든 챔피언" 중 1위를 차지한 기업은 "미일레 합자회사(Miele & Cie. KG)"이다. 우리나라에서도 프리미엄 드럼세탁기와 청소기로 유명한 이 기업은 1899년 설립 이래 독립적인 가족 경영에 의해 운영되어 왔다. 창업 후 120년에 가까운 세월이 흘렀으나 아직도 공동창업자였던 미일레(Miele)와 찐칸(Zinkann) 두 가족에 의해 공동으로 경영되고 있다. "미일레(Miele)"는 주방과 세탁실, 그리고 마루 보호를 위한 가전제품 제조뿐만 아니라 상업 및 의료 시설용 제품에도 주력하고 있는 기업이다. "미일레(Miele)"는 모든 관련 시장에서 가장 선호하는 업계 브랜드가 되기 위한 전략적 비전을 바탕으로 내구성과 성능, 사용의 용이성, 에너지 소비효율, 디자인, 서비스의 기준이 되는 제품을 소비자들에게 제공하는 것을 목표로 추구하고 있다. 공동창업자인 카알 미일레(Carl Miele)와 라인하어트 찐칸(Reinhard Zinkann)이 최초로 생산한 제품에 새겼던 문구 "항상 더 낫게(Immer besser)"는 아직까지도 "미일레 (Miele)"의 기업철학이 담긴 기본원칙으로서 존중되고 있다. 2014/2015년 기준 34억9천만 유로의 매출을 달성했으며, 이는 전년 대비 2억6천7백만 유로가 증가한 것으로, 8.3%의 성장을 이룬 것이다.

가전회사 미일레(Miele) 전경

미일레(Miele) 박물관 내부 모습

## VIII.3.3. 기타 "히든 챔피언" 사례

독일에는 이 10개의 기업이 주력하고 있는 부문이 아닌 말 그대로 "틈새시장"에서 세계를 지배하고 있는 수많은 다른 "히든 챔피언"들이 있다. 최근 들어 우리에게 잘 알려져 있는 "히든 챔피언"으로는 세계에서 가장 오래된 필기구 기업인 "파버-카스텔(Faber-Castell)"이 있다. 1761년 설립된 이후 현재 창업자 후계 8세대인 안톤 볼프강 파버-카스텔(Anton Wolfgang Faber-Castell) 회장이 1978년부터 최고경영자로 이 기업을 이끌고 있다. 주목할 만한 사실은, 뉘언베엌 (Nürnberg) 근처에 있는 슈타인(Stein)에서 창업한 이래 한 번도 기업이 이전한 적이 없다는 점이다. 연필과 색연필, 고급 만년필과 볼펜, 메이크업 연필에 이르기까지 연간 20억 개 이상의 제품을 생산하며, 매년 7억 유로 이상의 매출을 올리며 디지털 시대에 아날로그 제품이 살아남을 수 있다는 것을 증명하고 있다.

이 외에 흥미로운 제품 분야에서 세계를 이끌고 있는 몇 개의 "히든 챔피언"을 더 소개하면 다음과 같은 기업들이 있다. 여러분은 앞으로 병원의 진료실에 가면 의사 뒤 혹은 옆에 서 있는 골격 모델이 어느 나라, 어느 회사 제품인지 잘 살펴보기 바란다. 병원뿐 아니라 대학이나 기업의 연구실, 실험실 등에 사용되는 인체 모형이나 골격 모델의 생산은 "드라이베 사이언티픽(3B Scientific)"이라는 기업이 세계시장을 장악하고 있기 때문이다. 여러분은 혹시 옛날 우리나라 시골 천장에 길게 매달려있던 파리 잡이 끈끈이를 기억하시는지? 요즈음은 거의 보기 힘들어졌지만, 간혹 여행 중에 우연히 들른 시골의 허름한 음식점에서 마주칠 수 있을지 모르겠다. 그런데 독일의 슈퍼마켓에 가면 아직도 이 파리 잡이 끈끈이를 살 수 있다. 우리나라보다 위생상태가 전반적으로 나아서 그런지 파리가 별로 없는데도 말이다. 아마 이 부문 세계시장을 지배하는 기업이 독일의 "아에록손(Aeroxon)"인 때문이 아닐까? 여러분이나 필자나 어렸을 때 입으로 불어서 비눗방울 풍선을 만들어 날리는 놀이를 즐겨했을 것이다. 아이들이 아직도 좋아할 바로 이 비눗방울 및 비눗방울 놀이기구를 세계시장에 판매하는 "롤프 하인 유한 합자회사(Rolf Hein GmbH Co. KG)" 또한 독일이 보유하고 있는 히든 챔피언이다. 독일에는 모두 몇 종류의 부어스트(Wurst), 즉 소시지가 있는지 이미 살펴보았다. 이 1,500종에 이르는 소시지를 만드는 데는 원래 양이나 돼지 창자가 필요했지만, 워낙 많은 수요를 감당하기 어려워 인조 재료를 쓰기도 한다. 바로 이 인조섬유로 된 식용 소시지 껍질을 생산하는 "히든 챔피언" 기업이 1863년 설립된 회학회사 "칼레(Kalle)"이다. 여러분 중 여성들은 화장할 때 앞에 놓인 립글로스 케이스를 유심히 관찰해보시기 바란다. 혹시 "붸클레(Weckerle)"라는 이름이 보이면, 그 제품은 독일 서남부 아이스링엔/퓔스 (Eislingen/Fils)에 있는 "히든 챔피언"이 여러분을 위해서 만든 것일 터이기 때문이다.

독일에는 이처럼 세계시장에서 놀라운 성과를 올리고 있는 "히든 챔피언"들이 곳곳에 숨어있다. 우리나라에는 "인바디"를 비롯해 고작 20여 개의 기업들만이 "히든 챔피언"의 반열에 올라있는데 말이다. 우리나라에 더 많은 "히든 챔피언" 기업이 생겨나기 위해서는 그 성공 원인에 대한 정확한 분석과 정부의 지원이 강화되어야할 것은 물론 중소 · 중견기업에 대한 사회적 인식이 바뀌어야 할 것이다. 사족처럼 덧붙이지만 대단히 중요한 한 가지 사실은, 구멍가게까지 진출해야 직성이 풀리는 우리나라 대기업들의 문어발식 경영전략이 바뀌지 않는 풍토에서 새로운 "히든 챔피언"이 탄생하는 것을 기대하기는 불가능하리라는 것이다.

## VIII.4. 독일의 대표 산업

잘 알려져 있다시피 독일은 제조업 분야가 강한 나라이다. 구체적으로는 자동차 및 자동차부품 산업 부문과 기계, 철강, 화학, 전자, 의료, 컨벤션, 그리고 친환경 산업분야에서 두각을 나타내고 있다. 그러나 놀랍게도 세계 1,000대 기업 안에 드는 대기업은 "폭스봐겐(Volkswagen)", "다임러 (벤쯔)(Daimler (Benz))", "베엠붸(BMW)" 같은 자동차 기업이나 자동차 부품, 기계류 생산 기업 "보쉬(Bosch)", 전자 기업 "지멘스(Siemens)", 화학 기업 "베아에스에프(BASF)", 에너지 공급기업 "에.온(E.ON)", 보험기업 "알리안쯔(Allianz)",

유통기업 “메트로(Metro)”, 통신기업 “도이췌 텔레콤(Deutsche Telekom)”, 소프트웨어 전문기업 “에스아페(SAP)” 등 30여 개 밖에 되지 않는다. 세계 1,000대 기업에 드는 이 같은 기업들이 역시 독일 국내 대기업 랭킹에서도 대부분 10위 권 안에 포진하고 있는 것을 아래 도표를 통해 확인할 수 있다. 이 도표는 2015년 기준 독일의 10대기업을 업종과 본사, 종업원 수, 매출액 / 수익의 항목으로 나타낸 것이다.

| 독일 순위 | 기업 | 업종 | 본사 | 종업원수 (단위: 명) | 매출액 / 수익 (단위: Euro) |
|---|---|---|---|---|---|
| 1 | Volkswagen | 자동차 및 부품 | Wolfsburg | 600,000 | 2,025억 / 127억 |
| 2 | Daimler | 자동차 | Stuttgart | 279,000 | 1,299억 / 108억 |
| 3 | E.ON | 에너지(가스) | Düsseldorf | 58,500 | 1,115억 / 31억 손실 |
| 4 | BMW | 자동차 | München | 357,000 | 972억 / 91억 |
| 5 | Siemens | 전자 | Berlin/ München | 35,7000 | 908억 / 55억 |
| 6 | BASF | 화학 | Ludwigshafen | 117,000 | 898억 / 68억 |
| 7 | Metro | 도· 소매 유통 | Düsseldorf | 250.000 | 796억 / 8억 |
| 8 | Deutsche Telekom | 통신 | Bonn | 227,500 | 757억 / 33억 |
| 9 | Deutsche Post | 우편, 물류 | Bonn | 488,000 | 685억 / 20억 |
| 10 | RWE | 에너지(전기) | Essen | 60,000 | 558억 / 13억 |

## VIII.4.1. 독일의 자동차 산업

위의 도표를 통해서 확인할 수 있듯이 독일에서 가장 대표적인 산업은 자동차 부문이다. 2017년 기준 인구 8,280만 명인 독일에서 국내에만 약 5,000만대의 자동차가 운행 중이다. 독일이 유럽시장의 30%를 차지하는 역내 최대의 자동차 시장인 이유이다. 2016년 자동차기업별 판매대수를 계산해보면, 폭스봐겐 (Volkswagen)이 디젤차 배기가스 스캔들에도 불구하고 10,102,036대 판매로 세계 1위를 차지했다. 그리고 독일 자동차 3사의 판매대수를 합치면 14,900,000대가 넘는다. 1862년 “오토 엔진(Otto Motor)”의 발명,

1886년 카알 벤쯔(Carl Benz)에 의한 최초의 자동차의 발명 등 역사적인 사실을 상기하지 않더라도 가히 독일을 자동차의 나라로 부를 수 있는 근거가 여기 있다. 현재 독일 및 유럽 최대의 자동차 기업인 폭스봐겐(Volkswagen)은 1938년 5월에 설립되었는데, 그 때는 나찌가 집권하고 있던 시기로서, 폭스봐겐(Volkswagen)은 히틀러의 지시로 "기쁨에서 얻어지는 힘"이라는 뜻을 가진 최초의 자동차 "카데에프-자동차(KdF: Kraft durch Freude-Wagen)"를 개발하게 된다. 이미 설립 직후인 1938년 7월 이 차를 위한 도시가 건설되었는데, 2차 대전이 끝난 후 볼스부엌(Wolfsburg)으로 호칭이 바뀌게 된다. 당시의 이름은 "팔러스레벤 근교에 있는 카데에프 자동차의 도시(Stadt des KdF-Wagens bei Fallersleben)"였다. "카데에프-자동차(KdF-Wagen)"는 종전 후 딱정벌레를 뜻하는 "캐풔(Käfer, 영어식 명칭 beetle)"라는 이름으로 생산이 재개되어 2003년 단종될 때까지 무려 2,150만대가 판매되었다.

자동차 산업은 2015년 기준 총매출액 4,296억 유로를 기록하여 독일 산업 매출 전체의 약 20%를 차지하였다. 현재 세계에서 운행되는 자동차의 약 1/5은 독일 자동차인데, 독일 자동차 생산량의 75%가 해외로 수출되니 그럴 수밖에 없다. 중요한 것은 자동차뿐 아니라 자동차 부품 생산에 있어서도 독일은 세계 100대 부품기업 중 21개를 보유하고 있다는 사실이다. 따라서 독일 전체 노동시장에서 자동차산업의 비중은 지대하다. 전체 일자리 7개 중 하나는 자동차 산업과 연관되어 있다고 볼 수 있다. 세계 1위를 기록하고 있는 폭스봐겐(Volkswagen)을 비롯한 독일 자동차산업의 연구개발비 지출 비율은 전 세계 연구개발비 지출의 34%를 기록할 정도인데, 이는 독일 자동차 산업이 얼마나 신기술의 개발과 제품생산에 있어서 혁신을 추구하고 있는지 증명해준다. 실제로 최근 독일 자동차산업계의 주요 화두는 전기자동차, 수소차, 커넥티드카, 무인자동차 등에 집중되고 있다.[14] 독일 정부는 이 같은 자동차산업계의 노력을 2030년까지 기존 화석연료로 운행하는 자동차들을 퇴출하겠다는 정책 등을 통해 적극적으로 지원하고 있다.

14 독일을 이야기하다. 2권, 한독경제인회 편, 파주 2016, 62~63쪽 참조.

### VIII.4.2. 독일의 기계 및 철강 산업

위의 도표에서 확인할 수 있듯이 10대 대기업에 속한 기계 산업 분야의 기업은 없다. 그러나 독일의 기계 산업이 자동차와 함께 독일 산업의 토대를 구성하고 있는 중요한 분야라는 사실에 대해서는 의심의 여지가 없다. 기계 산업은 무엇보다 역사적으로도 "Made in Germany"의 신화를 구현한 대표업종으로서, 오랜 전통을 가진 기업들이 이 분야를 이끌고 있다. 산업혁명이 영국보다 50년 가량 늦은 독일은 처음에는 영국으로부터 증기기관 등의 기계류를 수입하였다. 그러나 1819년 하어코어트(Friedrich Harkort)가 독일 최초의 기계공장을 설립한 이후 19세기 중반에 오면 기술적 진보를 이루면서 기계제조업, 특히 금속 가공기계 사용이 확대되었다.[15] 2015년 기준 독일 기계 산업 분야의 기업 수는 6,389개, 연 매출액은 2,180억 유로를 기록했으며, 그 중 기계 산업 제품의 수출액이 1,550억 유로에 달했다. 기계 산업 분야에 종사하고 있는 근로자의 수는 2015년 기준 100만 9,000명으로 자동차 산업에 이어 최대 고용 창출 분야 중의 하나이다.[16]자동차 산업과는 달리 중소 · 중견기업들이 이 분야를 주도하고 있다. 따라서 대부분 기업의 종업원 숫자가 250명에 못 미치는 것이 특징이다. 이 산업분야의 수출 비중은 70%가 넘는데, 이 중 대 유럽수출 비중이 과반을 넘는다. 전 세계 기계 및 설비 교역의 약 16%를 차지하는데서 알 수 있듯이 독일 수출의 주 분야에 속한다. 주목할 것은, 전 세계 기술 관련 특허의 25%를 차지할 만큼 연구 개발을 통한 기술 혁신이 활발하며, 강세를 보이는 세부분야가 공작기계, 섬유기계, 건설기계 등이라는 사실이다.

여러분은 아파트나 사무 빌딩, 백화점 등에서 엘리베이터를 타고 내릴 때 혹시 버튼 옆이나 위에 붙어있는 "튀센-크룹(Thyssen-Krupp)"이라는 이름을 본 적이 있는지 모르겠다. 독일을 대표하는 철강기업인 이 "튀센-크룹(Thyssen-Krupp)"은 1999년 오랜 전통을 자랑하는 두 철강회사들이 합병하여 탄생한 기업이다. "크룹(Krupp)"이 1811년, "튀센(Thyssen)"이 1867년 설립된 데서 알 수 있듯이, 철강 산업은 산업혁명의 후발주자인 독일이 산업화를 이루는데

15 같은 책, 63쪽.

16 https://de.statista.com/themen/256/maschinenbau/ 참조.

선도적인 역할을 한 분야이다. 19세기 초반인 1834년 기계생산을 위한 독일의 철강 소비량은 약 12만 톤을 조금 넘는 수준이었으나 1847년에 오면 3배가 넘는 41만 5천 톤을 기록하게 된다. 철강 생산 또한 급속도로 증가하였는데, 1850년 약 10만 톤에서 1913년에는 약 400만 톤으로 급속하게 생산량을 늘리게 되었다.[17] 독일은 현재 연간 총 4,267만 톤 가량의 철강을 생산하는 세계 7대 철강생산국이다. 2015년 기준 전체 금속산업의 총 매출액이 943억 유로를 기록했는데,[18] 이 중 철강 산업의 매출은 378억 유로였다.[19] 총매출 중 수출비중이 39%에 이를 정도로 독일의 대표적인 수출산업 중의 하나이다. 독일 철강 산업의 중심지는 루어지방(Ruhrgebiet) 같이 과거 "라인 강의 기적"을 일궈냈던 공업지대가 밀집되어 있는 노어트라인-붸스트퐐렌(Nordrhein-Westfalen) 주이다. 이 지역에서만 독일 전체 철강 생산량의 약 40%를 생산하고 있다. 이 분야의 대표기업이 "튀센-크룹(Thyssen-Krupp)"인데, 이 기업은 현재 전 세계 80개국에서 철강을 비롯하여 자동차 부품을 생산하고, 엘리베이터 제작 및 플랜트 엔지니어링 등의 다양한 철강 관련 사업부를 운영하고 있다. 2015년 매출액 430억 유로를 기록했으며, 종사하고 있는 근로자의 총인원은 15만 5,000명에 이른다.[20]

Duisburg에 있는 튀센-크룹사 전경

튀센 크룹사가 제작한 엘리베이터

17 독일을 이야기하다. 2권, 한독경제인회 편, 파주 2016, 64쪽 참조.

18 https://de.statista.com/statistik/daten/studie/237217/umfrage/umsatz-der-metallindustrie-in-deutschland/ 참조.

19 https://de.statista.com/themen/834/stahlindustrie/ 참조.

20 독일을 이야기하다. 1권, 한독경제인회 편, 파주 2016, 127쪽 참조.

## VIII.4.3. 독일의 전기· 전자 산업

독일의 전기 및 전자산업은 2016년 기준 총매출액 1,820억 유로를 기록했으며, 고용인원은 약 85만명으로 자동차, 기계 산업과 함께 독일의 3대 최대 산업 분야이다. 총매출의 95%이상을 수출하는 대표적 수출산업 분야이며, 반도체 칩 생산에서 나노기술 분야에 이르는 첨단 미래 성장 산업 분야를 주도함으로써 독일이 국가적으로 추진하는 "산업 4.0 (Industrie 4.0)"을 이끌 선도 산업이다. 이 분야를 대표하는 기업은 의심할 바 없이 독일 10대 기업에서 탈락한 적이 없는 대기업 "지멘스(Siemens)"이다. 1847년 "지멘스와 할스케 (Siemens & Halske)"사가 창립된 이후, 1878년 세계 최초로 상용화된 전기모터를 생산하였고, 1880년 세계 최초의 엘리베이터 발명에 이어 1881년 세계 최초로 전차를 개발하였나. 전차는 19세기 말 독일의 중요한 수출품으로서 독일이 산업후발국에서 선진국으로 도약하는데 지대한 공헌을 하였다. 지멘스(Siemens)는 2016/2017 회계연도 830억 4,900만 유로의 매출액을 달성했는데, 이는 전 회계연도 매출액 796억4,400만 유로보다 34억 500만 유로가 증가한 액수이다.[21] 또한 순이익은 15억 유로를 달성했다. 지멘스(Siemens)는 2018년 "의료기술(Medizintechnik)" 부문을 증시에 상장하기로 결정했는데, 이 부문을 담당하는 자회사의 이름은 영어 단어 "health"와 "engineer"와 "pioneer"를 결합시킨 "Healthineers"이다.[22] 다른 독일제품도 그렇지만 수십 년 동안 고장 나지 않는 전기, 전자제품을 오랫동안 주력품으로 생산하던 지멘스(Siemens)의 새 주력 업종을 이끄는 이 자 회사는 2015년에 설립되어 현재 45,000명의 직원이 종사하고 있다. 우리나라 구인 구직 사이트 "잡플래닛 (Jobplanet)" 홈페이지에 들어가면 2018년 2월 현재 "지멘스헬스케어"라는 회사이름으로 여러 건의 채용정보가 올라와 있는데,[23] 평균연봉이 5,286만원으로 나와 있다.

---

21 다음 사이트 참조할 것.
https://de.statista.com/statistik/daten/studie/73827/umfrage/umsatz-von-siemens-seit-2005

22 http://www.spiegel.de/wirtschaft/unternehmen/siemens-mehr-umsatz-weniger-auftraege-joe-kaeser-bleibt-a-1161133.html 참고.

23 https://www.jobplanet.co.kr/companies/311603/salaries/지멘스헬스케어 참고.

## VIII.4.4. 독일의 화학·제약 산업

여러분 중 다른 진통제에 비해 크고 납작한 흰색의 아스피린을 한번 쯤 먹어보지 않은 사람은 드물 것이다. 현재는 전통적인 형태부터 물에 녹여먹는 발포형 까지 다양한 제품으로 생산되는 아스피린이 바로 1863년 설립된 독일의 화학 · 제약기업 "바이어(Bayer)"의 생산품이라는 것은 물론 알고 있으리라 믿는다. 우리나라에서 "바이어(Bayer)"는 어쩌면 독일 축구 명문 팀 중의 하나인 "바이어 레버쿠젠(Bayer Leverkusen)"의 모기업으로 더 유명할 수도 있겠다.

독일의 기술 전통은 화학제품 개발과 더불어 시작되었다고 해도 과언이 아닐 정도로 독일에서 화학 산업은 모든 가공 산업에 기초를 제공하는 분야였다. 다시 말해 화학 산업은 기계, 섬유, 건설, 포장재, 자동차 제조 등 대다수의 제조업에 재료로 사용되는 자재를 공급한다. "바이어(Bayer)"보다 2년 늦게 설립된 "베아에스에프(BASF)"는 현재 특히 화학 산업의 특성상 유발되기 쉬운 환경오염에 대한 예방과 경고 시스템을 구현한 대표적인 기업으로 꼽히기도 한다. 1877년 독일에서 생산된 인공색소가 이미 당시 전 세계 소비량의 50%를 차지할 정도로 독일 화학 산업의 발전은 빠른 속도로 전개되었다. 1897년 "베아에스에프(BASF)"는 현재도 청바지 등에 중요한 나염재료로 사용되는 합성 "인디고" 색소를 개발하여 대량으로 생산할 수 있게 됨으로써 당시에 벌써 독일의 수출입국에 중요한 공헌을 하였다. 이를 통해 "베아에스에프(BASF)"는 이미 1900년 대 2차 세계대전 후 최대의 화학기업으로 부상하였으며,[24] 현재도 이 분야 세계 1위에 올라있다. 독일은 세계 최대 화학제품 수출국 중의 하나로서, 2015년 기준 매출액 1,908억 유로를 기록하였다. 고용인원은 통일 직후 약 72만 명에서 40만 명 선으로 줄어들었으나[25] 여전히 독일 경제에서 중요한 역할을 하고 있다. 화학 산업은 특히 중요한 혁신 분야로서, 평균 연구 개발(Forschung und Entwicklung) 비용의 지출규모가 매출의 10% 이상을 차지하는데, 연간

---

24 독일을 이야기하다. 2권, 한독경제인회 편, 파주 2016, 68쪽 참조.

25 https://de.statista.com/statistik/faktenbuch/22/a/branche-industrie-markt/chemieindustrie/chemieindustrie/ 참고.

연구 개발 투자규모가 90억 유로에 이른다.[26]

독일에서는 화학 산업의 핵심 분야 중 하나인 제약 산업 분야도 대단히 발달하였는데, 이 분야가 화학 산업 전체 생산에서 차지하는 비중이 20%에 이른다. 제약 산업을 대표하는 기업으로 "바이어(Bayer)" 뿐 아니라 "뵈링어 잉엘하임 (Boehringer Ingelheim)", "바이어스도어프(Beiersdorf)" 등이 우리나라를 비롯한 글로벌 시장에서 명성을 얻고 있다. "바이어(Bayer)"는 화학 산업 분야에서 세계 3위를 기록하고 있을 뿐 아니라 현재 농업 종자시장에서도 1인자로 군림하고 있다. 2016년 9월 세계 최대의 종자회사인 미국의 "몬산토(Monsanto)"사를 660억 달러(약 74조원)에 인수한 것이다.[27] 이로써 생명과학과 농업 분야를 아우르는 명실상부한 글로벌 강자가 되었다. 독일 잉엘하임에 본사를 둔 "뵈링어 잉엘하임(Boehringer Ingelheim)"은 세계 20대 제약회사 중 하나로 현재 47,500명 이상의 직원이 전 세계 145개의 지사에 근무하고 있는데, 1885년 설립된 이후로 인체 의약품 및 동물 약품 분야에서 새로운 약물에 대해 연구, 개발, 생산하고 있다.[28] 북부 독일 함부엌(Hamburg)에 본사를 두고 있는 "바이어스도어프(Beiersdorf)"는 1882년 설립 이래 피부 관리 분야의 창시자로 인식되고 있다. 지속적인 연구 개발을 통한 전문성을 바탕으로 제품 혁신에 집중하고 있다고 자부하는 "바이어스도어프(Beiersdorf)"의 대표 브랜드는 의심할 바 없이 "니베아(Nivea)"이다. "니베아"는 전 세계에서 성공한 피부 관리 브랜드라고 할 수 있다. 세계적으로 성공한 다른 브랜드로는 "유세린(Eucerin)"과 고급화장품 브랜드 "라프레리(La Prairie)"가 있으며, 이 외에 입술보호크림의 대명사인 "라벨로(Labello)"와 "에이트 바이 포(8x4)", 반창고 브랜드 "한자플라스트 (Hansaplast)" 등을 빼놓을 수 없다. 또한 독일에서는 테잎을 지칭하는 일반명사로 사용되는 "테사(tesa)"가 "바이어스도어프(Beiersdorf)"의 자회사로서, 가정용은 물론 산업 및 소비재용 접착식 제품과 시스템 솔루션을 생산하고 있다.[29]

---

26 독일을 이야기하다. 2권, 한독경제인회 편, 파주 2016, 69쪽.

27 http://news.jtbc.joins.com/article/article.aspx?news_id=NB11313817 참조.

28 https://www.bikr.co.kr/about-us/our-company/boehringer-ingelheim/business-area 참조.

29 http://www.beiersdorf.co.kr 참조.

# IX.
# 문답으로 알아보는 독일인의 삶

## IX.1. 질문: 독일에서 반드시 지켜야 할 에티켓으로는 어떤 것이 있을까요?

사람과 사람 사이에서 지켜야 하는 예절 중에서 가장 중요한 것들을 말과 행동의 차원으로 나누어 살펴보도록 하겠습니다. 어떠한 언어적인 표현을 하거나 행동을 할 때의 원칙은 내가 상대하거나 내 주변에 있는 사람들에게 피해를 주지 않는다는 차원을 넘어 주변 사람을 배려하는 데서 찾을 수 있을 것입니다.

첫째, 누구와 대화할 때는 대화의 길이와 무관하게 가능한 한 감사의 표현과 그에 대한 응답의 표현을 자주 하는 것이 좋습니다. 가장 흔하게 쓰는 표현으로 “고마워요” 정도의 의미를 가진 “Danke”와 “천만에요”에 해당하는 “Bitte”가 있습니다. 우리말 보다 독일어에는 감사하다는 표현이 훨씬 다양하게 존재합니다. 예를 들어 감사를 표현하는 강도를 높이고 싶으면 “Danke” 뒤에 “매우”라는 뜻을 가진 “schön”[1]이나 “sehr”를 붙여 쓰면 됩니다. 그리고 “감사”를 뜻하는 명사 “Dank” 앞에 “많은”이라는 의미를 가진 형용사 “viel”이나 “진심으로”를 뜻하는 “herzlich”를 붙여 쓰는 경우도 많이 있습니다. “Vielen Dank.”, “Herzlichen Dank.” 같은 식입니다. 독일어에는 경칭이 있기 때문에 경칭을 써야 하는 경우 이런 명사적 표현을 쓰거나 주어 “나 Ich”를 넣어서 완전한 문장으로 표현하면 됩니다. 즉, 우리말 “당신께 감사드립니다”에 해당하는 “Ich danke Ihnen.”을 쓰면 되는 것입니다.

둘째, 일상생활에서 용서나 유감의 표현을 자주 하는 것이 바람직합니다. 앞에서도 이야기했듯이 독일에서는 어린아이들이 뛰어가다가 책상에 부딪쳐도 “용서해” 혹은 “미안해”에 해당하는 표현 “Entschuldigung”이라고 말하는 것을 자주 볼 수 있습니다. 이것은 독일인들이 누가 옳고 그른가를 따지기 전에 그 일에 일단 자신의 책임도 있다는 것

1 형용사로는 “아름다운”이라는 의미지만 부사로는 “매우”의 뜻으로 쓰이기도 한다.

을 인정하도록 어렸을 때부터 반복적으로 교육시키고 있다는 것을 보여주는 사례입니다. 복잡한 지하철이나 버스 안에서 몸이 부딪치거나 발을 밟고도 아무런 사과의 표현도 하지 않는 것을 경험하는 우리는 특히 일상생활에서 더 자주, 더 의식적으로 용서의 표현을 할 필요가 있습니다. 왜냐하면 우리 스스로 은연중에 무례를 범하고도 아무런 용서의 표현을 하지 않는데 익숙해져 있을 수 있기 때문입니다. 그리고 만약 누가 나에게 "용서하세요"라고 말하면 거기에 대해 반드시 응답을 해야 합니다. 독일인들은 말로 표현하지 않는 것은 아닌 것, 없는 것으로 간주하기 때문입니다. 우리처럼 말로 표현하는 것보다 '마음'이 더 중요하다는 사고는 그들에게 공감을 받기 어렵다는 것을 기억할 필요가 있습니다. 따라서 "용서하세요"라는 말을 들으면 반드시 "괜찮아요"라는 말로 응답을 해주는 것이 예의입니다. 이 경우 감사의 표현에 대해 응대할 때처럼 "Bitte"라는 말을 쓰면 됩니다.

우리는 누가 좋지 않은 일을 당했다든지 할 경우 유감의 뜻을 표하는 데도 익숙하지 못한 편입니다. 역시 마음이 더 중요하다고 생각하기 때문일 것입니다. 하지만 독일인들은 그런 경우 거의 자동적으로 "유감이네요"라고 말합니다. 말로 표현하지 않는 것은 마음에 없다는 뜻으로 받아들이기 때문이지요. 유감을 나타낼 때 가장 흔하게 쓰는 표현은, 직역하면 "내게 고통을 주네요"라는 뜻이 되는 "(Es) tut mir leid"라는 말입니다. 이 기본 표현에 "아주(sehr)", "특별히(außerordentlich)", "정말(wirklich)" 등의 부사를 보태면 유감 표현의 강도를 높일 수 있습니다. 예를 들면 "(Es) tut mir sehr leid."나 "(Es) tut mir außerordentlich leid." "(Es) tut mir wirklich leid." 같은 식입니다. 잊지 말아야 할 것은, 상대방이 내게 건네는 이 유감의 표현에 대해서도 반드시 응답을 해야 한다는 사실입니다. 이 경우에는 감사하다는 표현을 쓰면 됩니다.

셋째, 일상생활 중에 아주 작은 일이나 중요하지 않은 상황에서도 다른 사람에 대한 배려를 잊어서는 안 됩니다. 예를 들면, 출입문을 드나들 때 뒤에 사람이 있는지 없는지 돌아봐야 합니다. 만약 뒤에 사람이 있다면 그 사람이 문에 다가올 때까지 문손잡이를 잡고 있다가 건네주면 됩니다. 배려에는 다른 사람들과의 약속을 지키는 것도 포함됩니다. 시간 약속의 경우 내가 늦게 되면 나와 약속한 그 사람의 귀중한 시간을 뺏게 될 뿐 아니라 나로 인해 기다리게 되는 다른 사람들이 피해를 입을 수 있다는 사실을 명심해야 할 것입니다. 독일인들에게 약속, 특히 시간 약속을 지킨다는 것은 그 사람이 신뢰할 수 있는 사람인지 아닌지를 판단하는 척도가 될 수 있다는 것을 알고 행동을 조심해야 할 것입니다.

독일에서 특히 사회적 약자에 대한 배려는 대단히 중요한 일입니다. 초등학교에서는 시각장애인이 느끼는 불편함을 아이들이 공감할 수 있도록 하기 위해 일부러 눈을 가리고 서로의 어깨 위에 손을 올린 채 모두 함께 움직이도록 하는 교육시간을 갖기도 합니다. 길을 갈 때나 버스를 타고 내릴 때 휠체어 탄 장애인이나 유모차를 미는 사람을 우선적으로 배려해주는 습관도 어릴 때부터의 교육을 통해 자연스레 몸에 익은 것입니다. 장애인이 아니더라도 출입문을 드나들거나 엘리베이터를 타고 내릴 때 다른 사람에게 순서를 양보하는 사소한 행동은 독일에서는 일상생활에서 지켜야 할 에티켓의 차원을 넘어 기본적인 원칙에 속한다고 생각하면 됩니다.

## IX.2. 질문: 독일의 대학생들은 어떤 알바를 하나요?

대학 학비는 물론 결혼 후 자식에 대한 A/S까지 부모에게 기대하는 경우가 드물지 않은 우리나라와 달리 독일의 젊은이들은 법적 성인이 되는 만 18세가 되면 가능한 한 부모의 도움에 의존하지 않으려는 경향이 일반적이라 할 수 있습니다. 물론 우리나라 대학생들의 경우에도 많은 사람들이 알바를 하지만 부모에게 일정한 재정적 도움을 기대하는 것이 현실이지요. 반면 독일의 대학생들은 부모로부터 도움 받지 않는 것을 당연하게 여기며, 부모들의 생각도 다르지 않습니다. 따라서 이들은 학비는 내지 않지만 그래도 필요한 비용, 예를 들어 책을 구입하거나 생활하는데 드는 모든 경비를 자신들이 부담해야 하므로 많은 사람들이 알바를 합니다. 모두 아는 사실이지만 "알바"라는 말은 "일"을 뜻하는 독일어 "Arbeit"에서 왔습니다. 그러나 독일에서는 "알바"를 가리키는 다른 용어가 있는데요. 직역하면 "부업"이라는 의미를 가진 "네벤좁(Nebenjob)"이 그것입니다. 이제 독일의 대학생들은 어떤 "네벤좁"을 많이 하는지 살펴보기로 하겠습니다.

크게 세 가지 범주로 나눌 수 있겠는데, 첫째는 소위 '고전적인 알바', 둘째는 '약간 특별한 알바', 셋째는 '아주 드문 알바' 일자리가 있습니다. 우선 '고전적인 알바' 일자리에 대해 알아보겠습니다. 첫째는 우리나라와 마찬가지로 음식점에서 서빙을 하는 알바가 있습니다. 독일에서 음식점에서 서빙을 하는 사람을 "켈너(Kellner)"라고 부르는데, 손님이 음식을 먹거나 음료를 마신 그 자리에서 계산까지 하는 독일의 음식점이나 주점에서는 이 "켈너(Kellner)"가 주문부터 서빙, 계산까지 다 해야 한다는 점이 우리나라와 다릅니다. 이 일은 노동의 강도가 셀 뿐 아니라 주말에 근무를 해야 하는 특성상 본인의 여가 시간을 가질 수 없다는 점에서 쉬운 일자리는 아닙니다. 하지만 우리나라와 달리 독일에서는 손님이 주는 "트링겔트(Trinkgeld)", 직역하면 "물값", "술값"에 해당 되는 봉사료 수입을 가외로 벌 수 있다는 점이 이 일자리의 매력입니다. 둘째로는 판촉 알바가 있습니다. 특히 성격이 외향적이거나 대인관계에서 붙임성이 좋은 사람에게 적당한 일자리인데요. 판촉업무는 대단히 다양한 종류가 있는데, 신상품 홍보부터 거리에서 광고전단, 샘플 나눠주기, 야간에 일반 술집이나 클럽 등에서 개최되는 행사의 사회 보는 일까지 여기에 포함되겠습니다. 세 번째로 우리나라와 비슷한 과외 알바가 있습니다. 이 일의 장점은 자기가 이미 가지고 있는 지식을 통해 돈을 벌 수 있다는 점이 되겠지만, 과외를 받는 학생이 원하는 시간이 늦은 오후나 밤, 주말인 경우도 있어서 자신의 일정을 여기에 맞춰야 한다는 단점도 무시할 수는 없습니다. 네 번째로는 사무실에서 업무 보조를 하거나 비서 알바를 하는 것인데, 가장 큰 장점은 여기서 배운 업무를 자신의 전공이나 장래 직업과 연결시킬 수 있다는 부분일 것입니다. 업무의 내용이 우리나라와 달리 커피 심부름 하는 정도가 아니라 전화를 받거나 고객을 응대하는 일부터 데이터를 입력하거나 회계자료 정리, 서류 분류에 이르기까지 다양하기 때문입니다. 다섯째로 우리나라에서도 흔한 배달 알바가 있습니다. 일의 내용은 피짜(Pizza) 배달부터 의약품 배송까지 다양한데, 이 일을 할 때 주의해야 할 사항으로는 시간당 받는 급여가 적정한 선인지 하는 것과 차량이 제공되는지를 사전에 반드시 확인할 필요가 있다는 것입니다. 이 알바의 추가적인 한 가지 장점은 음식점 알바와 마찬가지로 경우에 따라서는 손님들로부터 봉사료를 받을 수 있다는 점입니다. '고전적인 알바'에는 이외에도 안전요원 일자리, 택배 물품 싣고 내리기, 우리나라 편의점 알바와 비슷하기는 하지만 소매점에서 상품진열이나 계산하는 업무 외에 고객 상담까지 하는 알바 일, 고객을 대상으로 설문하기, 또 관광가이드 알바 등이 있습니다.

두 번째 범주인 '약간 특별한 알바'에도 다양한 일자리가 있는데요. 첫째로는 새로 개발된 인터넷 웹사이트나 앱을 테스트하는 알바가 있습니다. 오늘날처럼 인터넷이 널리 보급되기 전에는 존재하지 않았던 신종 일자리로, 많은 기업들이 이런 알바를 할 사람을 구하고 있습니다. 이 일의 장점은 집에서도 일을 하는 것이 가능하다는 데 있습니다. 둘째로, 학교, 특히 초등학교 등에서 방과 후에 어린이들을 돌보는 알바가 있습니다. 아이들을 좋아하는 사람에겐 잘 맞는 일일 것입니다. 셋째, 항공승무원 알바도 있는데, 승객이 많은 3월에서 10월 사이 모국어인 독일어뿐 아니라 영어나 다른 외국어를 능숙하게 구사하고, 체력이 좋고 스트레스에 강한 사람이면 해 볼만 한 일자리라 할 수 있겠습니다. 네 번째 역시 흥미로운 알바인데, 전화를 걸어서 직원의 친절도를 확인하거나, 직접 방문해서 물건을 사면서 특정 기업의 서비스 품질을 테스트하는 일자리가 있습니다. 다섯째는 디지털시대의 새로운 알바로, 스마트폰을 가지고 슈퍼마켓에서 제품진열대 사진을 찍고 여기에 대한 설명을 올리거나 우리나라 "올리브 영"과 비슷한 건강 · 미용 상품 전문매장의 진열대에 있는 신상품 사진을 찍고 구입해서 사용해 본 후기를 올리고 보수를 받는 일자리도 있습니다. 이외에도 인터넷 설문에 대답하기, 의학연구에 실험대상으로 참여하기, 자동차를 보유한 경우 다른 사람에게 빌려주거나 대리운전 서비스로 돈 벌기, 헌혈 보상금 받기, 인터넷 포털사이트에 게재할 텍스트 작성 일 등이 이와 같은 '약간 특별한 알바' 범주에 속합니다.

'아주 드물고 특이한 알바' 일자리로는 다음과 같은 것들이 있습니다. 첫째, 인력 부족에 시달리는 지자체 등에서 제공하는 장례식 알바가 있는데, 일의 내용은 주로 관을 운반해주고 보수를 받는 것입니다. 두 번째, 글로벌 무대에서 긴급하거나 중요한 물품 등을 운송해주는 알바가 있습니다. 비행기를 타고 수만 km를 이동해야 하지만 조건이 맞으면 아주 좋은 일자리로 꼽힙니다. 세 번째, 대학의 미술실기 시간이나 미술 강좌 등에서 모델을 하는 알바도 있습니다. 나체로 여러 사람 앞에 나서거나 긴 시간 같은 자세를 취하고 있는데 문제가 없는 사람에게 적합한 일거리입니다. 네 번째, 텔레비전 쇼 프로그램 등에 출연하는 유명 인사를 위해서 사전에 무대에 나서서 조명이나 카메라 촬영 조건 등이 적절한지 확인하는 알바도 있습니다. 다섯 번째로 의대생들의 실습을 위한 가짜 환자 알바가 있습니다. 환자 역할을 완벽하게 수행해야 하기 때문에 의대생이나 연극 연화 전공 학생들에게 적당한 일자리로 볼 수 있을 것입니다.[2]

## IX.3. 질문: 독일의 평균시급은 얼마나 되나요?

우선 독일이 위치해 있는 유럽 여러 국가들의 평균시급을 살펴보기로 하겠습니다. 유럽에도 당연히 경제적으로 부유한 국가와 가난한 국가들이 있는데요. 중부 유럽에 위치한 독일을 비롯하여 대부분의 서유럽과 북유럽에 있는 나라들은 잘 사는 국가들이기 때문에 시간당 급여도 높을 수밖에 없지만, 상대적으로 빈곤한 동유럽 국가들은 평균 시급 수준도 낮습니다. "브렉시트(Brexit)"를 결정하고도 아직 영국이 탈퇴하지 않았기 때문에 유럽연합의 회원국은 모두 28개국인데, 이들 중 9개 국가와 유럽연합에 가입하지 않은 비회원국이지만 소득수준이 높은 스위스와 노르웨이의 평균 시급을 조사해보았더니 다음과 같은 결과가 나왔습니다.

아래의 그래프는 2014년 10월 기준으로 작성된 것이기 때문에 최신 자료는 아니지만 우리가 참고할 가치는 있습니다. 유럽연합 통계청(Statistisches Amt der Europäischen Union, 약칭: Eurostat)에서는 4년 마다 임금을 조사하여 비교 분석하는데, 10인 이상 고

2 http://www.nebenjob.de/studentenjobs-studium/die-besten-studentenjobs.html 참고.

용인을 둔 사업장을 대상으로 합니다. 현재 아래에서 보는 2014년 자료 외에 다른 최신 자료는 아직 없습니다. 결과를 분석해보면, 예상대로 스위스가 가장 높은 임금 수준을 보이고 있습니다. 이 도표가 나타내고 있는 금액은 세전, 그리고 사회 보장 비용을 공제하기 전 소득입니다. 이 기준으로 봤을 때 스위스의 평균 시급은 29.50유로로 독일을 포함하여 다른 유럽 국가들과 비교하여 단연 최고 수준이었습니다. 2위는 역시 유럽연합 비회원국인 노르웨이인데, 스위스와 큰 차이가 없는 28유로를 기록하였습니다. 유럽연합 회원국 중에서 제일 시급이 높은 나라는 덴마크로, 25.50유로를 기록하고 있는 반면 동유럽의 불가리아는 조사 대상 국가들 중에서 가장 낮은 1.7유로에 불과했습니다.

이 자료에 따르면 독일의 평균시급은 15.80유로로 높은 수준이 아닙니다.[3] 우리 돈으

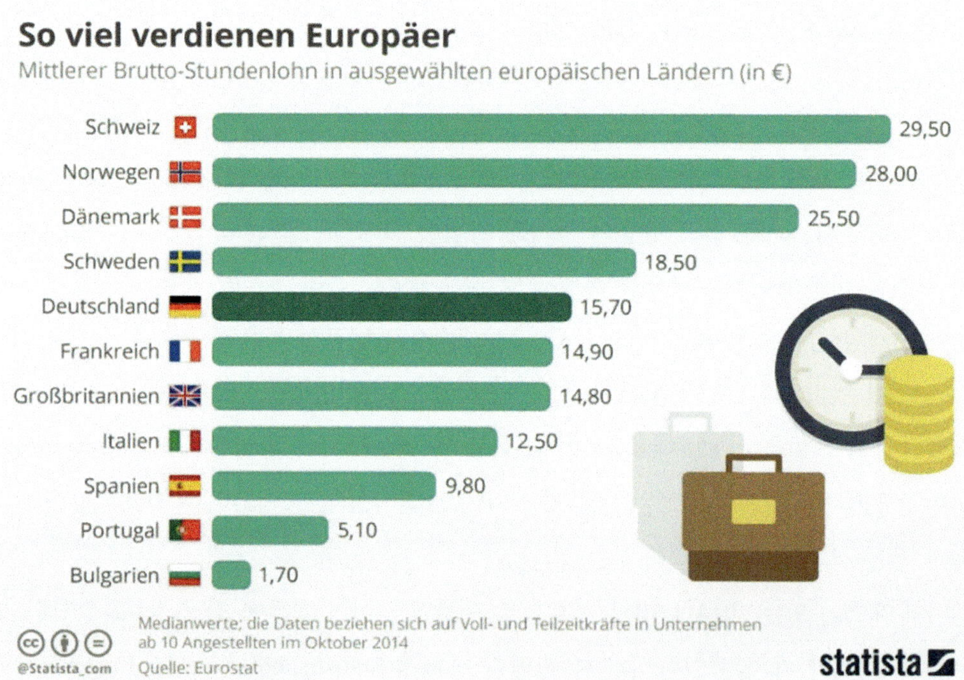


3 평균시급이 이 정도니까 물론 최저임금(Mindestlohn)은 더 낮겠지요. 2018년 현재 8.84유로이니 우리 돈으로 11,750원이 채 안됩니다. 독일에서 최저임금을 받고 일하는 사람의 숫자는 약 190만명에 이른다고 합니다.

로 환산하면, 2014년 10월 1일 기준 1유로가 한화로 1341.87원이었으니[4] 약 21,200원 정도 되는 셈입니다. 다른 자료에 따르면 2014년 독일의 평균시급은 20.81유로를 기록했는데, 지역별로 큰 차이를 보였습니다. 전체적으로 볼 때 구서독 지역의 평균시급이 21.63유로인 반면 구 동독지역은 16.05유로에 불과했습니다. 각 연방 주별로도 큰 차이가 나타났는데, 가장 높은 주인 함부억(Hamburg)이 23.38유로를 기록한 반면 메클렌부억-포어폼머언(Mecklenburg-Vorpommern) 주는 15.40유로로 16개 주 중에서 꼴찌를 기록했습니다.[5] 독일에서 가장 많은 근로자들을 고용하고 있으며, 매출액면에서도 최고를 기록하고 있는 자동차 산업계의 평균시급은 다른 산업 분야나 독일 전국 평균 시급과 비교할 수 없을 만큼 높은 수준입니다. 아래 도표[6]를 참고하시기 바랍니다.

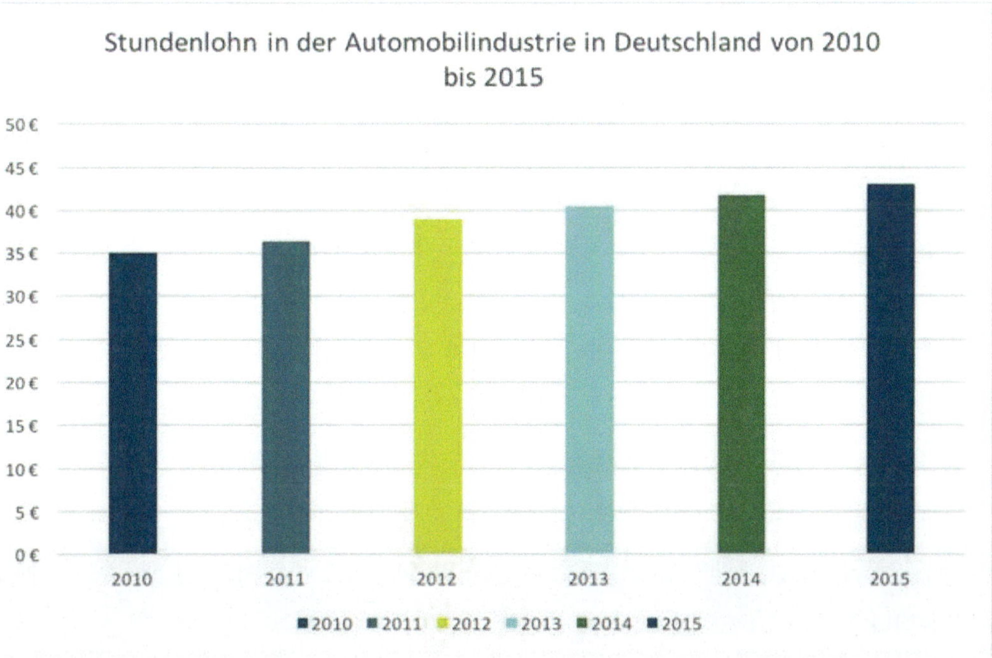


4 https://kr.investing.com/currencies/eur-krw-converter 사이트의 환율계산기를 활용.

5 http://tipps.jobs.de/die-besten-stundenlohne-in-deutschland 참조.

6 https://www.absolventa.de/karriereguide/arbeitsentgelt/stundenlohn 참조.

2010년부터 2015년까지 자동차 산업에 종사하는 근로자들의 평균시급 추이를 보여주고 있는 이 도표에 따르면, 시급이 지속적으로 상승하고 있음을 알 수 있습니다. 즉, 2010년 35유로에서 2013년 40유로를 돌파한 뒤 2015년에는 약 43유로를 기록하고 있는 것입니다.

## IX.4. 질문: 독일인들이 가장 선호하는 상품 브랜드는 무엇인가요?

이 책의 앞부분에서 독일에서 온 교환학생들이 우리나라 대학생들, 특히 여자대학생들이 옷을 잘 입는다고 하더라는 이야기를 했습니다. 필자는 개인적으로 수 십 년 동안 젊은 사람들과 지내다 보니 젊은이들 사이에 무엇이 유행하는지 지켜볼 수 있었습니다. 한국과 독일을 오가며 자연히 두 나라를 비교해 보게 되었는데, 우리나라는 특히 패션분야에 있어서 독일보다 유행에 앞서 있는 것 같습니다. 우리나라 사람들이 유행에 지나치리만큼 민감하다보니 브랜드의 생명이 그리 길지 못한 경우가 있다는 생각도 듭니다. 그 때문에 소위 명품으로 알려진 브랜드들 외에 품질이 뛰어나면서도 오랫동안 소비자들의 사랑을 받는 우리나라 브랜드가 생길 환경이 잘 조성되기 어려운 것 같습니다. 우리와 달리 독일인들은 무슨 상품이든 한번 마음을 준 브랜드에 대한 충성도가 대단히 높습니다. 독일인들은 어떤 브랜드를 선호하는지 아래의 그래프를 보면서 한번 생각해 보기로 하겠습니다.[7]

7 참고: http://www.germany.co.kr/독일-독일-사람들이-가장-사랑하는-브랜드는/

이 도표는 2016년 10월 "브란트마이어 브랜드 컨설팅(Brandmeyer Markenberatung)" 사가 독일의 만 14세 이상 3,052명을 대상으로 브랜드에 대한 언급 없이 "선호하는 브랜드가 무엇인가요?"라는 설문조사를 한 결과를 보여주고 있습니다. 이 설문조사 결과 1위를 차지한 브랜드는 독일의 스포츠용품 회사인 "아디다스(Adidas)"입니다. "나이키(Nike)"가 2위를 차지한 것을 보면 독일인들이 자국 상품이라고 무작정 선호한다고 대답한 것 같지는 않습니다. 오히려 독일인들의 스포츠에 대한 관심이 드러나 있는 것으로 판단됩니다. 물론 10대 선호 브랜드 중 독일 브랜드가 6개나 포함이 되어 있기는 하지만, 자세히 살펴보면 독일인들이 오히려 상당히 객관적으로 판단해서 대답한 것 같다는 생각이 듭니다.

독일인들은 자동차에 대한 관심이 큰 만큼 자동차에 관해서 전문가 뺨 칠만큼 잘 아는 사람들도 많습니다. 특히 남자들의 경우 집안에 작업실을 가지는 것이 꿈인 사람들이 많은데, 그 작업실이 차고 안에 있는 경우가 드물지 않습니다. 차고 안에는 공구들이 가득한데, 그것들을 가지고 엔진오일 교환이나 어지간한 자동차 정비, 부품 교환 작업 같은 것은 직접 합니다. 기계 만지는데 별 재능이 없는 필자도 독일에 있을 때에는 필요한 부품을 사다가 직접 교체한 적이 여러 번 있을 정도였습니다. 아이들도 아빠의 그런 모습을 보면서 자라기 때문에 자동차에 대한 관심을 그대로 물려받는 경우가 많습니다. 이런 독일인들이 자국산이라고 독일 자동차 4개 브랜드를 선호하는 브랜드로 꼽았을까요? 우리나라에서 디젤자동차 배기가스 스캔들로 인해 된 서리를 맞은 폭스바겐(Volkswagen) "골프(Golf)"의 경우 독일에서는 여전히 중산층에서 가장 사랑받는 자동차로 남아 있습니다. 하긴 우리나라에서도 인터넷을 검색해 보면 폭스바겐을 욕하면서도 '골프는 성능 면에서는 정말 좋은 차'라는 식의 평가를 어렵지 않게 볼 수 있는 것이 사실입니다.

아마도 스마트폰의 선호도 때문이겠지만, 전자기기 분야에서 애플이 5위를 차지한 반면 삼성은 10위에 랭크되었습니다. 애플은 2014년 설문조사 때보다 순위가 2계단 상승했으나 삼성은 갤럭시 노트7의 실패 때문인 듯 순위가 하락했습니다. 흥미로운 것은, 패션브랜드로서 우리나라에서는 그다지 성공을 거두지 못하고 있는 패션브랜드 "에스프리(Esprit)"가 8위에 오른 것입니다. 유독 명품에 대한 선망이 커서 그런지 우리나라에서는 중저가 상품에 대한 소비자들의 반응이 냉담한 편입니다. 반면 우리나라에서 명품이라고 불리는 제품들을 사치품이라고 생각하는 많은 독일인들이 "에스프리"는 패션제품으로서의 가치와 가격의 적정성을 갖추었다고 생각하는 것 같습니다. 또 한 가지 관심을 끄는 것은, 커피, 차, 밀가루, 잼, 오이피클부터 곡물 종자까지 식료품을 공급하는 "알나투라(Alnatura)" 브랜드가 9위를 차지한 사실입니다. "알나투라"의 모토인 "인간과 지구를 위해 의미있는(Sinnvoll für Mensch und Erde)"[8]이라는 말에서 알 수 있듯이, 이 기업은 모든 제품을 유기농 품질 수준으로 생산하고 판매하는 것을 추구한다고 공언합니다. 바로 이 측면이 독일인들의 마음을 사로잡은 원인으로 판단됩니다.

8 알나투라의 홈페이지 https://www.alnatura.de/de-de 참조.

## IX.5. 질문: 독일인들은 무엇에 대해 가장 걱정하나요?

영어에 "독일인의 걱정(German Angst)"이란 단어가 있다는 걸 아시는지 모르겠습니다. "Angst"는 "두려움", "불안", "걱정" 등을 뜻하는 독일어 어휘입니다. 이 말에는 '전형적인 독일인들의 소심함', 혹은 '소심한 행동'을 풍자하는 의미가 포함되어 있답니다. 실제 독일인들은 정도가 지나칠 만큼 미래에 대해 염려를 하고, 일어나지도 않은 만일의 사태에 대비해야한다는 강박관념을 가지고 있는 듯이 행동하기도 합니다. 아래 도표는 독일인들이 어떤 일에 대해 불안해하고 염려를 하는지 분석한 결과를 보여줍니다.[9]

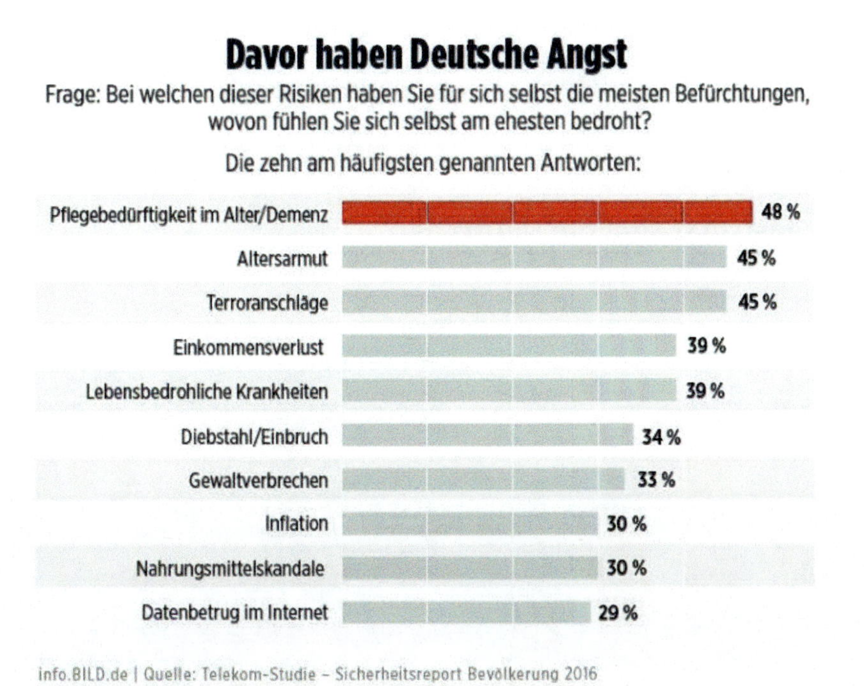


9 참고: http://www.germany.co.kr//독일-독일-사람들이-갖고-있는-두려움과-스트레스

독일 통신기업 "도이췌 텔레콤(Deutsche Telekom)"이 2016년 "알렌스바흐 여론조사 연구소(Institut für Demoskopie Allensbach)"에 의뢰해 독일인들이 무엇에 대해 가장 걱정을 많이 하는지 조사한 결과, 1위를 차지한 항목은 요양문제나 치매와 같은 노후문제로 나타났습니다. 고령화사회의 전형적인 문제를 보여주고 있는 것으로 생각되는데, 우리나라도 같은 주제로 조사를 진행한다면 비슷한 결과가 나올 것으로 판단됩니다. 한편, 그 다음 순위를 차지한 것 역시 비슷한 성격으로, 노년 빈곤 문제에 대한 염려가 45%의 응답률을 기록하고 있습니다. 우리의 인식과 차이가 나는 측면은 3위를 차지한 '테러 위험에 대한 걱정'으로, 45%의 응답률을 나타냈습니다. 그 다음 높은 응답률을 기록한 항목으로 공동 4위를 기록한 '수입 감소(39%)', '생명을 위협하는 중대 질병(39%)', 6위에 자리한 '도난과 강도(34%)', 7위 '폭력(33%)', 8위 '인플레이션(30%)', 9위 '식품 스캔들(30%)', 10위 '인터넷 사기(29%)' 등이 있습니다. 이 중 흥미로운 것은 8위를 차지한 '인플레이션(30%)'에 대한 걱정인데, 세계 어느 나라보다도 물가 변동 없이 견고한 경제를 유지하고 있는 독일 국민들이 인플레이션을 걱정하는 것은 그야말로 '기우', 즉 터무니없는 걱정이 아닌가 싶습니다.

이런 다양한 문제에 대해 걱정을 하고 있는 독일인들의 절반 이상이 일상 중에 여러

가지 종류의 스트레스에 시달리고 있다고 호소하고 있습니다.

"독일인들은 이렇게 스트레스를 받고 있다"는 제목으로 된 위의 도표는 "기술자 의료보험(Techniker Krankenkasse)"이 2016년 "당신은 얼마나 자주 스트레스를 받고 있습니까?", 또한 "무엇이 가장 당신의 스트레스를 유발합니까?"라는 두 가지 질문으로 독일인들의 스트레스 강도와 유발 요인에 대해 분석한 결과를 보여주는 자료입니다. 스트레스를 받는 빈도에 대한 설문에서는 '자주' 혹은 '가끔'이라고 대답한 사람의 비율이 61%로서, 스트레스를 받지 않는다고 응답한 비율보다 훨씬 높게 나타났습니다. 또한 조사시점인 2016년 현재와 2013년을 비교하면 스트레스 증상이 더 심해지고 있다고 응답했습니다. "남녀 성별에 따른 스트레스의 수준과 주요 스트레스 요인"이라는 부제에서 알 수 있듯 남녀 양성을 대상으로 설문조사를 진행했는데, 성별에 따라 스트레스의 원인이 전혀 상이한 것으로 드러났습니다. 과반 이상의 남성들(54%)이 스트레스의 주요원인이 '일'이라고 대답한 반면 여성들 48%는 '스스로에 대한 높은 기대'가 가장 중요한 스트레스의 요인이라고 응답하고 있는 것입니다. 이 사실을 통해 짐작할 수 있는 것은, 독일 여성들의 자기 성취욕이 대단히 강하다는 것입니다. 어쩌면 우리나라보다 훨씬 여성에게 사회적 성취를 이룰 기회가 많은 것처럼 보이는 독일 사회에서도 아직 눈에 보이지 않는 남녀간의 차별이 존재하는데서 오는 반작용이 아닐까 유추할 수 있겠습니다. 일반적으로 사회적인 성취욕구가 더 강하다고 알려진 남성들이 37%의 응답률을 보인 반면 이 항목에 대해 여성응답자들이 무려 11%나 더 높은 응답률을 기록한 것은 분명 감춰진 이유가 있는 것으로 추정됩니다. 남성 응답자들이 세 번째 스트레스 주요인으로 '언제나 연락될 수 있어야 하는 상황'을 꼽은 것은 독일인들이 공적 영역과 사적 영역을 엄격하게 구분하는 것으로 유명하다는 사실을 감안하면 역시 의외라 볼 수 있습니다. 여성들 역시 '여가시간에도 추가적인 많은 약속이나 의무'가 스트레스 유발 요인이라고 응답한 것은 개인의 영역을 소중하게 여기는 독일인들의 문화적인 성향을 드러낸 것으로 해석이 가능할 것입니다.

## IX.6. 질문: 독일인들은 자신들 스스로에 대해 어떻게 생각하나요?

2011년이니 좀 오래 되기는 했지만, 세계에서 제일 재미없는 나라로 독일이 꼽혔다는 보도가 나온 적이 있습니다. 영국 런던에 본사를 둔 소셜 네트워킹 서비스 업체 "바두(Badoo)"가 15개 국가의 30,000명을 대상으로 "어떤 나라 사람들이 주위의 사람들을 가장 잘 웃게 만들 수 있다고 생각하시나요?"라는 주제로 설문조사를 실시한 결과라고 하지요. 그 이유로는 독일인들이 "이성적인 것(Rationalität)"과 "효율성(Effektivität)"을 지나치게 중요하게 생각하고, 독일어가 다른 언어에 비해서 너무 정확하기 때문이라고 진단했다고 합니다. 같은 업체의 2013년 설문조사[10]에서는 유럽에서는 영국, 프랑스, 이탈리아에 앞서 2위를 차지하는 기염을 토했다고 하지만 독일인들은 "유머를 모르는(humorlos)" 사람들이란 평가를 받는 것이 보통입니다.

그렇다면 과연 독일인들은 자신들 스스로도 재미없는 사람들이라고 생각할까요? "전형적인 독일인이란 어떤 사람?/ 그런데 나는"이란 주제로 이루어진 설문결과를 도표로 나타낸 것[11]을 한번 보겠습니다.

전형적인 독일인이 "유머가 없는" 사람이라고 생각하는 비율이 9%인데 반해, 자기 자신이 유머가 없다고 생각하는 비율은 1%에 불과한 것으로 나타났습니다. 뜻밖에도 독일인들 스스로는 자신들이 결코 유머가 없는 사람이라 생각하지 않는다는 이야기이지요. 실제 독일인들과 생활을 하다보면 특이하게도 그들이 조크를 대단히 좋아한다는 것을

10 Badoo는 이번에는 17개국 17,000명을 대상으로 설문조사를 실시함. https://www.hasselwander.co.uk/badoo-umfrage-zur-karnevalssaison-deutsche-sorgen-fur-uberraschungserfolg-in-der-ersten-globalen-spas-rangliste/ 참고

11 Christoph Drösser, Wie wir Deutschen ticken. Wie wir denken. Was wir fühlen. Wer wir sind. Hrsg. von Holger Geißler, Ein Projekt des internationalen Online-Marktforschungsunternehmens YouGov, Hamburg 2015, S. 165.

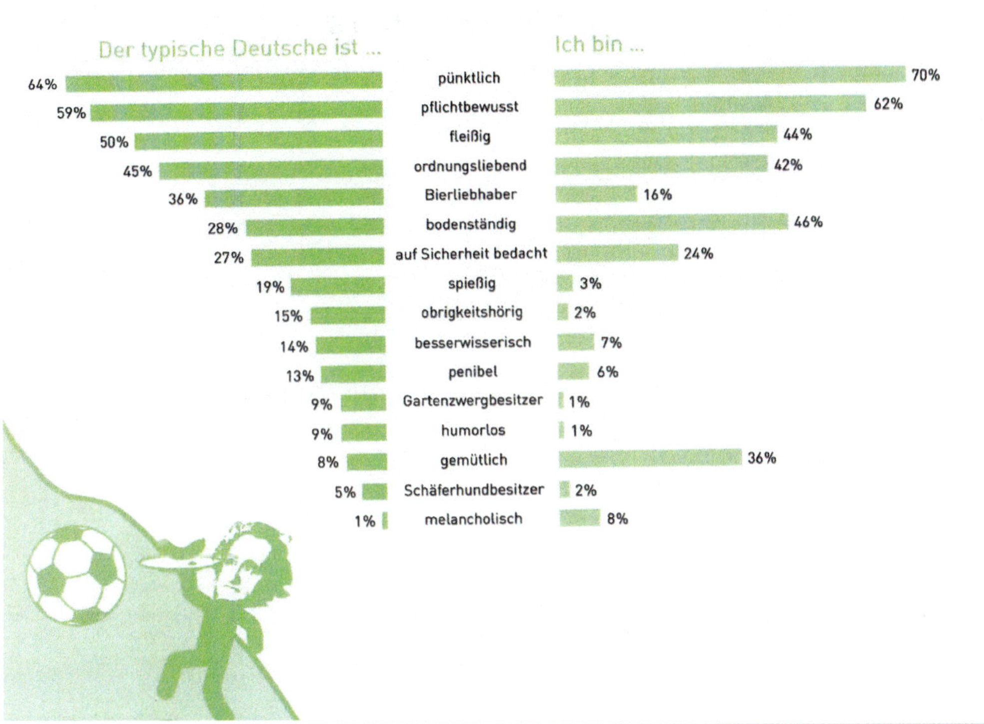


확인할 수 있습니다. 아는 사람의 집을 방문하면 그 집 꼬마가 다가와서는 “재미있는 유머 이야기해줄까?”라고 묻는 일이 드물지 않습니다. 서점에 가면 다양한 유머집들이 판매되고 있고, 어른이든 아이든 유머집에 나오는 이야기를 다른 사람에게 들려주는 것도 좋아합니다. 단, 그 재미있는 이야기가 정말 우리 외국인들에게도 재미있는지는 아마 개인마다 느낌이 다르지 않을까 싶습니다.

위의 도표를 분석해 보면, 20%가 넘는 높은 호응도를 보이고 있는 특성들은 독일인들 대다수가 개인적으로도 그렇다고 공감하고 있는 것을 확인할 수 있습니다. 한 가지” 맥주를 좋아 한다”라는 항목만 예외로 하고 말이지요. 독일인들 대부분이 공감하는 특성들은 “시간을 정확하게 지킨다(pünktlich)”, “의무감이 강하다(pflichtbewusst)”, “부지런하다(fleißig)”, “질서와 규정을 사랑한다(ordnungsliebend)”, “향토에 대한 애착이 강하다(bodenständig)”, “안전에 신경을 쓴다(auf Sicherheit bedacht)”와 같은 항목들인데, 사실 우리가 앞에서 살펴봐서 알고 있는 독일인들의 특성 그대로입니다. "문화표준(Kulturstandard)"이라는 말이 근거 없이 나온 괜한 말이 아니구나하는 하는 사실이 확인된 셈입니다. 우리를 비롯한 다른 나라 사람들이 의외라고 생각할 수 있는 항목이 하나 더 있습니다. 무려 36%에 이르는 독일인들이 전형적인 독일인의 특성은 아니지만, 자신은 그렇다고 대답한 항목이 있습니다. 스스로 "느긋하고, 사람들과 어울리는 것 좋아하고 인정미 있는(gemütlich)" 사람이라 생각한다는 것입니다. 다양한 방언만큼 워낙 지역에 따라 기질이 조금씩 다르기는 하지만, 일반적인 독일인의 이미지와는 잘 맞지 않는 특성이라 독일 친구들을 오래두고 겪어보는 수밖에 없을 것 같습니다.

## IX.7. 질문: 독일이 다른 나라들보다 더 많이 난민을 받아들이는 이유가 뭘까요?

여러 가지 이유가 있겠지만, 크게 세 가지 정도로 그 이유를 생각해 볼 수 있을 것 같습니다.

첫째, 경제적인 측면에서 볼 때 독일은 2007년 세계 경제위기를 무사히 극복한 이후 십년 가까이 지속되는 경제호황으로 인해 노동력 수요가 많습니다. 특히 이미 초고령화 사회로 접어들었기[12] 때문에 젊은 노동력이 많이 필요합니다. 독일로 유입되는 난민들 중 젊은 사람들의 비중이 대단히 높다고 할 수 있습니다. 독일은 이들에게 독일어교육을 시켜주고, 의사소통이 가능해지면 직업교육을 받을 수 있는 기회를 제공하여 전문인력 수요를 충당하고자 하는 의도를 가지고 있지요.

둘째, 역사적인 관점에서 그 이유를 찾아볼 수 있을 겁니다. 독일은 20세기에 두 차례

12 65세 이상의 인구가 전체 인구의 20%를 넘으면 초고령화사회로 분류한다. 2016년 12월 31일 기준 독일의 전체인구는 8,280만 명인데, 그 중 65세 이상 노인의 인구는 1,751만 명으로 전체 인구의 21%를 넘는다

나 역사상 유례를 찾기 힘든 큰 전쟁을 일으킴으로써 인류 전체에 대해 죄를 지었다고 해도 과언이 아닙니다. 특히 나찌 정권 하에서 자행된 반인륜적인 범죄는 독일인들이 세대를 이어가며 갚아야할 유산이 되었습니다. 독일이 과거사에 대해 아직도 끊임없는 반성과 정신적, 물질적 보상을 위해 노력하고 있는 이유이지요. 바로 이러한 역사적 맥락에서 독일은 불법적으로라도 자신들의 영토에 들어온 사람들은 강제 추방하지 못합니다. 망명을 신청하는 모든 난민들에게 합당한 행정적, 법적인 절차에 따라 자격심사를 해서 독일에서 살 것을 허락할지 여부를 결정하는데, 이 자격심사 과정은 길게는 수년이 걸리기도 합니다.

셋째, 독일이 인류에 지고 있는 정신적 부채와 무관하지 않겠지만, 독일은 모든 인간이 성의 차이나 장애 여부와 상관없이, 또한 피부색, 종교, 문화적 차이와 무관하게 동등한 대우를 받아야한다는 인본주의적 원칙을 무엇보다 중요히게 생각합니다. 이러한 원칙은 독일의 헌법에 해당하는 기본법(Grundgesetz) 1조 1항에 명시되어 있지요.

독일 기본법 1조 1항의 내용을 살펴보면 다음과 같습니다. “Die Würde des Menschen ist unantastbar. Sie zu achten und zu schützen ist Verpflichtung aller staatlichen Gewalt.” 우리말로는 “인간의 존엄성은 침해받을 수 없다. 이 존엄성을 존중하고 보호하는 것이 모든 국가권력의 의무이다.”라고 번역할 수 있습니다. 1949년 5월 23일 서독은 기본법을 선포함으로써 독일연방공화국으로 출발하게 됩니다. 독일이 헌법이 아니라 기본법을 보유하게 된 것은 특수한 정치적 상황 때문이었지요. 제2차 세계대전 이후 미·소·영·불 4개 연합군의 군정 치하에 놓여 있었으며, 분단이 불가피한 상황에서 단독정부로 출범할 수밖에 없었기 때문입니다. 독일은 이렇게 해서 헌법이 아니라 국민투표를 통한 인준이라는 절차도 거치지 않은 임시적인 성격을 띤 기본법을 보유하게 되었습니다. 이 기본법의 임시적인 성격은 전문에 “독일의 모든 국민은 스스로의 자유로운 결정에 의해 독일의 통일과 자유를 완성할 책무를 지닌다(Das gesamte Deutsche Volk bleibt aufgefordert, in freier Selbstbestimmung die Einheit und Freiheit Deutschlands zu vollenden).”라고 명시함으로써 분명히 표현되어 있었습니다. 1990년 10월 3일 통일이 이루어진 후에도 독일은 기본법을 헌법이라는 이름으로 바꾸는 대신 전문의 내용만 다음과 같이 개정하였습니다. “바덴-뷔어템베억, 바이에언, 베얼린, 브란덴부억, 브레멘, 함부억, 헤쎈, 메클렌부억-포어폼머언, 니더작센, 노어트라인-붸스트퐐렌, 라인란트-퐐쯔, 자알란트, 작센, 작센-안할트, 슐레스뷔히-홀슈타인과 튀링엔 주의 모든 독일인들은 스스로의 자유로운 결정에 의해 독일의 통일과 자유를 완성하였다. 이로써 이 기본법은 전체 독일국민에 대하여 효력을 보유하게 된다(Die Deutschen in den Ländern Baden-Württemberg, Bayern, Berlin, Brandenburg, Bremen, Hamburg, Hessen, Mecklenburg-Vorpommern, Niedersachsen, Nordrhein-Westfalen, Rheinland-Pfalz, Saarland, Sachsen, Sachsen-Anhalt, Schleswig-Holstein und Thüringen haben in freier Selbstbestimmung die Einheit und Freiheit Deutschlands vollendet. Damit gilt dieses Grundgesetz für das gesamte Deutsche Volk).”

이와 같은 독일 기본법의 1조 1항은 한 마디로 “인간의 존엄성”에 대한 규정입니다. 모든 인간이 출신 국적이나 종교, 성별과 나이, 피부색이나 장애 여부, 성적인 정체성에 의해 차별받아서는 안 된다는 내용을 담고 있는 것입니다. 나찌 정권하에서 자행된 반인륜적인 범죄와 그들에 의해 초래된 세계대전의 참혹한 인류사적 재앙에 대한 반성이 그 배경을 이루고 있다고 해석할 수밖에 없을 것입니다. 특기할 만한 것은, 여기서 인간들이라는 복수 개념을 사용하지 않고 개별 인격체로서의 인간의 존엄성을 강조하고 있다는 사실입니다.[13] 이런 맥락에서 2016년 기준 전체 인구의 약 22.5%가 이민자 출신으로 오래전 다문화사회에 들어선 독일사회에서 가장 중요한 이슈 중의 하나가 개인의 “공평한 대우(Gleichberechtigung)”라는 사실에 주목해야 하겠지요. 오늘도 우리나라를 비롯하여 세계 곳곳에서는 여전히 온갖 종류의 인종적, 종교적, 사회적, 문화적, 정치적 차별과 억압 뿐 아니라 성별에 따른 차별과 경제적인 불평등에 의해 개별 인간의 존엄성이 침해받고 훼손되고 있다는 사실을 생각하면, 독일 기본법의 이 조항은 현재 뿐 아니라 미래 인류 사회 전체에 대하여 헌법으로 대표되는 모든 법이 무엇을 위해, 어떤 역할을 해야 하는지 방향을 제시하고 있는 것으로 이해해도 무방할 것입니다. 모든 개별 인간의 존엄성이 존중됨으로써 차별받지 않고, 평등이 아니라 공정한 대우를 받으며 살 수 있는 사회를 위

---

13 2014년 5월 22일 Zeit지 온라인 판에 실린 독일 좌파당 Gregor Gysi의 인터뷰 참고http://www.zeit.de/politik/deutschland/2014-05/grundgesetz-geburtstag-65-fraktionschefs/komplettansicht

해 법이 존재해야 한다는 사실을 새삼 일깨워주고 있기 때문입니다.

참고로 우리나라 헌법 제 1장 1조 1항은 "대한민국은 민주공화국이다"라는 내용인데, 독일 기본법에서는 비슷한 내용이 20조 1항에 위치하고 있습니다. 우리나라 헌법에서 인간의 존엄성에 대한 규정은 제2장 10조에 가서야 "모든 국민은 인간으로서의 존엄과 가치를 가지며, 행복을 추구할 권리를 가진다. 국가는 개인이 가지는 불가침의 기본적 인권을 확인하고 이를 보장할 의무를 진다."라는 내용으로 제시되고 있습니다. 우리나라 헌법을 제정할 때 독일의 기본법을 많이 참고하고 모방했다는 사실을 감안하면, 이 순서 배열 상의 차이에 감춰져 있는 의미의 비중 차이 역시 작지 않아 보인다는 생각을 지울 수 없습니다.

## IX.8. 질문: 독일의 아우토반에는 정말 속도제한이 없나요?

2015년 5월 미국의 자동차 회사 포드는 자신들이 자랑하는 머슬카 "머스탱(Mustang)" 최신 모델의 성능을 소개하기 위해 유럽 자동차평론가들을 초청하여 독일 뮌헨 근처 아우토반을 주행하였습니다.[14] 이것은 미국에서 자동차 회사나 자동차평론가들이 특정 차의 뛰어난 주행성능을 표현하고자 할 때 "아우토반에서 시험했음(autobahn tested)"이라는 수식어를 어째서 붙이는지 알 수 있는 한 가지 사례에 해당합니다.

독일은 현재 고속도로에서 원칙적으로 속도제한이 없는 세계 유일의 국가가 맞습니다. 공식적으로 그렇지요. 우리나라에서는 이 속도제한 없는 고속도로를 독일어로 "Autobahn"[15]이라 부른다는 것을 모르는 사람은 아마 거의 없을 겁니다.[16] 직역하면 "자동

14 2015년 5월 11일자 Automotive News 참고:
http://www.autonews.com/article/20150511/RETAIL03/305119941/mustangs-mettle--tested-on-the-autobahn

15 이 명칭은 독일 뿐 아니라 독일어권 국가인 오스트리아와 스위스에서도 똑 같이 사용한다.

16 우리나라에는 아우토반이라는 명칭을 다른 영역에서 활용하는 마케팅도 이루어지고 있다. 1990년대 젊은

차 다니는 길"이란 의미에 불과한 이 "Autobahn"에 대해 왜 자동차산업계는 물론이고 매니아가 아니어도 자동차에 관심 있는 사람들이라면 모두 그렇게 열광하는 것일까요?

그 이유는 아마도 "아우토반"에 대해 일종의 신화가 형성되어 있고, 그 신화가 확대재생산되어 막연한 동경을 만들어내기 때문인 듯합니다. 그 신화는 독일이 세계 최초로 자동차 고속도로를 건설했다든가, 80년 전인 1938년 1월 28일 루돌프 카라치올라(Otto Wilhelm Rudolf Caracciola, 1901.1.30 ~ 1959.9.28)가 5,600cc 배기량, 736마력을 갖춘 메르체데스 벤쯔 W 125를 타고 아우토반 프랑크푸어트(Frankfurt am Main)와 다엄슈타트(Darmstadt) 구간을 시속 432.692km로 달렸다거나 히틀러가 최초의 아우토반을 구상하고 건설하게 했다든가 2차 대전 중에 비행기 활주로로 사용될 만큼 견고하게 건설되었다든가, 혹은 전 구간에서 통행료를 받지 않는다와 같은 이야기 등이 뒤섞여 이루어진 것으로 추정됩니다. 물론 그 신화의 핵심을 이루는 것은 완전 속도무제한이라는 설이라 할 수 있을 것입니다. 하지만 신화인 만큼 여기에는 당연히 사실과 다른 요소들이 포함되어 있습니다.

오늘날 고속도로의 일반적인 구조적 특징은 양방향 차선이 있고, 그 가운데 중앙분리대가 있는 것인데, 역사상 가장 먼저 이런 구조로 건설된 도로는 1세기 로마제국의 클라우디우스(Claudius) 황제 시대에 로마와 오스티아 사이에 건설된 "Via Portuensis"였습니다. 이 도로가 말과 마차를 위한 길이었다면, 1885년 독일인 카알 벤쯔(Karl/Carl Benz)에 의해 탄생한 현대적 의미의 자동차를 위한 도로는 1907년 미국 뉴욕시 주변의 인구밀집지역에 건설된 소위 "park way"라고 불린 4차선도로가 처음이라 할 수 있습니다. 1921년 독일 베얼린(Berlin)에 개통되어 아직도 차량이 운행하는 "베얼리너 아부스(Berliner AVUS)"[17]는 세계 최초의 자동차전용도로이긴 했으나 엄밀한 의미에서 오늘날의 아우토반은 아니었지요. 왜냐하면 8.3km의 이 도로는 대중에게 개방되지 않고 1940년까지 사용료를 받고 자동차 경주와 시험용으로만 쓰였기 때문입니다. 세계 최초의 유료 고속도로

층 대상 캐주얼 의류 브랜드로 출시되었다가 이제는 중장년층을 대상으로 바뀐 아웃도어 브랜드 명으로 아우토반이 쓰이는 사례도 있다.

17 AVUS는 Automobil-Verkehrs- und Übungsstraße의 약자.

는 피에로 푸리첼리(Piero Puricelli)에 의해 1922년 설계에 들어가 2년 후에 개통된 밀라노(Milano)와 바레세(Varese) 구간의 "아우토스트라다(Autostrada)"입니다.[18]

히틀러가 최초로 고속도로를 기획하고 건설했다는 것도 사실이 아닙니다. 제3제국, 즉 히틀러정권이 제1차 세계대전에서 패배한 이후 봐이마어 공화국(Weimarer Republik) 시대까지 이어진 피폐한 경제상황에 고통받고 있던 독일 대중의 민심을 잡기 위해 일으킨 대규모 토목공사에 고속도로가 포함된 것은 사실입니다. 그러나 우리가 "Autobahn"[19]이라 부르는 자동차전용 고속도로는 1925년 착공되어 나찌가 정권을 잡기 전인 1932년 완성된 쾰른(Köln) - 본(Bonn)을 연결하는 A555 구간이 최초이지요. 흥미로운 점은 이 아우토반 구간에는 운행 제한속도가 있었는데, 당시로는 상상하기 힘들만큼 빠른 120km였다는 사실입니다. 한편 2차 대전 중에 아우토반이 비행기활주로로 사용된 적이 있다는 기록이 남아 있긴 하지만, 전시와 같은 비상상황에서 아우토반만 그런 상황을 대비해서 건설된 것은 아닙니다. 아우토반에 통행료가 없다는 이야기도 진실이 아닙니다. 화물차에 대한 통행료 징수는 2005년 1월 1일부터 이루어지고 있는데, 대상차량은 2015년 10월 1일 이전에는 12톤 이상, 그 이후부터는 7.5톤 이상 화물차에 적용되고 있습니다. 버스는 화물차가 아니므로 통행료를 내지 않습니다. 승용차 통행료의 경우 2016년 1월 1일부터 공식적으로 도입하기로 결정했으나 필요한 시스템이 완비될 때까지 징수를 유예하고 있는 상태입니다. 우리나라와 현저하게 다른 점 한 가지는 통행료를 징수하는 톨게이트가 없으며, 따라서 톨게이트를 통과하는 것 때문에 정체가 일어나는 일은 없다는 사실입니다. 말이 나온 김에 우리나라 고속도로와 차이가 나는 점 한 가지를 덧붙이면, 아우토반에 대형 오토바이 통행이 허용된다는 사실입니다. 굉음을 울리며 단독으로, 혹은 무리를 이루어 달리는 오토바이를 아우토반에서 만나는 것은 드문 일이 아니니 행여 놀라는 일이 없으시길 바랍니다.

---

18 Jürgen Ahrens, Wie deutsch ist das denn? Die populärsten Irrtümer über Deutschland und die Deutschen, München 2013, 26 ~ 27쪽 참조.

19 Autobahn이라는 개념을 1929년 무렵 최초로 사용한 사람은 함부억 -프랑크푸어트 - 바젤을 잇는 원거리 도로 프로젝트의 책임자였던 베얼린 출신의 건축기사 로베어트 옷첸(Robert Otzen) 이다. Jürgen Ahrens, Wie deutsch ist das denn? Die populärsten Irrtümer über Deutschland und die Deutschen, München 2013, 28쪽 참조.

독일 아우토반의 전체 길이는 2016년 기준 12,993km인데, 직선으로 독일의 수도 베얼린(Berlin)에서 인도의 뭄바이(Mumbai)를 왕복하고 남을 만큼 긴 거리[20]이지요. 원칙적으로 속도제한이 없는 것은 맞지만, 실제로는 전 구간의 약 65.5% 정도에서만 속도 제한이 없습니다.[21] 이 속도제한이 없는 구간에는 130km의 "권장속도(Richtgeschwindigkeit)"가 있어서, 이 속도 이상으로 운행하다가 사고가 발생했을 때 보험 등과 관련해서 불이익을 받을 수 있지만 의무적으로 준수해야 하는 것이 아니므로 지키는 사람은 거의 없다고 할 수 있습니다.

독일에서는 현재 아우토반 전 구간에 걸쳐 시속 120km의 속도제한(Tempolimit/Geschwindigkeitsbegrenzung)을 도입하는 문제가 논의되고 있습니다. 소음공해와 교통사고의 위험을 줄이고, 무엇보다 이산화탄소 배출량 감소, 유해 배기가스로 인한 숲의 고사 피해 예방 등 "환경보호(Umweltschutz)"라는 대의를 실천하자는 것이 그 핵심명분입니다. 속도제한을 도입하고자 하는 논의는 사실 새로운 움직임은 아닙니다. 이미 1990년대 말 2000년대 초반 메어켈이 집권하기 전 진보적인 사민당이 녹색당과 연정을 하던 시절부터 속도제한을 도입하려는 적극적인 시도가 있었지만 결국 성공하지 못했는데, 정권이 바뀐 후에도 이에 대한 논의는 계속되어 왔습니다. 흥미로운 것은, 2015년 포털사이트 "YouGov"에서 1,200명을 대상으로 설문조사를 실시한 결과 과반수 이상이 속도제한 도입을 찬성하긴 했으나 제한속도를 120km가 아니라 최소한 시속 150km로 정해야 한다는

---

20 https://www.luftlinie.org/Mumbai/Berlin 참고.

21 https://www.n-tv.de/auto/Mehrheit-fuer-Tempolimit-auf-Autobahnen-article16152446.html 참고.
이와 관련된 최신 통계자료는 알려진 것이 없는데, 속도제한 도입을 지속적으로 추진하고 있는 현재 추세에 비추어 볼 때 속도제한이 없는 아우토반 구간은 더 줄어들었을 것으로 추정된다. 도로확장, 관리 등의 목적으로 이루어지는 공사 구간 등을 감안할 때, 독일운전자클럽 아데아체(ADAC, Allgemeiner Deutscher Automobil-Club)의 주장처럼 속도제한이 없는 아우토반 구간은 60% 이하라고 볼 수 있다. https://www.adac.de/infotestrat/adac-im-einsatz/motorwelt/tempolimit_mai.aspx 참조. 2013년 네덜란드 내비게이션 제조사 톰톰(TomTom)이 독일 전역을 남북과 동서 방향으로 분석한 결과에 의하면, 함부어과 뮌헨 사이 구간은 양방향 통틀어 48.7 %, 구 동독지역에 위치한 프랑크푸르트 안 데어 오더(Frankfurt an der Oder)와 프랑크푸어트 암 마인(Frankfurt am Main) 사이의 구간에서는 52.7 %만 속도제한 없이 주행할 수 있는 것으로 나타났다. 이와 관련해서는 https://www.welt.de/motor/article121455433/Freie-Fahrt-Wo-geht-das-noch-in-Deutschland.html 참조할 것.

조건을 제시했다고 합니다.

속도제한 도입을 반대하는 여론을 이끄는 주체는 자동차산업계와 2016년 기준 1,962만 명의 가입회원수를 자랑하는 “전 독일 운전자클럽”, 즉 “아데아체(ADAC: Allgemeiner Deutscher Automobil-Club)”입니다. 속도제한 도입을 반대하는 가장 중요한 논거는, 자동차업계의 경우 독일의 경제에 미칠 부정적인 영향이 우려된다는 것입니다. 독일 경제의 중추는 의심할 바 없이 자동차산업이고, 자동차 수출이 독일 경제에 기여하는 막중한 역할을 생각할 때, 아우토반에 속도제한을 도입한다는 것은 외국 자동차들이 가지지 못한 최대의 장점을 스스로 포기하는 것이라는 논지이지요. 폭스봐겐을 제외하고는 메르체데스, 베엠붸, 아우디, 포르쉐 등이 모두 프리미엄급 자동차를 수출하는데, 그들의 차를 구매하는 고객들에게 “아우토반에서 시험했음(autobahn tested)”이라는 말은 단순한 수식어가 아니라 품질 인증표시와 같은 의미를 지닌다는 것입니다. 엔진과 차체, 브레이크의 성능과 내구성, 안전장치 등의 성능시험을 위한 최상의 조건을 제공하는 아우토반에서 최대의 속도로 매일 주행하는 자동차란 인식이 자동차 해외수출 시장에서 성패를 좌우할 수 있을 만큼 중요한 요소라는 주장입니다.

1970년대부터 “자유로운 시민은 자유롭게 달려야 한다(Freie Fahrt für freie Bürger)”라는 슬로건을 주장해온 “전 독일 운전자클럽(ADAC)”은 다른 이론적 근거를 내세웁니다. “전 독일 운전자클럽(ADAC)”은 첫째, 속도제한이 없다고 해서 더 많은 사고가 일어난다는 주장은 오류라고 반박합니다. 실제로 고속도로에서의 사망률을 집계하면 시속 130km의 속도제한이 있는 오스트리아가 독일보다 1.5배 더 높으며, 독일 고속도로의 사망자수는 10억 km를 운행했다고 가정했을 때 1.8명에 불과하다는 것입니다. 또한 한 해에 일어나는 사망사고 전체의 약 11% 정도만 고속도로에서 발생한다는 통계도 그 근거로 제시합니다. 둘째, 전체 구간의 약 40%에서 이미 여러 가지 이유로 속도제한이 이루어지고 있는 상황에서 120km 혹은 130km의 속도제한이 있는 구간과 속도제한이 없는 구간을 비교했을 때, 속도제한이 있는 구간의 안전도가 더 높다고 볼 수 없다고 주장합니다.[22]

---

22 https://www.adac.de/infotestrat/adac-im-einsatz/motorwelt/tempolimit_mai.aspx 참조.

한 해에 전 세계에서 판매되는 고급 리무진의 3/4이 메르체데스 벤쯔(Mercedes Benz)를 비롯한 독일제 차량이라는 것을 생각하면 독일정부도 속도제한의 도입여부에 대해 고민하지 않을 수 없을 것입니다. 여기에 더해, 특히 자동차를 사랑하는 독일인들의 여론 형성에 큰 힘을 발휘하는 "전 독일 운전자클럽(ADAC)"이 가세하고 있으니 아우토반 전 구간에 속도제한을 도입하는 것이 쉬워 보이지는 않습니다.

130km 속도제한이 있는 아우토반 구간에서 바라보이는 풍력발전기들

# Ⅸ.9. 질문 : 독일은 원자력 에너지 포기를 선언한 이후 어떤 에너지 정책을 추진하고 있나요?

한마디로 "에너지 전환(Energiewende)"이란 명제에 그 답이 요약되어 있다고 하겠습니다. 독일은 2011년 일본 후쿠시마 원전사고 이후 2022년까지 모든 핵발전소 가동을 중단하겠다고 선언하고, 원자력을 신재생에너지로 대체하는 "에너지 전환"을 국가 최대과제의 하나로 설정하고 이를 강력히 추진하고 있습니다. 독일에서 "에너지 전환"의 중심을 이루는 "탈원전" 정책은 사실 새로운 것이 아닙니다. 이미 1998년 사민당과 녹색당의 연립정부 시절에도 추진하였던 정책입니다. 하지만 보수적이고 친기업적인 정권으로 교체되고 나서도 독일은 이 정책을 지속적으로 추진하였습니다. 그것이 국익에 도움이 된다고 생각하였기 때문이지요. 그러던 것이 후쿠시마 사고를 계기로 그 흐름이 더 빨라진 것으로 이해하면 될 것입니다.

2000년 재생에너지법이 제정된 이후 독일은 화석연료와 원자력 에너지를 대체할 태양광, 수력, 풍력, 바이오에너지 설비에 지속적인 투자를 하였으며, 그 결과 2017년 국가 전체 에너지 생산량의 약 1/3을 친환경적인 "생태전력(Ökostrom)"이 차지하게 되었습니다. 독일 최대의 에너지기업 에온(E.ON)에 따르면 2017년 태양광, 수력, 풍력발전을 통해 1,540억 kWh의 전력이 생산되었는데, 이것은 2016년 대비 20%가 증가된 량이라고 합니다. 놀라운 것은 여기에는 380억 kWh에 달하는 바이오에너지 발전설비에서 생산된 발전량은 포함되지 않았다는 사실입니다.[23] 실제로 독일의 도로를 달리다 보면 돈키호테가 거인으로 착각하고 달려들었던 거대한 풍차를 연상시키는 풍력발전기(Windrad)와 주택의 지붕이나 들판에 늘어선 태양광 설비의 숫자가 해가 갈수록 눈에 띄게 늘어나고 있다는 것을 확인할 수 있습니다.

중요한 사실은, 재생에너지법이 발효한 이후 약 20년 동안 이 같은 신재생에너지의 생

23 https://www.deutschland.de/de/news/hoechster-anteil-von-oekostrom 참조.

산비중만 증가한 것이 아니라는 것입니다. 생태환경에 유해한 탄소배출량이 27% 감소하였고, 에너지 수입액을 절감하고 에너지 수출로 전환하였으며, 신산업 창출을 통해 약 37만개의 일자리를 창출함으로써 세계적 경제 위기를 이겨내고 지속적인 성장을 이루었다는 것입니다. 물론 신재생에너지 지원금 때문에 가계와 기업의 부담이 증가하는 부정적인 측면도 존재하지만 이를 해결하기 위해 2014년 독일정부는 재생에너지법을 개정하여 경제성을 확보하기 위해 노력하고 있습니다.[24]

2017년 들어선 새 정부가 "탈원전"을 중요 정책의제로 제시하면서 우리나라에서도 "에너지 전환" 문제가 중요한 사회적 이슈가 되고 있습니다. 이 맥락에서 2017년 9월 28일 전력산업연구회와 대한전기학회가 주최한 "에너지전환 정책에 따른 전력분야 대응방안 대토론회"에서 개진한 아우어(Stephan Auer) 주한독일대사의 의견은 귀 기울일만합니다. 그는 '에너지전환은 많은 이해관계가 관여되기 때문에 객관적인 토론이 쉽지 않을 것이지만 에너지 자급자족, 시민 안전, 환경 보호, 일자리 창출, 기술 혁신 등 에너지전환에 따른 장점이 많다'고 강조했습니다.[25] "탈원전" 정책의 시행과 관련하여 우리가 독일에서 참고할 점 한 가지만 더 덧붙이면, 국민들에게 분명 혜택만이 아니라 부담도 같이 지워질 이 새로운 에너지정책을 시행할 때 충분한 근거 제시를 통한 설득과 소통을 통해 국민들의 찬성을 이끌어내는 것이 우선되어야 할 것이라는 사실입니다. 2017년 "신재생에너지청(Agentur für erneuerbare Energien)"이 위탁하여 시행한 설문조사에서 독일국민의 95%가 신재생에너지 정책과 그것의 지속적인 시행에 찬성하였습니다. 가장 중요한 찬성의 이유로는 미래 세대의 안전과 기후 및 환경보호를 위해 기여할 수 있기 때문이라고 응답했다[26]고 합니다. 우리나라에서도 정부는 "탈원전"을 막무가내로 밀어붙여서는 안 될 것이며, 국민들 또한 대안 없이 "탈원전"만 강하게 주장한다고 "에너지 전환"이 이루어질 수는 없을 것입니다. 국민 한 사람 한 사람이 일상생활 속에서 에너지를 아끼기 위한 노력을 먼저 기울여야 할 것이라는 말입니다.

---

24 송용주, 독일 에너지전환 정책의 추이와 시사점, KERI Brief 16-04, 한국경제연구원 2016 참고.

25 http://www.yonhapnews.co.kr/bulletin/2017/09/28/0200000000AKR20170928092100003.HTML 참고.

26 https://www.deutschland.de/de/topic/umwelt/hohe-zustimmung-zur-energiewende 참고.

## IX.10. 질문: 독일과 우리나라를 비교할 때 가장 큰 차이는 무엇일까요?

대단히 개인적인 의견이 될 수도 있겠지만, 독일은 우리나라보다 소위 "교양시민" 계층이 두텁다는 점이 가장 큰 차이가 아닐까 생각합니다. 우리는 일상생활에서 "교양", 혹은 "교양 있는 사람"이란 말을 흔히 듣고, 사용합니다. 사전적 정의에 따르면, 가르쳐 기른다는 한자어에서 유래된 "교양(教養)"이란 말에는 복합적인 의미가 담겨있습니다. 첫째, 사회적인 존재로서의 인간이 갖추어야 할 품행을 가리킵니다. 둘째, 인간이 교육과 수양을 통해 자신이 사는 사회와 시대에 맞는 문화적인 이상을 갖추게 되는 상태를 가리킵니다. 더 나아가 이 같은 문화적 이상에 입각하여 내면적인 성장을 이루고 원만한 인격을 배양함으로써 체득된 정신적인 능력이나 태도를 지칭하기도 합니다.[27] 이와 같은 정의에 따르면, 교양이란 단순히 많이 배우고 높은 학력을 갖추었다고 해서 저절로 형성되는 것은 아니라는 사실을 확인할 수 있습니다. 최근 70% 이하로 떨어지기는 했으나 고등교육기관, 즉 대학 진학률이 OECD 국가들 중 최상위[28]를 유지하고 있지만 우리나라 사람들의 교양이 OECD 국가들 중 최고수준이며, 교양 있는 사람이 가장 많을 것이라 믿는 사람은 아마도 없을 것입니다.

우리말의 "교양 있는 사람"이라는 호칭에 상응하는 독일어 단어는 "Bildungsbürger"인데, "교양시민"이란 말로 번역할 수 있습니다. 2017년 국가브랜드 지수 평가에서 1위를 한 독일의 저력은 이 "교양시민" 계층이 넓게 사회를 지탱하고 있는데서 나온다고 봐도

27 신기철·신용철 편저, 새 우리말 큰사전, 서울: 삼성출판사 1990 및 https://www.doopedia.co.kr/search/encyber/new_totalSearch.jsp 참고.

28 http://news.joins.com/article/21398281/ 참조.
"OECD 교육지표 2017" 결과 발표 참조:
http://blog.naver.com/PostView.nhn?blogId=edunhealth&logNo=221096171913

잘못된 말이 아닙니다. “교양시민” 혹은 “교양시민 계층(Bildungsbürgertum)”은 독일을 비롯한 유럽에서 그 뿌리를 찾으면 르네상스 시대까지 거슬러 올라가야하지만, 구체적으로는 프랑스 대혁명과 산업혁명이라는 정치, 경제, 사회적 변혁이 일어난 18세기 중후반부터 형성되기 시작한 영향력을 가진 사회계층을 가리키는 용어입니다. 폭넓은 인문학적인 소양을 갖추고, 문학, 예술, 학문적 활동에 참여하거나 이를 후원하며, 국가나 사회에 대한 공익적 봉사에 관심을 가지고 헌신하는 유복한 상인, 교수나 의사, 공직자 등과 같은 사회 지도층 시민들이 그 핵심계층을 이루었습니다. 비록 최근 들어 대학진학률이 50% 가까이 늘어나긴 했지만 독일은 고학력사회가 아니므로 이러한 전통적인 의미의 엘리트 계층이 아니라 평범한 사람들이 두터운 교양시민 계층을 형성하고 있습니다. 이들이 자신들의 영역에서 각자의 사회적 역할을 충실히 수행함으로써 독일을 정치, 경제, 사회, 문화 등 모든 분야에서 선진사회로 유지하는데 중요한 역할을 하고 있습니다. 독일의 “교양시민” 계층이 두터운 것은 질 높은 공적·사적 교육에 힘입은 바 큽니다. 무조건 고등교육을 추구하는 것이 아니라 개인의 자질에 맞는 교육을 받고, 적성에 맞는 직업을 수행하며 행복하게 사는 것을 목표로 추구하는 독일사회에서는 가정과 학교, 사회를 막론하고 “교양시민”으로서 갖춰야 할 자질 교육이 어려서부터 이루어집니다. 독일 교육이 추구하는 이상적인 “교양시민”의 자질에는 정직성과 자율성, 책임의식을 갖추고, 무조건적인 평등함이 아니라 공정성을 추구하며, 규정과 법규를 존중하고, 타인을 배려하며 서로 신뢰하는 것 뿐 아니라 자신의 분수를 알고 만족하는 삶의 태도까지 포함됩니다.

고대 그리이스와 로마의 인문주의적 전통을 보존·계승하고, 봉건제를 무너뜨리고 민주주의를 성취하는 오랜 과정에서 형성된 시민계층의 가장 중요한 이상은 그러나 공익을 위한 활동에 직접 참여함으로써 이루어지는 실천적 의미에서 찾을 수 있습니다.[29] 이것은 일상생활 속에서 타인을 배려하는 차원을 넘어 이타주의를 실현하고자하는 노력으

29 송호근은 그의 저서 『나는 시민인가』에서 ‘(선진국을 향한) 교양시민의 조건’을 구체적으로 적시했다. ‘사익을 추구하되 동시에 타인의 자유를 존중하고 공익을 지향하는’사람이 교양시민이라는 것이다. 교양 시민은 앉아서 될 수 없으며,. 유럽의 시민은 한 사람당 평균 2~3개의 사회단체에 참여한다고 한다. 송호근, 『나는 시민인가』, 서울 2015, 372쪽 이하 참고.

로서, "이웃에 대한 사랑(Nächstenliebe)"을 추구하는 기독교적인 윤리관에 뿌리를 두고 있는 것으로 이해할 수 있습니다. 통계에 의하면, 독일에서는 2017년 1,489만 명이 "자원봉사직(Ehrenamt)"[30]으로 활동하고 있습니다. 이는 2012년 1,221만 명에 비해 268만 명이 늘었으며, 전해인 2016년에 비해서도 53만 명이 증가한 숫자라고 합니다.

30 https://de.statista.com/statistik/daten/studie/173632/umfrage/verbreitung-ehrenamtlicher-arbeit/ 참고

DÄNEMARK
OSTSEE
NORDSEE
Flensburg
KIEL
Schleswig-Holstein
Lübeck
Stralsund
Rostock
Greifswald
Wismar
Mecklenburg-Vorpommern
SCHWERIN
Neubrandenburg
Stettin
Wilhelmshaven
Emden
Oldenburg
Bremen
Hamburg
Lüneburg
Groningen
NIEDER-
LANDE
Niedersachsen
Celle
HANNOVER
Hildesheim
Salzgitter
Braunschweig
Stendal
Sachsen-Anhalt
MAGDEBURG
Dessau
Halle
Brandenburg
POTSDAM
Brandenburg
Frankfurt
Cottbus
Küstrin
Warthe
Oder
Spree
POLEN
A'dam
Den Haag
Enschede
Arnhem
Ems
Osnabrück
Münster
Bielefeld
Weser
Nordrhein-Westfalen
Dortmund
DÜSSELDORF
Köln
Bonn
Siegen
Göttingen
Kassel
Nordhausen
ERFURT
Eisenach
Thüringen
Gera
Suhl
Leipzig
Sachsen
DRESDEN
Chemnitz
Zwickau
Görlitz
BELGIEN
Hessen
Marburg
Gießen
Fulda
Lahn
Koblenz
WIESBADEN
Frankfurt
MAINZ
Darmstadt
Aschaffenbg.
Main
Hof
Coburg
Bayreuth
Bamberg
Würzbg.
Erlangen
Fürth
Nürnberg
Prag
Elbe
Moldau
TSCHECHIEN
LUX.
Luxemburg
Rheinland-Pfalz
Trier
Saarl.
SAARBRÜCKEN
Lu'hafen
Mannh.
Heidelbg.
Kaiserslautern
Maas
Mosel
Metz
Nancy
Karlsruhe
Baden-Württemberg
STUTTGART
Tübingen
Ulm
Bayern
Regensbg.
Donau
Ingolstadt
Isar
Landshut
Passau
Augsburg
Linz
Straßburg
FRANKREICH
Freiburg
Friedrichshafen
Konstanz
Basel
Zürich
SCHWEIZ
Garmisch-Partenk.
Inn
Innsbruck
Salzburg
ÖSTERREICH
1
2
3
4
5
6
7
8
9
10

# X.
# 나만의 특별한 독일여행

## 여정 1.

### 헤르만 기념상(Hermannsdenkmal)에서 "게르마니아의 해방자"를 만나다

독일 노어트라인-붸스트퐐렌(Nordrhein-Westfalen) 주의 북동부에는 이웃한 니더작센(Niedersachsen) 주에까지 걸쳐 있는 거대한 토이토부엌 숲(Teutoburger Wald)이 자리잡고 있다. 이 숲의 한 켠 데트몰트(Detmold) 시 남서부에 있는 그로텐부엌(Grotenburg)에는 기단의 높이까지 합쳐 53.46m에 달하는 거대한 인물상이 빽빽한 삼림에 둘러싸인 채 먼 곳을 응시하고 서있다. 바로 헤르만의 거상이다.

로마제국이 가장 강성했던 시기인 기원 후 9년 이 숲에서 푸블리우스 퀸크틸리우스 바루스(Publius Quinctilius Varus) 휘하의 로마군 세 개 군단이 게르만족들의 습격에 의해 전멸당하는 사건이 일어났다. 19세기 들어 민족국가로서의 정체성을 의식적으로 강조하던 독일이 이 사건을 "헤르만 전투(Hermannsschlacht)"라 명명하고 이 전투를 대첩으로 이끈 게르만족의 영웅 "헤루스크 족의 헤르만(Hermann der Cherusker)"을 기리기 시작하였다. 1871년 프로이센(Preußen)에 의해 통일되기 이전까지 수백 개의 군소영주국으로 분열되어 있던 독일에게는 민족의식을 고취시켜줄 구심점이 필요했던 때문이다. 나폴레옹(Napoléon Bonaparte)에 의해 수모를 겪었던 프로이센이 프랑스와의 전쟁에서 마침내 승리한 후 베르사이유(Versailles) 궁에서 "독일제국(Deutsches Reich)"의 성립을 선포한 것과 같은 맥락이었다. 2000년 가까이 잊혀져 있었던 토이토부엌 숲 속의 전투가 역사적으로 두 가지의 중요한 의미를 담고 있다는 사실을 뒤늦게 깨달았던 것이다. 라인(Rhein)강과 베저(Weser)강 넘어 함락되지 않고 남아있던 야만인의 땅 게르마니아를 정벌하고 유럽 전역을 지배하려던 로마제국의 야망을 무산시켰다는 사실과 일찍이 로마의 역사가 타키투스(Tacitus)가 "게르마니아의 해방자(Befreier Germaniens)"로 불렀던 게르만족의 위대한 영웅이 실재했었다는 사실은 독일인들의 자긍심을 고취시킬 최고의 근거가 될 수 있었다.

헤르만 기념상 건립은 1838년 제작이 시작된 후 사회·정치적인 혼란 속에서 지지부진하다가 독일제국이 성립되면서 급진전을 보게 된다. 여기에는 제국의회와 황제 빌헬름 1세(Wilhelm I.)의 지원뿐 아니라 각지에서 밀려든 국민들의 성금이 중요한 동력이 되었다. 헤르만, 어려서부터 로마에서 성장하여 로마군에서 복무했기에 로마식 이름 아르미니우스(Arminius)로 불리기도 했던 그가 오른손으로 치켜들고 있는 검에는 다음과 같은 글이 새겨져 있다. "독일의:통일:나의:강건함 나의:강건함:독일의:힘(DEUTSCHE:EINIGKEIT:MEINE:STAERKE MEINE:STAERKE:DEUTSCHLANDS:MACHT)".

**주소**: Grotenburg 50, 32760 Detmold, Bundesrepublik Deutschland

**참고 사이트**: https://www.hermannsdenkmal.de

## 여정 2.

### 아아헨 대성당(Aachener Dom)에서 "유럽의 아버지"를 참배하다

독일에서 가장 서쪽에 위치한 도시 아아헨(Aachen)은 벨기에와 네덜란드에 이웃해서 그런지 다양한 언어를 구사하는 수많은 사람들이 북적거리는 곳이다. 전체적으로 분지를 이루고 있는 이 아아헨의 한 가운데 높은 곳에 "아아헨 대성당(Aachener Dom)"이 자리잡고 있다. 같은 지역에 있는 "쾰른 대성당(Kölner Dom)"보다 규모도 작은데다 웅장함보다는 단아함이 강조된 건축양식 덕분에 소박해 보이기까지 한다. 그러나 아아헨이 단순하게 인구 25만의 작은 변방도시가 아니듯 이 도시의 상징인 대성당 역시 단순한 가톨릭 성당이 아니다. 14세기 이래 아아헨은 7년마다 한 번씩 순례자들이 찾아오는 중요한 성지가 되었는데, 아아헨 대성당은 이 성지순례의 심장에 해당하는 곳이다.

우리나라 교과서에도 실렸던 알퐁스 도데(Alphonse Daudet)의 단편 "별(Les Étoiles)"에는 산 위에서 하룻밤을 보내게 된 주인집 아가씨 스테파네트와 양치기가 하늘의 별들을 보며 프랑스인들의 위대한 조상 "샤를마뉴 (Charlemagne)"에 대해 이야기를 하는 장면이 나온다. 이 프랑스인의 위대한 조상은 사실은 게르만족의 일파인 프랑켄족의 왕이었다. 그가 4세기에서 6세기까지 유럽전역에 걸쳐 이루어졌던 게르만족의 "민족대이동(Völkerwanderung)"과 그 과정에서 일어나는 서로마제국의 멸망 같은 대혼란을 평정한 인물인 카알(Karl)이다. 800년 12월 25일 교황 레오 3세(Leo III.)는 카알을 유럽의 통치권자로 인정하는 황제의 대관식을 로마에서 거행한다. 독일어로 "카알 대제(Karl der Große)"인 그가 라틴어로 "카롤루스 대제(Carolus Magnus)"라는 호칭으로 불리기도 하는 이유이다. 카알 대제가 이 황제 대관식을 통해 로마제국의 후계자로 인정받게 되면서 유럽에는 새로운 시대가 시작된다. 우리는 그 시대를 중세라고 부르는데, 카알 대제에 의해 통일된 이 왕국은 앞으로 1,000년간 지속될 "신성로마제국(Heiliges Römisches Reich)"의 모태가 된다.

카알 대제는 독일과 프랑스의 위대한 군주였을 뿐 아니라 분열되었던 유럽을 정치적, 종교적으로 통일하여 오늘날 유럽의 기틀을 마련한 인물이기 때문에 "유럽의 아버지"로 불린다. 아아헨 대성당에서 수십 미터 거리 안에 있는 아아헨 시청 앞 광장에 서 있는 그의 동상 배경에 유럽연합(EU) 깃발이 게양된 사진을 인터넷에서 어렵지 않게 발견할 수 있는 이유이다. 아아헨을 "황제의 도시(Kaiserstadt)"라 칭하고, 성지순례 장소가 된 것도 역사적으로 이러한 맥락에서 이해할 수 있다. 카알 대제는 게르만 부족들을 통합한 후 아아헨에 머무르면서 자신의 왕성을 건축하게 하였으며, 죽은 후에는 아아헨 대성당에 그의 유해가 안치되었고, 1165년에는 성인으로 선포되었다. 신성로마제국의 공식적인 초대황제 오토 1세(Otto I.)가 936년 아아헨에서 대관식을 거행한 이후 16세기에 이르기까지 이곳에서 대관식이 거행되었던 것 역시 아아헨의 위상을 재삼 확인시켜주는 것이었다.

**주소**: Klosterplatz 2, 52062 Aachen, Bundesrepublik Deutschland
**참고 사이트**: https://www.aachenerdom.de

DEUTSCHES
AUSWANDERER
HAUS

## 여정 3.

### 독일 이민자의 집(Deutsches Auswandererhaus)에서 독일의 아픈 과거를 들여다 보다

독일에는 2017년 현재 "이민자 배경(Migrationshintergrund)"을 가진 사람들의 숫자가 1,860만 명으로 8,280만 명인 독일 전체인구의 무려 22.5%에 달한다. 왜 이렇게 많은 이민자들이 독일에 왔는지 그 이유는 단순하다. 이들에게는 잘 먹고 잘 살 수 있는 기회를 얻을 수 있는 곳이 필요하였고, 독일이 이들을 받아주었기 때문이다.

이처럼 21세기에 들어와 독일은 세계에서 가장 많은 "입국 이민자를 받는 나라(Einwanderungsland)"가 되었다. 그렇다면 과거에는 어떠했을까? 1832년 에걸링(H. W. E. Eggerling)은 "유쾌한 미래를 향한 전망(Aussicht in eine heitere Zukunft)"이란 글에서 다음과 같이 미국을 묘사하였다. "성실하고 영리하며 활동적인 남자가 미국보다 더 자유롭고, 행복하게 잘 살 수 있는 곳은 없다. 그곳에서 가장 가난한 사람도 유럽에서 두 단계 더 높은 수준에 있는 사람보다 더 잘 산다(Der rechtliche, kluge und tätige Mann lebt nirgends so gut, so frei, so glücklich als in Amerika, der ärmste besser als der in Europa zwei Stufen höher stehende)". 19세기 들어 독일뿐 아니라 유럽전역에서는 위생과 의료수준의 향상으로 사망률이 낮아짐으로써 인구는 증가하였고, 산업사회로 전환되는 과정에서 생겨난 도시의 인구집중과 실업 문제 등으로 인해 "집단적 빈곤(Pauperismus)" 현상이 심각하였다. 이 같은 절망적인 빈곤에서 탈출할 출구를 찾던 사람들에게 미국은 나은 삶이 보장되는 기회의 땅으로 여겨졌다. 1820년대부터 약 100년 동안 모두 590만 명의 독일인들이 대서양을 건너는 고난의 이민 길에 나섰는데, 그 중 거의 9/10에 달하는 독일인들이 미국을 목적지로 정하고 떠났다. 그들 중에는 불법이민자 규제를 부르짖는 현재 미국대통령의 할아버지 프리드리히 트룸프(Friedrich Trump)도 끼어 있었다.

독일 북서쪽 항구도시 브레머하펜(Bremerhaven)에 있는 "독일 (출국) 이민자의 집(Deutsches Auswandererhaus)"은 독일 이민자들의 고통스러웠던 개인사뿐 아니라 독일의 아픈 역사를 증언하고 있는 박물관이다. 1852년 이민을 떠나기 위해 항구로 몰려든 이들을 위한 숙소로 지어져 1890년까지 120만 명을 떠나보냈던 역사적인 현장인 브레머하펜 신항에 건립되어 2005년 개관하였다. 이 박물관에는 신항을 비롯한 브레머하펜 4개의 항구에서 대서양을 건너 이민길에 나선 사람들의 고난의 역사를 보여주는 사진과 문서, 오디오, 비디오 등 각종 매체로 된 자료 뿐 아니라 당시 이민선의 내부 선실의 모습과 이민자들이 미국에 도착해서 입국심사를 받는 공간까지 실물 그대로 재현해 놓고 있다. 무엇보다 인상적인 것은, 박물관의 모든 전시실을 지나면 제일 마지막 공간에 방문객들이 자신의 선대 조상이나 친척, 지인들의 이민 기록을 조회해 볼 수 있는 자료실이 운영되고 있다는 사실이다.

**주소**: Columbusstraße 65, 27568 Bremerhaven, Bundesrepublik Deutschland
**참고 사이트**: http://dah-bremerhaven.de/museum/

## 여정 4.

### 부헨발트 집단강제수용소(KZ Buchenwald)에서 인간의 야만성 앞에 말을 잊다

KZ는 우리말로 "집단강제수용소"로 번역되는 독일어 "Konzentrationslager"의 약자로, 직역하면 "집중수용소"가 된다. 모두 1,000개 가까이 되던 강제수용소에 나찌들은 누구를, 왜 집중적으로 수용하였을까? 그 기준은 인종, 종교, 사상 등 온갖 종류의 차별의식과 편견에서 나온 지극히 자의적이고 주관적인 것이었다. 그들이 말살의 대상으로 지목한 유대인과 집시들, 제3제국의 존립을 부인하거나 나찌 정권에 위해를 끼칠 소지가 있다고 판단되는 정치범들은 물론 독일인의 인종적인 우월성에 대해 부정적인 영향을 줄 수 있다고 생각한 장애인, 노숙자, 전과자들이 집중 수용 대상이었다. 거기다 1939년 2차 대전을 일으킨 후에는 적국의 포로들까지 이들에 포함시켰다. "집단강제수용소"에는 "노동수용소(Arbeitslager)"와 "말살수용소(Vernichtungslager)"의 두 가지 종류가 있었지만 그 분류는 아무 의미가 없었다. 모든 수용소에서 대량학살이 이루어졌기 때문이다. 가장 대표적인 "말살수용소"는 그 이름 자체가 나찌뿐 아니라 인간에 내재된 야만성을 상징하는 대명사가 되어버린 "아우슈비츠", 정확하게는 "아우슈비츠-비르켄아우 집단 강제수용소(KZ Auschwitz-Birkenau)"였다. 이 곳에서만 110만에서 150만에 이르는 인명이 학살되었다. 유대계 독일인 사회학자 아도르노(Theodor W. Adorno)는 "아우슈비츠 후에 시를 쓴다는 것은 야만적이다(Nach Auschwitz ein Gedicht zu schreiben, ist barbarisch)"라는 명제로 인간이 인간에게 가한 반문명적인 야만행위를 고발하였다.

이 맥락에서 "부헨발트 집단강제수용소"는 특별한 의미를 가진다. "너도밤나무 숲(Buchenwald)"이라는 서정적인 이름을 가진 이 수용소가 독일 "고전주의(Klassik)"의 요람이었던 봐이마어(Weimar)에서 직선거리로 불과 7km 떨어진 곳에 위치하고 있었기 때문이다. 독일의 국민시인 괴에테와 쉴러를 비롯하여 당대 최고의 지성들이 독일인들의 문화 예술에 대한 사랑과 조화와 중용의 이상을 꽃피웠던 그 봐이마어(Weimar) 말이다. 약 60년이 지난 1999년 유럽 문화가 꽃피는데 기여한 바를 인정받아 "유럽문화수도(Kulturhauptstadt Europas)"로 지정되는 이 유서 깊은 "시인과 사상가의 도시" 바로 곁에 인간의 살육이 자행된 야만의 현장이 있었다는 사실 때문에 이곳에서 벌어졌던 일들이 더욱 참혹하게 느껴지는 것이다. 56,000명이 살해당한 그 현장에는 이제 막사는 모두 철거되고 전기철조망 울타리와 상설 전시를 통해 당시의 범죄를 고발하고 반성하는 추모기념관 역할을 하는 행정본부 건물만 남아 있다. 어떻게 생체실험이 진행되었으며, 어떤 수단으로 고문을 하고 살해했는지, 또 얼마나 조직적이고 치밀하게 대량학살이 계획되고 수행되었는지를 증언하는 전시물들을 보면 말을 잊게 된다. 한 가지 위안은, 독일의 미래세대는 선대가 저지른 반인륜적인 과오를 되풀이하지 않겠구나하는 생각이 든다는 것이다.

**주소**: Buchenwald 2, 99427 Weimar-Nordstadt, Bundesrepublik Deutschland

**참고 사이트**: https://www.buchenwald.de/69/

BAHNHOF FRIEDRICHSTRASSE
Zugang nur mit gültigen
Grenzübertrittsdokumenten
für Westberliner Bürger

## 여정 5.

### 베를린 눈물의 궁전(Tränenpalast Berlin)에서 독일인들의 눈물자국을 보다

2차 세계대전이 독일의 패전으로 끝난 후 연합국의 군정 아래 있던 서독과 동독은 1949년 각자 단독 정부를 수립하였다. 동독의 한 가운데 위치한 베얼린(Berlin) 역시 동서로 분할되었지만, 매일 50만 명이 오고갈 만큼 그 경계는 엄격하게 차단되지 않은 상태였다. 양 베얼린(Berlin) 지역의 삶의 질 차이가 벌어지면서 1949년부터 1961년 사이에 약 270만 명의 사람들이 동독과 동베얼린(Ost-Berlin)을 떠나 서독으로 탈출하는 현상이 일어났다. 그 중의 절반이 25세 이하의 젊은 층이었다는 사실은 사회·경제적으로 어려움을 겪고 있던 동독 공산정부에게는 큰 걱정거리가 되었다. 이에 동독정부는 전격적으로 서베얼린(West-Berlin)으로부터 동베얼린(Ost-Berlin)을 분리하고 차단하는 장벽 건설을 결정하였다. 1961년 8월 13일 이른 아침부터 바리케이드를 설치하고 그 위에 철조망으로 차폐시설이 만들어졌으며, 이후 몇 주 만에 콘크리이트로 된 장벽이 건설되었다. 하루아침에 친척과 친구, 이웃들이 더 이상 왕래할 길이 막혀 버린 것이다. 43.1km에 이르는 장벽이 서베얼린(West-Berlin)과 동베얼린(Ost-Berlin)을 갈라버린 이후 몇 군데에 소위 국경검문소 겸 통관시설이 설치되어 엄격한 심사를 거친 소수의 사람들만이 통행할 수 있게 되었다.

그 중의 하나가 동독으로부터 서베얼린(West-Berlin)으로 떠나는 열차들이 출발하던 프리드리히 슈트라세 역(Bahnhof Friedrichstraße) 국경검문소 겸 통관소였다. 1962년에 세워진 이 곳에 "눈물의 궁전(Tränenpalast)"이라는 별명이 붙게 된 것은, 대부분의 동독사람들이 서베얼린(West-Berlin)과 서독을 다녀올 여행의 자유가 없었기 때문에 서독에서 온 가족이나 친지들을 눈물로 떠나보내야만 했기 때문이었다. 동독사람들에게는 자유에 대한 갈망이 솟구치던 장소이자 통제와 억압의 상징이던 이 허름한 건물은 이제는 박물관이 되어 분단의 비극과 그로 인해 고통 받고 희생당했던 인간들의 운명을 대변해 주는 문화유산으로 남았다. 2011년부터 "독일연방공화국 역사의 집 재단(Stiftung Haus der Geschichte der Bundesrepublik Deutschland)"은 이곳에서 "경계체험들. 독일 분단의 일상(GrenzErfahrungen. Alltag der deutschen Teilung)"이란 주제의 상설전시를 통해 독일인들이 겪어야 했던 고난의 과거사를 기억하고 미래를 위한 성찰의 자료를 제공하고 있다.

**주소**: Reichstagufer 17, 10117 Berlin, Bundesrepublik Deutschland

**참고 사이트**: https://www.museumsportal-berlin.de/de/museen/tranenpalast/

Zollverein

ERLEBE DEIN GRÜNES WUNDER
ANSON'S

## 여정 6.

### 쫄퀘라인 탄광단지(Zeche Zollverein)에서 라인강의 기적, 그 후를 보다

1945년 2차 세계대전이 끝났을 때 독일에 남아 있는 것은 폐허뿐이었다고 해도 과언이 아니다. 오죽했으면, 전후 볼스부엌(Wolfsburg)을 관장하게 된 영국군정 관계자가 폭스바겐 공장을 보고는 재건할 가치도, 철거할 가치도 없다고 판단해서 "이 고철더미 그냥 가져(Behaltet doch den Schrott)"라고 했을까. 전후 "영점(Nullpunkt)", 즉 완전한 무의 상태에서 새로 출발해야 했던 독일 사람들의 꿈은 한번 배불리 먹어보고, 집 한 칸 가져보는 것이었다. 정치, 경제적인 불확실성 속에서 출범한 서독은 새로운 화폐, 새로운 헌법, 새로운 정부, 새로운 수도 등 모든 것을 새롭게 시작하였다. 냉전이라는 국제정치 역학의 덕을 보긴 했지만 독일은 그러나 1950/ 60년대에 들어오면 이미 놀라운 경제성장을 이룩하게 된다. "라인강의 기적"이라 불린 이 독일 경제의 부흥은 "모두를 위한 복지(Wohlstand für alle)"라는 슬로건 아래 시행한 독자적인 "사회시장경제(Soziale Marktwirtschaft)"의 성공과 패전에도 불구하고 기초는 상실하지 않았던 산업에 대한 집중적 투자의 결과였다.

이 경제기적에 동력을 제공하고 그 토대역할을 맡은 것은 무엇보다 에너지 산업인 광업과 제철산업이었다. 이 두 산업분야가 집중된 공업지역이 독일 중서부 "루어지방(Ruhrgebiet)"으로, 우리나라에서 "루르지방"으로 알려진 그곳이다. 1960년대 우리나라 간호사와 광부들의 애환이 서린 땅이기도 한데, 영화 "국제시장"의 주인공 덕수가 일했던 함보언(Hamborn) 탄광이 있는 뒤스부엌(Duisburg)과 독일 최대 제철기업 "튀센-크룹(Thyssen-Krupp)" 본사가 있는 에쎈(Essen) 등이 중요도시들이다. 에쎈에는 독일 산업화의 역사를 상징하는 "쫄퀘라인 탄광단지(Zeche Zollverein)"가 있다. 2001년 유네스코 세계문화유산으로 등재된 이 거대한 탄광단지는 1851년 채탄을 시작하여 1986년 채탄을 중단할 때까지 2억 4,000만 톤의 석탄을 채굴하여 독일의 산업시설에 연료 및 원료를 공급하였다. "쫄퀘라인(Zollverein)"이란 명칭은 1871년 프로이센에 의해 이루어진 독일의 정치적인 통일에 앞서 경제적인 통일에 기여한 "관세동맹"을 의미하는데, 당시 루어지방에는 이 "관세동맹"이 기능하고 있었다는 것을 증언한다. 오랫동안 석탄가루로 뒤덮였던 "쫄퀘라인 탄광단지"는 오늘날 루어지방이나 독일을 넘어 유럽의 산업문화를 상징하는 기념장소가 되었을 뿐 아니라 독일만이 보여줄 수 있는 창조적인 경제, 새로운 예술문화의 중심이 되고 있다. "쫄퀘라인 탄광단지"는 "폴크방 예술대학교(Folkwang Universität der Künste)", "루어박물관(Ruhr Museum)", "레드 닷 디자인 박물관(Red Dot Design Museum)" 등과 어우러져 산업과 예술, 역사와 현대 디자인이 공존하는 거대한 문화공간을 이루고 있다. 참고로, 삭막한 잿빛 공업도시였던 에쎈은 2017년 "유럽의 환경수도(Umwelthauptstadt Europas)"에 선정되었다.

**주소**: Gelsenkirchener Str. 181, 45309 Essen, Bundesrepublik Deutschland
**참고 사이트**: https://www.zollverein.de/

## 여정 7.

### 자동차 도시(Autostadt)에서 자동차 문화와 인간과 자동차의 소통에 대해 생각해보다

세계 최초의 자동차가 독일에서 만들어지고 운행되었다는 것을 모르는 사람은 별로 없을 것이다. 소위 "Benz Patent-Motorwagen Nummer 1"가 그것으로, 뮌헨에 있는 독일박물관에 가면 볼 수 있다. 그런데 세계 최초로 자동차를 개발한 나라에서 가장 사랑을 받고 있는 자동차는 벤쯔로 대표되는 호화스런 리무진이 아니라 우리 눈에는 작아 보이는 폭스봐겐의 중형해치백 골프이다. 독일에서만 연 평균 40만대 이상이 새로 등록되고 있으며, 지금까지 전 세계에서 약 3,500만대가 판매되어서 자동차 역사에서 판매량으로 따져 세계 3위를 기록 중이다. 골프 이전에 독일인들에게 가장 사랑을 받았던 차는 독일자동차의 "원형(Prototyp)"이라 불리던 "캐퍼(Käfer)"이다. 대중의 마음을 장악하려던 나찌정권의 야심작으로 풰어디난트 포어쉐(Ferdinand Porsche)에 의해 1930년대에 개발된 "KdF-Wagen"의 후신이다. "기쁨에서 얻어지는 힘(Kraft durch Freude)"이란 말의 약자 "KdF"와 "차(Wagen)"가 결합된 이름인 "KdF-Wagen"의 생산거점이었던 "퐐러스레벤 근교 카데에프-봐겐의 도시(Stadt des KdF-Wagens bei Fallersleben)"는 2차대전 중 완전히 파괴되었다. 전후 이 폐허에서 부활한 도시가 바로 오늘의 볼스부억(Wolfsburg)으로, 세계 최대의 자동차 생산업체 폭스봐겐(Volkswagen)의 본사가 있는 곳이다.

폭스봐겐(Volkswagen)은 지난 몇 년간 디젤 배기가스 스캔들로 인해 심각한 타격을 입었음에도 불구하고 2017년 전 세계에서 6백만 대 이상의 차량을 생산하며 연간 생산량 신기록을 달성했다. 어떻게 해서 폭스봐겐(Volkswagen)은 존립의 근간이 흔들릴만한 충격을 단 2년 만에 이겨낼 수 있었던 것일까? "정직함"이라는 덕목을 최고의 가치로 생각하는 독일인들에게 "사기극"으로 규정받은 이 스캔들이 시원하게 해명되고 철저한 반성과 보상이 이루어지는 데는 시간이 필요하겠지만, 폭스봐겐(Volkswagen)이 그간 쌓아왔던 신뢰는 우리 생각보다 훨씬 견고하다는 데서 그 답을 찾을 수 있을 듯하다.

폭스봐겐(Volkswagen)만의 성공 비결을 단편적으로라도 직접 확인할 수 있는 곳이 볼스부억(Wolfsburg)에 있는 "자동차 도시(Autostadt)"이다. "인간, 자동차, 그리고 그들을 움직이는 것(Menschen, Autos und was sie bewegt)"이라는 슬로건 아래 미래 고객들과의 소통을 위한 플랫폼으로 28만 ㎡의 부지 위에 세워진 자동차 박물관과 자동차와 관련된 모든 것을 체험할 수 있는 거대한 공원이 이 "자동차 도시"이다. 자동차를 주문한 고객이든 단순한 관광객이든 이 곳에서는 60여개 회사의 수많은 자동차 모델들을 구경하고, 뷔페음식을 즐기고, 다양한 음료를 마시며, 자동차를 운전해보거나 돈이 없으면 ATM에서 돈도 찾을 수 있을 뿐 아니라 숙박까지 할 수 있다. 한마디로 자동차뿐 아니라 인간과 자동차의 소통, 자동차 문화까지 보고 체험할 수 있는 장소이다.

**주소**: Stadtbrücke, 38440 Wolfsburg, Bundesrepublik Deutschland
**참고 사이트**: www.autostadt.de

Allianz Arena

Allianz

## 여정 8.

### 알리안쯔 아레나(Allianz Arena)에서 축구 하늘에 뜬 별 네 개의 신화를 확인하다

독일은 축구의 나라다. 7,043,964명의 공식 가입회원을 가진 독일축구협회(DFB: Deutscher Fußball-Bund)에 따르면, 전국에 24,958개의 축구클럽이 있으며, 2016년 기준 남녀축구를 합쳐 모두 159,545개의 팀이 등록되어 있다. 2017년 기준 90,535개가 있는 전체 스포츠클럽들의 약 27%가 축구클럽이라는 이야기다.

2017년 12월 기준 국제축구연맹(FIFA)의 축구랭킹에서 세계 1위는 독일이다. 제 20회 월드컵에서 독일이 네 번째로 우승한 직후인 2014년 7월 14일 독일의 유력일간지 프랑크푸어터 알게마이네(Frankfurter Allgemeine) 온라인판은 우승컵을 들고 있는 선수들의 사진을 게재하고 그 아래 다음과 같은 해설을 달았다. "리오에서 거둔 놀라운 성과는 기적이 아니다. 독일인들에게 챔피언타이틀은 그저 굴러들어온 것이 아니다. 이 세계선수권 우승은 오랫동안 계획되고 철저하게 수행된 성과의 결과물일 뿐이다(Ein Wunder ist der wunderbare Erfolg von Rio nicht. Der Titel ist den Deutschen nicht in den Schoß gefallen. Diese Weltmeisterschaft ist das Ergebnis eines lange geplanten und akribisch angestrebten Erfolgs)." 이 짧은 말 속에는 독일축구의 역사와 본질에 대한 통찰이 담겨 있다. 1954년 독일이 스위스 베언(Bern)에서 열린 월드컵에서 우승한 사건을 독일인들은 지금도 "베언의 기적(Wunder von Bern)"이라 부른다. 기대하지 않았던 축구에서의 성공은 자신들이 자초한 것이기에 더욱 참담했던 패전 후의 암흑기를 이겨내고 독일인들이 다시 일어나는데 기적 같은 계기로 작용했기 때문에 붙여진 말이다. 이후 독일 축구는 뛰어난 시스템의 구축과 철저한 훈련, 뛰어난 전술 수행을 통해 쉽게 패하지 않는 팀으로 인정을 받았고, 그 저력을 현재까지 유지하고 있다. 오죽하면 영국 최고의 축구 레전드 중의 한 사람인 게리 리네커(Gary Lineker)가 "축구는 단순한 경기이다. 22명의 사람들이 90분 동안 공 하나를 쫓아다닌다. 그리고 결국에는 독일인들이 이긴다(Football is a simple game; 22 men chase a ball for 90 minutes. And in the end, the Germans win.)"라고 했을까.

독일 축구의 열기를 가장 잘 확인할 수 있는 장소가 2005/06년 시즌부터 독일 최고의 명문클럽 바이에언 뮌헨(Bayern München)이 홈구장으로 쓰고 있는 뮌헨의 "알리안쯔 아레나"다. 75,021명의 관중을 수용할 수 있는 "알리안쯔 아레나"는 독일 최대의 축구경기장은 아니지만, 아름답고 특이한 외관과 뛰어난 시설 등으로 독일 최고의 경기장으로 꼽힌다. 바이에언 뮌헨 팀의 홈경기에서만 173번이나 만석을 기록한 독일축구의 열기와 저력을 확인할 수 있는 현장이다.

**주소**: Werner-Heisenberg-Allee 25, 80939 München, Bundesrepublik Deutschland
**참고 사이트**: https://allianz-arena.com/de

Burgenrundfahrt

## 여정 9.

### 로렐라이(Loreley)에서 가장 낭만적인 독일 정경을 만나다

2002년 유네스코는 라인강 중류 계곡의 상부지역(Oberes Mittelrheintal)을 세계문화유산 목록에 등재하기로 결정하였다. 스위스에서 발원하여 1,233km에 걸쳐 남북으로 흐르는 라인강 구간 중에 아마도 가장 아름답고 낭만적인 풍경을 연출하고 있다는 점이 고려되었을 수는 있으나 단순히 빼어난 자연풍광의 매력보다는 이 지역이 가진 풍부한 문화, 예술적인 가치와 역사적인 유적들의 의미가 중요한 등재 사유가 되었다. 유럽대륙의 한 가운데 위치한 이 라인강 중류지역은 과거 2,000여 년 동안 지중해 유역의 남부유럽과 북해와 발틱해 연안의 북부유럽 지역 간의 교류가 가능하도록 이어주는 교통로로서 중요한 기능을 해왔다.

라인강 중류 계곡 코블렌쯔(Koblenz)에서 빙엔(Bingen) 사이 64km에 이르는 구간을 특별히 "로렐라이계곡(Tal der Loreley)"이라 부른다. 이 지역에만 모두 29개의 성(Burg)과 궁성(Schloss) 또는 성의 유허(Burgruine)들이 남아서 수많은 옛 영주들의 역사를 증언하고 있다. 라인강이 흘러오면서 성 고아스하우젠(Sankt Goarshausen)에 있는 로렐라이 절벽 근처에서처럼 급격히 구비 도는 지역은 없다. 물길이 휘어지고, 유속과 방향이 변화무쌍하며 강폭이 갑자기 좁아지기 때문에 예로부터 이곳에서 수많은 선원들이 목숨을 잃는 사고가 일어나곤 했다. 낭만주의 시인 하이네가 작사한 가곡에 나오듯 높은 절벽 위에 앉아 금빛머리를 빗으며 선원들을 홀려 물귀신이 되게 하는 로렐라이의 전설은 이와 같은 사실에 누군가의 상상력이 더해져 탄생한 것이다.

이곳에 가게 되면 금발머리를 한 요정의 고혹적인 자태를 찾으려하지 말고 낭만적인 주변 풍경을 음미하기 바란다. 도도히 흐르는 강물을 가운데로 두고 양편 초록빛 언덕 위에 늘어선 중세의 성들이 옛날이야기를 속삭이고, 우울한 독일의 이미지를 일순에 지워주는 찬란한 햇볕 아래 익어가는 포도의 향기가 대기 중에 떠도는 그 정경 말이다.

**주소**: Auf der Loreley, 56346 St. Goarshausen, Bundesrepublik Deutschland
**참고 사이트**: http://www.tal-der-loreley.de/kontakt.php/adressen
http://www.loreley-besucherzentrum.de/loreley/statue/

## 여정 10.

### 독일박물관(Deutsches Museum)에서 인류가 창조한 과학·기술에 경탄하다

독일은 박물관의 나라이다. 통계수치로 따져보면, 2016년 말 기준 모두 6,712개의 박물관이 있고, 한 해 약 1억1,190만 명이 박물관을 찾는다. 인구 12,336명 당 1개의 박물관이 있으며, 독일의 갓난아기부터 백 살 먹은 노인, 한 해에 백만 명이 유입되는 이민자들까지 다 쳐서 각자 일 년에 한번 반쯤 박물관을 찾는 셈이라 할 수 있다. 물론 35,000개 이상의 박물관이 있는 미국과 숫자로는 비교가 되지 않는다고 할지 모르겠지만, 무엇이, 어떤 컨셉에 의해 전시되고 있는지 정량이 아니라 정성평가를 한다면 주저 없이 독일을 박물관의 나라로 정의할 수 있다.

뮌헨에 있는 "독일박물관(Deutsches Museum)"은 과학과 기술 분야에 있어서는 타의 추종을 불허하는 세계 최대의 박물관이다. 과학과 기술에 관련된 50개의 전시실에서 28,000개의 전시물을 보면서 과학·기술 발전의 흐름과 성과물뿐 아니라 인류의 역사에 대해 개관할 수 있는 기회를 가질 수 있다. 또한 독일이 어떻게 1901년부터 2017년에 이르기까지 화학, 물리학, 생리학 혹은 의학 등의 자연과학 분야에서만 71명의 노벨상 수상자를 배출할 수 있었는지에 대해 생각해 보게 되기도 한다.

2018년 현재 고대 인류의 삶부터 첨단과학기술, 그리고 직접 수학·과학원리나 기술을 익히고 체험할 수 있는 프로그램 까지 모두 35개의 주제로 전시가 이루어지고 있다. 우리나라에서는 양과 질의 면에서 접하기 어려운 이 다양한 전시 프로그램의 주제를 구체적으로 살펴보면 다음과 같다. "알타미라 동굴(Altamira-Höhle)", "아마추어 무선통신(Amateurfunk)", "천문학(Astronomie)", "광산(Bergwerk)", "독일 미래상(Deutscher Zukunftspreis)", "에너지기술(Energietechnik)", "에너지.전환(energie.wenden)", "실험을 위한 작업장(Experimentier-Werkstatt)", "측지학(Geodäsie)", "유리가공(Glasblasen)", "유리세공기술(Glastechnik)", "역사적 비행(Historische Luftfahrt)", "전산 정보학(Informatik)", "도자기(Keramik)", "어린이왕국(Kinderreich)", "동력장치(Kraftmaschinen)", "수학의 방(Mathematisches Kabinett)", "도량형(Maßund Gewicht)", "바다탐구(Meeresforschung)", "금속류(Metalle)", "마이크로전자학(Mikroelektronik)", "박물관의 역사(Museumsgeschichte)", "악기 2(Musikinstrumente II)", "나노 및 바이오기술(Nano- und Biotechnologie)", "제지기술(Papiertechnik)", "약학(Pharmazie)", "물리학(Physik)", "천문관(Planetarium)", "항해(Schifffahrt)", "고압전류기술(Starkstromtechnik)", "기술 응용 장난감(Technisches Spielzeug)", "환경(Umwelt)", "공작기계(Werkzeugmaschinen)", "시간의 측정(Zeitmessung)", "신기술 센터(Zentrum Neue Technologien)".

**주소**: Museumsinsel 1, 80538 München, Bundesrepublik Deutschland
**참고 사이트**: http://www.deutsches-museum.de/ausstellungen/ueberblick

# XI.
# 퀴즈로 독일의 이해를 마무리하다

# XI.1. 마무리 퀴즈 50

01 우리나라 영화 "국제시장"에 나오는 주인공이 광부로 가서 일했던 독일의 도시 이름은 무엇일까요?

A. 뒤스부엌(Duisburg)
B. 뒤셀도어프(Düsseldorf)
C. 도어트문트(Dortmund)
D. 쾰른(Köln)

02 괴에테의 장편소설 "젊은 베어터의 고뇌(Die Leiden des jungen Werther)"에 나오는 여주인공의 이름을 빌려와서 회사명으로 사용하는 우리나라 기업은 어느 것일까요?

A. 엘지
B. 롯데
C. 에스케이
D. 씨제이

03 아래 보기 중에서 독일에는 있는데 우리나라에는 없는 것은 무엇일까요?

A. 대박의 꿈
B. 24시간 편의점
C. 대학입시
D. 운전면허 따기 위해 돈을 저축하는 어린이들

04 독일인뿐 아니라 유럽인의 조상인 하이델베엉 원인(Homo Heidelbergensis)이 살았던 시기는 언제인가요?

A. 약 600,000년 전

B. 약 3,500년 전

C. 약 12,000년 전

D. 약 950년 전

05 오늘날 독일인들의 조상인 게르만족들이 살던 지역의 당시 이름은 무엇인가요?

A. 브리타니아

B. 게르마니아

C. 도이췌스 라이히

D. 로마제국

06 게르만족의 전설에 나오는 영웅으로서, 용을 죽이고 그 피를 뒤집어씀으로써 죽지 않는 불사의 몸이 되었다는 인물은 누구일까요?

A. 오딘(Odin)

B. 지잌프리트(Siegfried)

C. 하겐(Hagen)

D. 토르(Thor)

07 독일에는 모두 16개의 연방주가 있는데, 그 중 세 주의 이름에 들어있는 게르만 종족의 이름은 무엇일까요?

A. 프랑켄(Franken)

B. 작센(Sachsen)

C. 바이에언(Bayern)

D. 헤센(Hessen)

08 라인강 가 언덕 위에서 금발의 머릿결을 빗는 아름다운 자태로 뱃사람들을 유혹하여 물에 빠져죽게 했다는 전설의 요정 이름은 무엇일까요?

A. 세이렌(Siren)

B. 힐데가어트(Hildegard)

C. 로렐라이(Loreley)

D. 메두사(Medusa)

09 독일의 연방주들 중에서 구동독지역에 위치하고 있는 연방주는 보기 중 어느 것일까요?

A. 헤센(Hessen) 주

B. 브란덴부엌(Brandenburg) 주

C. 라인란트-퐐쯔(Rheinland-Pfalz) 주

D. 니더작센(Niedersachsen) 주

10 세계에서 가장 높은 고딕식 교회첨탑은 독일의 어느 도시에 있을까요?

A. 울름(Ulm)

B. 쾰른(Köln)

C. 베얼린(Berlin)

D. 레겐스부엌(Regensburg)

11 다음 중 독일에서 가장 오랜 역사를 지닌 대학교는 어느 것일까요?

A. 뮌헨대학교(Universität München)

B. 베얼린 훔볼트대학교(Humboldt-Universität zu Berlin)

C. 함부엌대학교(Universität Hamburg)

D. 하이델베엌대학교(Universität Heidelberg)

12 오늘날 독일문화의 바탕을 이루는 요소라고 할 수 없는 것은 무엇일까요?

A. 게르만족의 전통과 관습

B. 그리이스·로마 문화

C. 선민사상

D. 기독교 문화

13 현재 독일인들이 부르는 국가 “독일인의 노래” 제 3절에는 독일인들이 가장 중요하게 생각하는 세 가지의 가치가 등장합니다. 그것에 해당되지 않는 것은 무엇일까요?

A. 정의(Recht)
B. 평등(Gleichheit)
C. 자유(Freiheit)
D. 통일(Einigkeit)

14 아래 보기들 중 독일에 접하고 있는 바다는 어디일까요?

A. 북해
B. 지중해
C. 흑해
D. 서해

15 다음 중 독일에서 초대를 받아 다른 사람 집을 방문했을 때 유의해야 할 사항이 아닌 것은?

A. 약속된 시간에 정확하게 도착할 것
B. 너무 비싸지 않은 적당한 선물을 가져갈 것
C. 반드시 정장을 하고 갈 것
D. 주인이 권하기 전에 자리에 앉지 말 것

16 아래에서 독일인들이 가장 중요하게 생각하는 미덕이 아닌 것은 무엇일까요?

A. 시간의 정확성 준수

B. 체면

C. 정직성

D. 규정의 준수

17 독일에서 새로 이사 한 집을 방문할 때 무엇을 선물로 가지고 갈까요?

A. 세제와 휴지

B. 꽃과 와인

C. 과일바구니

D. 빵과 소금

18 독일에서 맥주를 만들 때 맥아와 홉, 효모, 물 이외의 원료를 쓰지 못하도록 규정한 법령의 이름은 무엇일까요?

A. 맥주순수령

B. 맥주위생령

C. 건강증진법

D. 맥주규제법

19 독일에는 아주 다양한 종류의 소시지가 있습니다. 모두 대략 몇 가지나 될까요?

A. 250종

B. 3,120종

C. 120종

D. 1,500종

20 아래 보기들 중에서 옳은 사실을 이야기하고 있는 것은 어느 것일까요?

A. 독일인들은 연간 세계에서 가장 많은 맥주를 마신다.

B. 뻐꾹 시계의 원산지는 독일이다.

C. 독일은 세계에서 가장 물가가 비싼 나라이다.

D. 독일에는 실업자가 없다.

21 독일의 연방의회 의원은 누구에 의해 선출되나요?

A. 선거인단

B. 투표권을 가진 국민

C. 정치, 경제, 군사, 교육, 문화계 대표들

D. 직장의 노조대표

**22** 통일 이전 구동독에는 국민들을 감시하는 악명 높은 비밀 보안 조직이 있었는데, 그 조직의 이름은 무엇일까요?

A. 게슈타포(Gestapo)

B. 에스에스(SS)

C. 슈타지(Stasi)

D. 크리포(Kripo)

**23** 독일 직업교육의 특징은 학교에서는 이론 교육을 받고, 직장에서는 실무교육을 병행하는 것입니다. 이런 직업교육시스템을 무엇이라 부를까요?

A. 이원 직업교육시스템

B. 실습 시스템

C. 직업훈련생 양성 시스템

D. 인턴 시스템

**24** 아래 음악 그룹 중 독일 출신의 헤비메탈 밴드는 어느 것일까요?

A. 비틀즈

B. 너바나

C. 메탈리카

D. 스콜피언스

25 매년 2월에 열리는 권위 있는 베얼린 국제 영화제의 최고상의 이름은 무엇일까요?

A. 황금종려상
B. 오스카상
C. 황금사자상
D. 황금곰상

26 다음 중 독일영화는 어느 것일까요?

A. 작전명 발키리(2009)
B. 퓨리(2014)
C. 쉰들러 리스트(1993)
D. 타인의 삶(2006)

27 아래 작가들 중 독일출신이 아닌 사람은 누구인가요?

A. 조지 오웰(George Orwell)
B. 프리드리히 쉴러(Friedrich Schiller)
C. 요한 볼프강 폰 괴에테(Johann Wofgang von Goethe)
D. 헤어만 헤세(Hermann Hesse)

28 다음 중 서양 음악의 아버지로 불리는 독일 음악가 바흐(Johann Sebastian Bach)의 작품이 아닌 것은 어느 것일까요?

A. 마태 수난곡 (Matthäus-Passion)

B. 골드베억 변주곡 (Goldberg-Variationen)

C. 소야곡 (Eine kleine Nachtmusik)

D. 브란덴부엌 협주곡 (Brandenburgische Konzerte)

29 독일 운전면허증의 유효기간은 얼마나 될까요?

A. 5년

B. 7년

C. 10년

D. 평생

30 독일에서 운전할 때 우리나라에는 없는 원칙이 한 가지 있습니다. 그것은 무엇일까요?

A. 정지선을 반드시 지킬 것

B. 보행자 신호 시 우회전 가능

C. 별도의 표지가 없을 경우 우측에서 오는 차량 우선

D. 뒤에서 응급차량이 나타나면 지나갈 수 있도록 길 가로 차를 세움

31 보기 중 독일에서 자동차에 공식적으로 장착할 수 없는 것은 무엇일까요?

A. 네비게이션

B. 초보자 스티커

C. 블랙박스

D. 휴대폰 거치대

32 독일은 승용차에 대해서는 통행요금을 받지 않는 고속도로망 아우토반(Autobahn)이 잘 갖춰진 나라로 유명합니다. 이 고속도로의 총 길이는 얼마나 될까요?

A. 약 77,000km

B. 약 112,000km

C. 약 12,990km

D. 약 4,200km

33 독일에는 자동차운전자들의 관심을 대변하는 대규모 단체가 있습니다. 가입회원 수가 1,900만 명이 넘는 이 단체의 이름은?

A. ADAC

B. DFB

C. GAMC

D. BASF

34 독일의 가장 중요한 수출품목으로 볼 수 없는 것은 무엇일까요?

A. 자동차

B. 기계

C. 화학제품

D. 석유제품

35 우리가 일정한 규격의 종이를 A4용지라고 부르는데, 이것은 독일 산업규격에 따른 명칭입니다. 독일 산업규격을 약자로 어떻게 부를까요?

A. GIN

B. DIN

C. DIY

D. GDP

36 세계에서 가장 규모가 큰 정보통신 제품과 홈오토메이션 네트워크 기술에 관한 박람회인 "체빗(CeBIT)"이 열리는 독일의 도시는 어디일까요?

A. 프랑크푸어트 암 마인(Frankfurt am Main)

B. 뮌헨(München)

C. 라이프찌히(Leipzig)

D. 하노붜(Hannover)

37 독일의 직장에서 허용되는 일은 무엇일까요?

A. 중요한 개인 이 메일을 읽고 답신을 쓴다.
B. 사무실에서 핸드폰 충전을 한다.
C. 근무시간에 심하게 아파서 병원에 간다.
D. 인터넷에서 음악을 다운로드 받는다.

38 환경보호에 관심이 많은 독일에서는 생활의 각 영역에서 이산화탄소 배출량을 줄이기 위해 노력합니다. 독일에서 20g이 나가는 편지 한통을 뮌헨 (München)에서 슈튯가어트(Stuttgart)까지 우편트럭으로 운반하는데 배출되는 이산화탄소 배출량은 얼마로 산출되었을까요?

A. 18g
B. 5g
C. 34g
D. 21g

39 독일 사람들은 무엇에 대해서 가장 걱정을 많이 할까요?

A. 테러
B. 경제적인 어려움
C. 심각한 사고
D. 치매 등의 질환이나 노후의 요양 문제

40 헐리우드 영화 "본 아이덴티티", "본 슈프리머시"에 출연했던 독일의 유명한 여배우의 이름은 무엇일까요?

A. 시벨 케킬리(Sibel Kekilli)

B. 프랑카 포텐테(Franka Potente)

C. 한나 헤어쯔슈프룽(Hannah Herzsprung)

D. 마티나 게덱(Martina Gedeck)

41 아래 사진에 나오는 젤리과자의 원산지는 독일의 어느 도시일까요?

A. 베얼린(Berlin)

B. 밤베억(Bamberg)

C. 본(Bonn)

D. 함부억(Hamburg)

42 아래 사진은 디즈니 로고의 모델이 된 독일의 성입니다. 독일 남부 퓌센(Füssen)에 있는 유명한 이 성의 이름은 무엇일까요?

A. 노이슈반슈타인(Neuschwanstein)

B. 레겐스부억(Regensburg)

C. 베르사이유(Versailles)

D. 로텐부억(Rothenburg)

**43** 아래 사진에 보이는 독일음식의 이름은 무엇일까요?

A. 슈니첼(Schnitzel)
B. 부어스트(Wurst)
C. 룰라데(Roulade)
D. 스테이크(Steak)

**44** 다음의 건축물은 북부독일의 어느 도시에 있을까요?

A. 함부억(Hamburg)
B. 브레멘(Bremen)
C. 하노풔(Hannover)
D. 뤼벡(Lübeck)

**45** 아래 사진에 보이는 인물은 독일연방공화국의 초대총리입니다. 그의 이름은 무엇일까요?

A. 뷜리 브란트(Willy Brandt)
B. 헬무트 코올(Helmut Kohl)
C. 콘라트 아데나우어(Konrad Adenauer)
D. 헬무트 슈미트(Helmut Schmidt)

46 유럽연합 찬가는 다음 독일 음악가의 송가를 멜로디로 채택하고 있습니다. 이 음악가의 이름은 무엇일까요?

A. 요한 제바스티안 바흐(Johann Sebastian Bach)

B. 로베어트 슈만(Robert Schumann)

C. 룻뷔히 판 베에트호펜(Ludwig van Beethoven)

D. 프란쯔 슈베어트(Franz Schubert)

47 아래 사진은 독일에서 "딱정벌레"라는 뜻을 가진 "캐퍼(Käfer)"로 불리던 자동차입니다. 이 자동차의 개발자는 누구일까요?

A. 카알 벤쯔(Carl Benz)

B. 곳리입 다임러(Gottlieb Daimler)

C. 아우구스트 호르히(August Horch)

D. 풰어디난트 포어쉐(Ferdinand Porsche)

48 아래 사진에 보이는 것은 자동차와 관련된 물품으로서, "주차 표시판(Parkscheibe)" 혹은 "주차시계(Parkuhr)"로 불립니다. 여기에 표시된 시각의 의미는 무엇일까요?

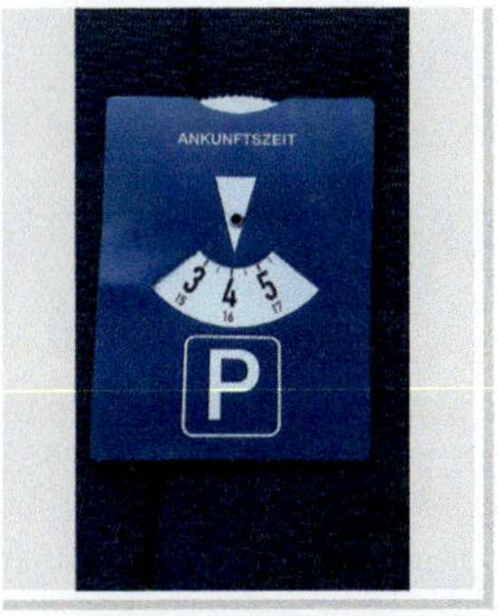


A. 주차허용 시간

B. 주차한 시각

C. 주차 예상 시각

D. 특별한 의미 없음

49 이 사진에 보이는 기기의 용도는 무엇일까요?

A. 현금인출기

B. 시장바구니 세척기

C. 음료수 자동판매기

D. 공병회수기

50 아래 인물은 오늘날의 유럽이 존재할 수 있는 기틀을 마련한 카알 대제(Karl der Große)입니다. 프랑스인들에게는 샤를마뉴(Charlemagne)라고 불리는 이 위대한 인물의 동상이 서있는 곳은 어느 도시일까요?

A. 뷔어쯔부얶(Würzburg)

B. 파리(Paris)

C. 아아헨(Aachen)

D. 마인쯔(Mainz)

# XI.2. 마무리 퀴즈 풀이

01 우리나라 영화 "국제시장"에 나오는 주인공이 광부로 가서 일했던 독일의 도시 이름은 무엇일까요?

A. 뒤스부엌(Duisburg)

영화 "국제시장"에서 주인공 덕수가 일했던 곳은 독일이 "라인강의 기적"을 이루는데 중요한 역할을 한 공업지대 "루어지방(Ruhrgebiet)"에 위치한 도시 뒤스부엌에 있는 "함보언(Hamborn)" 광산이었다.

02 괴에테의 장편소설 "젊은 베어터의 고뇌(Die Leiden des jungen Werther)"에 나오는 여주인공의 이름을 빌려와서 회사명으로 사용하는 우리나라 기업은 어느 것일까요?

B. 롯데

1774년 발표된 독일의 국민작가(Nationaldichter) 중의 한 사람인 요한 볼프강 폰 괴에테(Johann Wolfgang von Goethe)의 장편소설인 "Die Leiden des jungen Werther"는 정확하게 번역, 표기하면 "젊은 베어터의 슬픔"이 아니라 "젊은 베어터의 고뇌"이다. 편지로만 이루어진 이 소설은 당시 유럽 전역에서 베스트셀러가 되었으며, 알려져 있다시피 나폴레옹(Napoléon Bonaparte)도 열렬한 독자였다. 이 작품의 여주인공 "샤를로테(Charlotte)"의 약칭이 "로테(Lotte)"이다.

03 아래 보기 중에서 독일에는 있는데 우리나라에는 없는 것은 무엇일까요?

D. 운전면허 따기 위해 돈을 저축하는 어린이들

독일에서는 운전면허를 따는데 약 1,500 ~ 2,000 유로의 비용이 든다. 부모로부터 도움을 받을 생각을 하지 않으면 이 비용은 거금일 수밖에 없다. 따라서 독일의 어린이들은 실제로 운전면허 비용을 어릴 때부터 모으기도 한다. 독일에서는 아이들에게 현금을 주는 일은 별로 없지만, 어쩌다 가욋돈이 생기면 저축을 하는 경우가 많다.

04 독일인뿐 아니라 유럽인의 조상인 하이델베억 원인(Homo Heidelbergensis)이 살았던 시기는 언제인가요?

A. 약 600,000년 전

1907년 10월 21일 독일 하이델베억(Heidelberg) 근처 마우어(Mauer)에서 일용직 근로자인 다니엘 하어트만(Daniel Hartmann)이 모래작업을 하다가 고대인류의 턱뼈로 추정되는 뼈조각을 발견하였고, 1908년 고생물학자인 오토 쉐텐작(Otto Schoetensack)이 네안더탈인(Neandertaler)보다 오래된 인류의 것이라 판정하였다. 발견지 하이델베억의 이름을 따서 "Homo Heidelbergensis"라 명명되었다.

05 오늘날 독일인들의 조상인 게르만족들이 살던 지역의 당시 이름은 무엇인가요?

B. 게르마니아

라인강과 도나우강을 경계로 로마제국과 대치하며 살았던 다양한 게르만 부족들이 사는 땅을 로마인들은 "게르마니아(Germania)"라고 불렀다.

06 게르만족의 전설에 나오는 영웅으로서, 용을 죽이고 그 피를 뒤집어씀으로써 죽지 않는 불사의 몸이 되었다는 인물은 누구일까요?

B. 지잌프리트(Siegfried)

지잌프리트는 북유럽 전설에서는 "시구르드(Sigurd)"로 불리기도 하는 인물로서, 다양한 게르만족의 전설에 등장한다. 그 중 대표적인 것이 "니벨룽엔의 전설(Nibelungensage)"로서, 지잌프리트는 초인적인 능력과 용기를 가진 전사인데, 사악한 용을 죽임으로써 만인의 칭송을 받고, 부와 아름다운 여인까지 아내로 얻지만 권력 암투에 의해 희생되는 비극적인 영웅으로 그려진다.

07 독일에는 모두 16개의 연방주가 있는데, 그 중 세 주의 이름에 들어있는 게르만 종족의 이름은 무엇일까요?

B. 작센(Sachsen)

이 세 연방주의 이름은 "니더작센(Niedersachsen)", "작센(Sachsen)", "작센-안할트(Sachsen-Anhalt)" 주이다.

작센족은 영어로 색슨(saxon)족이라 불리는데, 앙겔(Angel), 즉 앵글로족과 함께 유럽대륙에서 오늘날의 영국인 브리타니아로 이주한 종족이었다.

08 라인강 가 언덕 위에서 금발의 머릿결을 빗는 아름다운 자태로 뱃사람들을 유혹하여 물에 빠져죽게 했다는 전설의 요정 이름은 무엇일까요?

C. 로렐라이(Loreley)

로렐라이는 독일어로 "Loreley", "Lorelei", "Lore Lay", "Lore-Ley", "Lurley", "Lurelei" 등의 이름으로 불리는 암벽을 가리키는 명칭이다. 라인란트-팔쯔(Rheinland-Pfalz) 주 장트 고아스하우젠(Sankt Goarshausen) 근처 유네스코 자연유산에 등재된 중부 라인 강 계곡 위쪽에 자리 잡고 있다. 우리나라 관광객들이 많이 찾는 이유는 하이네(Heinrich Heine)의 시에 질혀(Friedrich Silcher)가 멜로디를 붙인 가곡(Lied) 때문으로 추정된다. 베이비붐 세대는 애잔한 멜로디를 지닌 이 노래를 학교에서 배우고 불렀기 때문이다. 그러나 사실 이 바위는 낭만주의 시대의 작가 글레멘스 브렌타노(Clemens Brentano)가 아니었으면 오늘날 사람들이 알고 있는 전설적 이야기, 즉 아름다운 자태로 뱃사람들을 유혹하여 물에 빠져죽게 했다는 그 이야기로 기억되지 못했을지 모른다. 브렌타노가 그의 장편소설 "고드뷔(Godwi, 1801)"에 삽입된 예술동화 "로레 라이(Lore Lay)"에 등장하는 여마법사를 라인 강 계곡 위에 있던 이 바위와 결합시킨 이래 이 전설이 생겨난 셈이기 때문이다.

09 독일의 연방주들 중에서 구동독지역에 위치하고 있는 연방주는 보기 중 어느 것일까요?

B. 브란덴부엌(Brandenburg) 주

10 세계에서 가장 높은 고딕식 교회첨탑은 독일의 어느 도시에 있을까요?

A. 울름(Ulm)

1890년 완성된 울름에 있는 "Ulmer Münster"의 첨탑은 높이가 161,53 m로 세계에서 가장 높다. "Ulmer Münster"는 우리나라에서 "울름대성당"이라고 부르지만, 원래 가톨릭 성당이었다가 현재는 개신교 소속으로, 독일에서 규모가 가장 큰 개신교 교회이다.

11 다음 중 독일에서 가장 오랜 역사를 지닌 대학교는 어느 것일까요?

D. 하이델베엌대학교(Universität Heidelberg)

바덴-뷔어템베억(Baden-Württemberg) 주에 있는 하이델베엌 대학교의 정식 명칭은 "룹레히트-카알스-대학교 하이델베엌 (Ruprecht-Karls-Universität Heidelberg)"이다. 1386년 교황 우르반 6세(Urban VI.)의 교지에 따라 팔쯔 선제후 룹레히트 1세(Ruprecht I.)에 의해 설립되었다.

12 오늘날 독일문화의 바탕을 이루는 요소라고 할 수 없는 것은 무엇일까요?

C. 선민사상

선민사상, 즉 '신에 의해 선택받은 민족'이라는 믿음이 유대인들을 2,000년 가까운 세월동안 방랑의 길 "디아스포라(Diaspora)"로 나서게 한 원인이었다는 것은 잘 알려진 사실이다.

13 현재 독일인들이 부르는 국가 "독일인의 노래" 제 3절에는 독일인들이 가장 중요하게 생각하는 세 가지의 가치가 등장합니다. 그것에 해당되지 않는 것은 무엇일까요?

B. 평등(Gleichheit)

"평등"은 1789년에 일어난 프랑스 대혁명의 핵심을 이루는 이상 중 하나이다.

14 아래 보기들 중 독일에 접하고 있는 바다는 어디일까요?

A. 북해

독일어로 "Nordsee"로 불리는 이 바다는 대서양의 한 부분으로, 19세기에는 "서해(Westsee)" 혹은 "독일해(Deutsches Meer)"로 불리기도 하였다. 독일의 서북부 지역이 북해에 접해있다.

15 다음 중 독일에서 초대를 받아 다른 사람 집을 방문했을 때 유의해야 할 사항이 아닌 것은?

C. 반드시 정장을 하고 갈 것

독일인들은 우리나 이탈리아인들만큼 외양을 중요하게 생각하지 않는다. 따라서 누구의 집을 방문할 때는 깨끗하고 단정한 옷을 입고 가면 된다.

16 아래에서 독일인들이 가장 중요하게 생각하는 미덕이 아닌 것은 무엇일까요?

B. 체면

다른 사람들의 시선을 의식하기 보다는 자신의 신념대로 행동하는 개인주의적 경향이 강한 독일인들에게 체면은 그리 중요한 일이 아니다.

17 독일에서 새로 이사 한 집을 방문할 때 무엇을 선물로 가지고 갈까요?

D. 빵과 소금

빵은 독일인들의 주식이며, 소금은 일찍부터 가장 중요한 양념이자 자원이기도 하였다는 사실을 상기하기 바란다.

18 독일에서 맥주를 만들 때 맥아와 홉, 효모, 물 이외의 원료를 쓰지 못하도록 규정한 법령의 이름은 무엇일까요?

A. 맥주순수령

독일어로 "Reinheitsgebot"이라 불리는 이 법령은 바이에언 공국의 공작 빌헬름 4세(Wilhelm IV.)와 룻뷔히 10세(Ludwig X.) 가 1516년 공표한 것으로서, 내용은 맥주의 품질 향상을 위해 맥주를 양조할 때 맥아(Malz)와 홉(Hopfen), 효모(Hefe)와 물(Wasser) 외의 원료를 사용하지 못하도록 규정한 것이다.

19 독일에는 아주 다양한 종류의 소시지가 있습니다. 모두 몇 가지나 될까요?

D. 1,500종

20 아래 보기들 중에서 옳은 사실을 이야기하고 있는 것은 어느 것일까요?

B. 뻐꾹 시계의 원산지는 독일이다.

우리나라에서 "흑림"이라 부르는 독일 남서부 "슈봐어쯔봘트(Schwarzwald)"가 뻐꾹시계의 고향이다.

21 독일의 연방의회 의원은 누구에 의해 선출되나요?

B. 투표권을 가진 국민

유권자인 국민의 직접선거에 의해 독일 "연방의회의원(Bundestagsabgeordnete/r)"들이 선출된다.

22 통일 이전 구동독에는 국민들을 감시하는 악명 높은 비밀 보안 조직이 있었는데, 그 조직의 이름은 무엇일까요?

C. 슈타지(Stasi)

독일어 명칭 "Stasi"는 "das Ministerium für Staatssicherheit der DDR"의 약칭으로서, 우리말로 번역하면 "독일민주주의공화국의 국가보안부"가 된다. 영화 "타인들의 삶"에서 바로 이 "슈타지"에 의해 감시당하는 예술인들의 삶과 동독체제의 비인간적인 억압 등이 그려지고 있다.

23 독일 직업교육의 특징은 학교에서는 이론 교육을 받고, 직장에서는 실무교육을 병행하는 것입니다. 이런 직업교육시스템을 무엇이라 부를까요?

A. 이원 직업교육시스템

독일어로 "das duale Ausbildungssystem" 혹은 "die duale Ausbildung"이라 표기하는 이 직업교육시스템은 독일 산업이 우수한 인력을 확보하는 가장 중요한 원천이 되는 제도이다.

24 아래 음악 그룹 중 독일 출신의 헤비메탈 밴드는 어느 것일까요?

D. 스콜피언스

25 매년 2월에 열리는 권위 있는 베를린 국제 영화제의 최고상의 이름은 무엇일까요?

D. 황금곰상

26 다음 중 독일영화는 어느 것일까요?

D. 타인의 삶(2006)

플로리안 헹켈 폰 돈너스마아크(Florian Henckel von Donnersmarck) 감독의 작품으로 원제는 "Das Leben der Anderen"이다. 정확한 번역은 "타인의 삶"이 아니라 "타인들의 삶"인데, 우리나라에서도 개봉 후 좋은 평가를 받았다.

27 아래 작가들 중 독일출신이 아닌 사람은 누구인가요?

A. 조지 오웰(George Orwell)

28 다음 중 서양 음악의 아버지로 불리는 독일 음악가 바흐(Johann Sebastian Bach)의 작품이 아닌 것은 어느 것일까요?

C. 소야곡(Eine kleine Nachtmusik)

"작은 밤 음악"으로 직역하는 것이 더 이해가 빠를 이 작품은 모짜어트(Wolfgang Amadeus Mozart)가 1787년 비인(Wien)에서 작곡한 실내악곡이다. "현악기를 위한 세레나데 13번 G 장조(Serenade Nr. 13 für Streicher in G-Dur)"라는 명칭에서 알 수 있듯이 이 곡은 "밤의 세레나데"로 이해할 수 있다.

29 독일 운전면허증의 유효기간은 얼마나 될까요?

D. 평생

30 독일에서 운전할 때 우리나라에는 없는 원칙이 한 가지 있습니다. 그것은 무엇일까요?

C. 별도의 표지가 없을 경우 우측에서 오는 차량 우선

31 보기 중 독일에서 자동차에 공식적으로 장착할 수 없는 것은 무엇일까요?

C. 블랙박스

독일에서는 블랙박스를 "대쉬캠(Dashcam)"이라 부르는데, 타인의 사생활 등 데이터 보호에 위배되며, 인권침해의 소지가 있기 때문에 공식적으로는 금지되어 있다.

32 독일은 승용차에 대해서는 아직 통행요금을 받지 않는 고속도로망 아우토반(Autobahn)이 잘 갖춰진 나라로 유명합니다. 독일 고속도로의 총 길이는 얼마나 될까요?

C. 약 12,990 km

33 독일에는 자동차운전자들의 관심을 대변하는 대규모 단체가 있습니다. 가입회원 수가 1,900만 명이 넘는 이 단체의 이름은?

A. ADAC

공식명칭은 "전 독일 자동차클럽(Allgemeiner Deutscher Automobil-Club e.V.)"으로, 뮌헨에 본부를 둔 독일 자동차운전자 지원 조직이다. 2016년 12월 기준 회원수가 1,961만 여명을 기록한 유럽 최대의 운전자 협회이다.

34 독일의 가장 중요한 수출품목으로 볼 수 없는 것은 무엇일까요?

D. 석유제품

석유제품도 독일의 10대 수출품에 들어가기는 하지만, 자동차, 기계, 화학제품 등에 비해서는 비중이 떨어진다.

35 우리가 일정한 규격의 종이를 A4용지라고 부르는데, 이것은 독일 산업규격에 따른 명칭입니다. 독일 산업규격을 약자로 어떻게 부를까요?

B. DIN

"독일산업규격협회(Deutsches Institut für Normung)"의 약자로, 예전에는 "독일산업규격(Deutsche Industrie Norm)"을 가리키는 약칭으로 쓰이기도 하였다.

36 세계에서 가장 규모가 큰 정보통신 제품과 홈오토메이션 네트워크 기술에 관한 박람회인 "체빗(CeBIT)"이 열리는 독일의 도시는 어디일까요?

D. 하노뷔(Hannover)

37 독일의 직장에서 허용되는 일은 무엇일까요?

C. 근무시간에 심하게 아파서 병원에 간다.

38 환경보호에 관심이 많은 독일에서는 생활의 각 영역에서 이산화탄소 배출량을 줄이기 위해 노력합니다. 독일에서 20g이 나가는 편지 한통을 뮌헨에서 슈툿가어트까지 우편트럭으로 운반하는데 배출되는 이산화탄소 배출량은 얼마로 산출되었을까요?

A. 18g

39 독일 사람들은 무엇에 대해서 가장 걱정을 많이 할까요?

D. 치매 등의 질환이나 노후의 요양 문제

40 헐리우드 영화 "본 아이덴티티", "본 슈프리머시"에 출연했던 독일의 유명한 여배우의 이름은 무엇일까요?

B. 프랑카 포텐테(Franka Potente)

41 아래 사진에 나오는 젤리과자의 원산지는 독일의 어느 도시일까요?

C. 본(Bonn)

이 젤리과자 "하리보(Haribo)"는 편의점에서도 살 수 있을 만큼 우리나라에서도 유명해졌다. 창업자 한스 리이겔(Hans Riegel)의 이름 앞부분과 이 기업이 창립된 도시 본(Bonn)의 앞부분을 결합시켜 "하리보"란 이름이 탄생하였다.

42 아래 사진은 디즈니 로고의 모델이 된 독일의 성입니다. 독일 남부 퓌센 (Füssen)에 있는 유명한 이 성의 이름은 무엇일까요?

A. 노이슈반슈타인(Neuschwanstein)

노이슈반슈타인 성은 1869년 "동화적인 왕(Märchenkönig)"으로 불리는 바이에언 왕국의 룻뷔히 2세(Ludwig II.)를 위해 지어진 성으로, "동화의 성(Märchenschloss)"이란 별명으로 불리기도 한다. 매년 약 150만 명의 국내외 관광객이 찾는 독일의 관광명소이다.

43 아래 사진에 보이는 독일음식의 이름은 무엇일까요?

A. 슈니쩰(Schnitzel)

슈니쩰은 우리나라의 돈가스와 거의 비슷한 음식으로, 독일뿐 아니라 독일어권 국가들, 특히 오스트리아 등에서 사랑받는 음식이다. 주로 돼지고기를 재료로 쓰지만 비인(Wien)의 특산 음식인 "비이너 슈니쩰(Wiener Schnitzel)"의 경우 송아지고기를 쓰기도 한다.

44 다음의 건축물은 북부독일의 어느 도시에 있을까요?

D. 뤼벡(Lübeck)

이 후기고딕식 건축물은 뤼벡에 있는 "홀스텐성문(Holstentor)"이다. 이 성문은 12세기 중반 이후 약 500년간 한자동맹의 맹주 역할을 했던 뤼벡의 방어에 중요한 역할을 했던 서쪽 성문이었다.

45 아래 사진에 보이는 인물은 독일연방공화국의 초대총리입니다. 그의 이름은 무엇일까요?

C. 콘라트 아데나우어(Konrad Adenauer)

46 유럽연합 찬가는 다음 독일 음악가의 송가를 멜로디로 채택하고 있습니다. 이 음악가의 이름은 무엇일까요?

C. 룻뷔히 판 베에트호펜(Ludwig van Beethoven)

베에트호펜의 9번 고향곡 합창 부분은 쉴러(Friedrich Schiller)의 시 "기쁨에 부쳐(An die Freude)"에 곡을 붙인 것이다. 그래서 "환희 합창"이라는 이름이 붙은 것이다.

47 아래 사진은 독일에서 "딱정벌레"라는 뜻을 가진 "캐퍼(Käfer)"로 불리던 자동차입니다. 이 자동차의 개발자는 누구일까요?

D. 풰어디난트 포어쉐(Ferdinand Porsche)

48 아래 사진에 보이는 것은 자동차와 관련된 물품으로서, "주차 표시판(Parkscheibe)" 혹은 "주차시계(Parkuhr)"로 불립니다. 여기에 표시된 시각의 의미는 무엇일까요?

B. 주차한 시각

49 이 사진에 보이는 기기의 용도는 무엇일까요?

D. 공병회수기

독일어로 "Pfandflaschenautomat"이라고 불리는 이 기기는 독일의 슈퍼마켓 등의 입구에 비치되어 있으며, 고객들이 빈 플라스틱 병을 이 기기에 넣으면 돌려받을 금액이 찍힌 "쿠폰(Bon)"이 나온다. 시장을 본 후 계산대에서 이 쿠폰을 내면 액면 금액만큼 결제할 금액에서 공제받을 수 있다.

50 아래 인물은 오늘날의 유럽이 존재할 수 있는 기틀을 마련한 카알 대제 (Karl der Große)입니다. 프랑스인들에게는 샤를마뉴(Charlemagne)라고 불리는 이 위대한

인물의 동상이 서있는 곳은 어느 도시일까요?

C. 아아헨(Aachen)

통합된 게르만왕국을 세운 후 800년 로마교황 레오 3세(Leo III.)로부터 황제로 공인받은 카알 대제의 유해는 "아아헨 대성당(Aachener Dom)" 안에 안치되어 있다. 아아헨이 "황제의 도시(Kaiserstadt)"라고 불리는 가장 중요한 이유는 이 같은 카알 대제와의 관련성 때문일 것이다. 거기에는 물론 936년 오토 1세(Otto I.)의 대관 이후 약 600년 동안 이곳에서 황제의 대관식이 이루어졌다는 역사적인 맥락도 같이 작용했을 것이다. 아아헨 대성당 2층에는 카알 대제를 위한 교황의 황제대관식 선물이었던 "옥좌(Thron)"도 성물로 보존되고 있다.

# 참고문헌

## 1. 서적 및 논문

독일을 이야기하다. 1권, 한독경제인회 편, 파주 2016

독일을 이야기하다. 2권, 한독경제인회 편, 파주 2016

송호근, 『나는 시민인가』, 서울 2015

송용주, 독일 에너지전환 정책의 추이와 시사점, KERI Brief 16-04, 한국경제연구원 2016

Ahrens, Jürgen: Wie deutsch ist das denn? Die populärsten Irrtümer über Deutschland und die Deutschen, München 2013

Deary, Terry & Stephan-Kühn, Freya: Kolossal, die Römer! Übersetzung der englischen Originaltexte von Freya Stephan-Kühn, Bindlach 1999

Demandt, Alexander: Über die Deutschen. Eine kleine Kulturgeschichte, Berlin 2007

Deutsch perfekt, 12/2016

Drösser, Christoph: Wie wir Deutschen ticken. Wie wir denken. Was wir fühlen. Wer wir sind. Hrsg. von Holger Geißler, Ein Projekt des internationalen Online-Marktforschungs-unternehmens YouGov, Hamburg 2015

Grauel, Ralf / Schwochow: Deutschland verstehen. Ein Lese-, Lern- und Anschaubuch, 3. Aufl., Berlin 2012.

Imgrund, Bernd,: 101 Deutsche Orte, die man gesehen haben muss, 3. Aufl., Köln 2013

Krämer, Walter: Typisch deutsch. Was uns von anderen unterscheidet, Berlin 2013

Lueckel, Gordon & Thiele, Johannes: Deutschland. Das Buch. Erleben, was es bedeutet, München und Wien 2009

Nadolny, Sten: Selim oder Die Gabe der Rede: Roman. München 1992

Schroll-Machl, Sylvia: Die Deutschen – Wir Deutsche. Fremdwahrnehmung und Selbstsicht im Berufsleben, Göttingen 2013

Sommer, Theo (Hrsg.): Leben in Deutschland. Anatomie einer Nation, Köln 2004

Thomas, Alexander (Hg.): Handbuch Interkulturelle Kommunikation und Kooperation. Grundlagen und Praxisfelder, Göttingen 1999

## 2. 인터넷 자료[1]

http://news.donga.com/NewsStand/3/all/20130401/54105874/1
https://de.wikipedia.org/wiki/Fischereischein
https://tierschutz.bussgeldkatalog.org/angeln-ohne-angelschein/
https://www.rmv.de/de/Fahrkarten/Bedingungen/Wichtige_Tarifinformationen/31500/Fahren_ohne_Fahrkarte.html
http://taas.koroad.or.kr/web/bdm/srs/selectStaticalReportsDetail.do
https://www.youtube.com/watch?v=cGO6wyHFClo
https://de.statista.com/statistik/daten/studie/154868/umfrage/flaeche-der-deutschen-bundeslaender/
https://www.bfn.de
https://www.bfn.de/fileadmin/BfN/daten_fakten/Downloads/Daten_zur_Natur_2016_BfN.pdf
http://www.loc.gov/rr/european/imde/germchro.html
https://de.wikipedia.org/wiki/Afroamerikaner#Statistiken
https://www.welt.de/geschichte/article121352619/Nach-dieser-Karte-muesste-Amerika-Deutsch-sprechen.html
https://www.youtube.com/watch?v=Gr4jDx1o4Eo (Rede des Bundespräsidenten Richard Karl Freiherr von Weizsäcker)
https://de.statista.com/statistik/daten/studie/2015/umfrage/deutsche-nobelpreistraeger-seit-der-gruendung-der-nobelstiftung-im-jahr-1901
http://www.differencebetween.com/difference-between-hard-power-and-vs-soft-power
https://de.wikipedia.org/wiki/Infrastruktur
http://www.encyclopedia.com/social-sciences/applied-and-social-sciences-magazines/capital-social-overhead
http://wirtschaftslexikon.gabler.de/Definition/hidden-champions.html
https://de.statista.com/themen/1069/buchmarkt/
http://www.audi.com/corporate/de/unternehmen/unternehmensleitung/vorstand/rupert-stadler.html
http://biz.chosun.com/site/data/html_dir/2014/02/28/2014022801701.html
http://www.stern.de/familie/kinder/woher-kommt-der-osterhase--5927936.html
https://de.statista.com/infografik/8323/darauf-wollen-die-deutschen-beim-fasten-verzichten
http://www.dettorre-consulting.de/de/gemeinschaftsorientierung-vs-individualismus.html
http://www.bpb.de/lernen/grafstat/projekt-integration/134668/m-03-06-was-ist-typisch-deutsch
http://www.spiegel.de/politik/deutschland/daniela-schadt-blickt-auf-zeit-als-first-lady-zurueck-da-

1) 인터넷 웹사이트는 알파벳 순서가 아니라 책의 본문에 나오는 순서대로 정리함.

habe-ich-geweint-a-1134365.html
https://de.wikipedia.org/wiki/Technisches_Hilfswerk#THW-Leitung
http://imnews.imbc.com/20dbnews/history/1990/1839935_19370.html
http://news.chosun.com/site/data/html_dir/2015/10/15/2015101500338.html
http://premium.chosun.com/site/data/html_dir/2017/01/24/2017012400979.html?pmlette
https://de.wikipedia.org/wiki/Deutsches_Currywurst_Museum_Berlin
https://esspapiersilberstreusel.wordpress.com/about/
https://esspapiersilberstreusel.wordpress.com/2015/01/29/heiss-und-fettig-funf-uberraschende-currywurstfakten
http://www.sueddeutsche.de/wirtschaft/fleischindustrie-so-viel-wurst-essen-die-deutschen-1.2710373
http://www.planet-wissen.de/gesellschaft/lebensmittel/wurst/index.html
https://de.wikipedia.org/wiki/Wider_Hans_Worst
https://de.wikipedia.org/wiki/Bratwurst
http://www.titanic-magazin.de/postkarten/karte/wurstkoffer-7427
https://www.kochbar.de/rezept/265348/Beilage-Sauerkraut-selbermachen.html
http://www.brauer-bund.de/download/Textdatenbank/2016/160308%20DBB-PM%20Zahl-%20deutscher%20Brauereien%20w%C3%A4chst%20weiter.pdf
http://www.wzw.tum.de/index.php?id=2
http://www.biermap24.de/bierliste.php
http://www.brauer-bund.de/index.php?id=130&ageverify=16&PHPSESSID=d89ee20d8e3068b5ae1d73fb77f7f992
http://www.oktoberfest.co.kr/beer_culture/german.html#b
https://de.statista.com/statistik/daten/studie/462044/umfrage/pro-kopf-konsum-von-bier-weltweit-nach-laendern/
https://de.statista.com/statistik/daten/studie/29727/umfrage/pro-kopf-verbrauch-an-bier-in-europa/
https://www.forbes.com/sites/niallmccarthy/2017/03/27/the-world-loves- made-in-germany-infographic/#28db7db3e32c
http://www.br.de/themen/wissen/made-in-germany-100.htmlv
http://www.pz-news.de/baden-wuerttemberg_artikel,-Immer-weniger-Schueler-gehen-aufs-Gymnasium-_arid,1074211.html
https://www.siemens.de/jobs/schulabsolventen/information-parents/documents/texteltern_de.pdf
http://www.heri.re.kr/aFiles/2016/stats_data_1471850454.pdf
http://blog.daum.net/dspark4
https://de.statista.com/themen/256/maschinenbau/
https://de.statista.com/statistik/daten/studie/237217/umfrage/umsatz-der-metallindustrie-in-

deutschland/
https://de.statista.com/themen/834/stahlindustrie/
https://de.statista.com/statistik/daten/studie/73827/umfrage/umsatz-von-siemens-seit-2005
http://www.spiegel.de/wirtschaft/unternehmen/siemens-mehr-umsatz-weniger-auftraege-joe-kaeser-bleibt-a-1161133.html
https://www.jobplanet.co.kr/companies/311603/salaries/지멘스헬스케어
https://de.statista.com/statistik/faktenbuch/22/a/branche-industrie-markt/chemieindustrie/chemieindustrie/
http://news.jtbc.joins.com/article/article.aspx?news_id=NB11313817
https://www.bikr.co.kr/about-us/our-company/boehringer-ingelheim/business-area
http://www.beiersdorf.co.kr
http://www.nebenjob.de/studentenjobs-studium/die-besten-studentenjobs.html
https://kr.investing.com/currencies/eur-krw-converter
http://tipps.jobs.de/die-besten-stundenlohne-in-deutschland
https://www.absolventa.de/karriereguide/arbeitsentgelt/stundenlohn
https://www.alnatura.de/de-de
http://www.germany.co.kr//독일-독일-사람들이-갖고-있는-두려움과-스트레스
https://www.hasselwander.co.uk/badoo-umfrage-zur-karnevalssaison-deutsche-sorgen-fur-uberraschungserfolg-in-der-ersten-globalen-spas-rangliste
http://www.zeit.de/politik/deutschland/2014-05/grundgesetz-geburtstag-65-fraktionschefs/komplettansicht
http://www.autonews.com/article/20150511/RETAIL03/305119941/mustangs-mettle--tested-on-the-autobahn
https://www.luftlinie.org/Mumbai/Berlin
https://www.n-tv.de/auto/Mehrheit-fuer-Tempolimit-auf-Autobahnen-article16152446.html
https://www.adac.de/infotestrat/adac-im-einsatz/motorwelt/tempolimit_mai.aspx
https://www.welt.de/motor/article121455433/Freie-Fahrt-Wo-geht-das-noch-in-Deutschland.html
https://www.deutschland.de/de/news/hoechster-anteil-von-oekostrom
http://www.yonhapnews.co.kr/bulletin/2017/09/28/0200000000AKR20170928092100003.HTML
https://www.deutschland.de/de/topic/umwelt/hohe-zustimmung-zur-energiewende
https://www.doopedia.co.kr/search/encyber/new_totalSearch.js
http://news.joins.com/article/21398281
http://blog.naver.com/PostView.nhn?blogId=edunhealth&logNo=221096171913
https://de.statista.com/statistik/daten/studie/173632/umfrage/verbreitung-ehrenamtlicher-arbeit/

ISLAND
FÄRÖR INSELN
NORWEGEN
SCHWEDEN
FINNLAND
ÅLAND
ESTLAND
LETTLAND
LITAUEN
RUSSLAND
WEISSRUSSLAND
IRLAND
VEREINIGTES KÖNIGREICH
HOLLAND
BELGIEN
LUXEMBURG
DEUTSCHLAND
POLEN
TSCHECHIEN
SLOVAKEI
UKRAINE
KASACHSTAN
GUERNSEY
JERSEY
FRANKREICH
SCHWEIZ
LIECHTENSTEIN
ÖSTERREICH
UNGARN
TRANSNISTRIEN
MOLDAVIEN
RUMÄNIEN
SLOVENIEN
KROATIEN
SERBIEN
MONTENEGRO
KOSOVO
MAZEDONIEN
ALBANIEN
BULGARIEN
GRIECHENLAND
TURKEI
MONACO
ITALIEN
ANDORRA
PORTUGAL
SPANIEN
GIBRALTAR
MALTA
NORD ZYPERN
AKROTIRI UND DHEKELIA
ZYPERN
ABCHASIEN
GEORGIEN
ARMENIEN
ASERBAIDSCHAN